人物叢書

新装版

早良親王《さわらしんのう》

西本昌弘

日本歴史学会編集

吉川弘文館

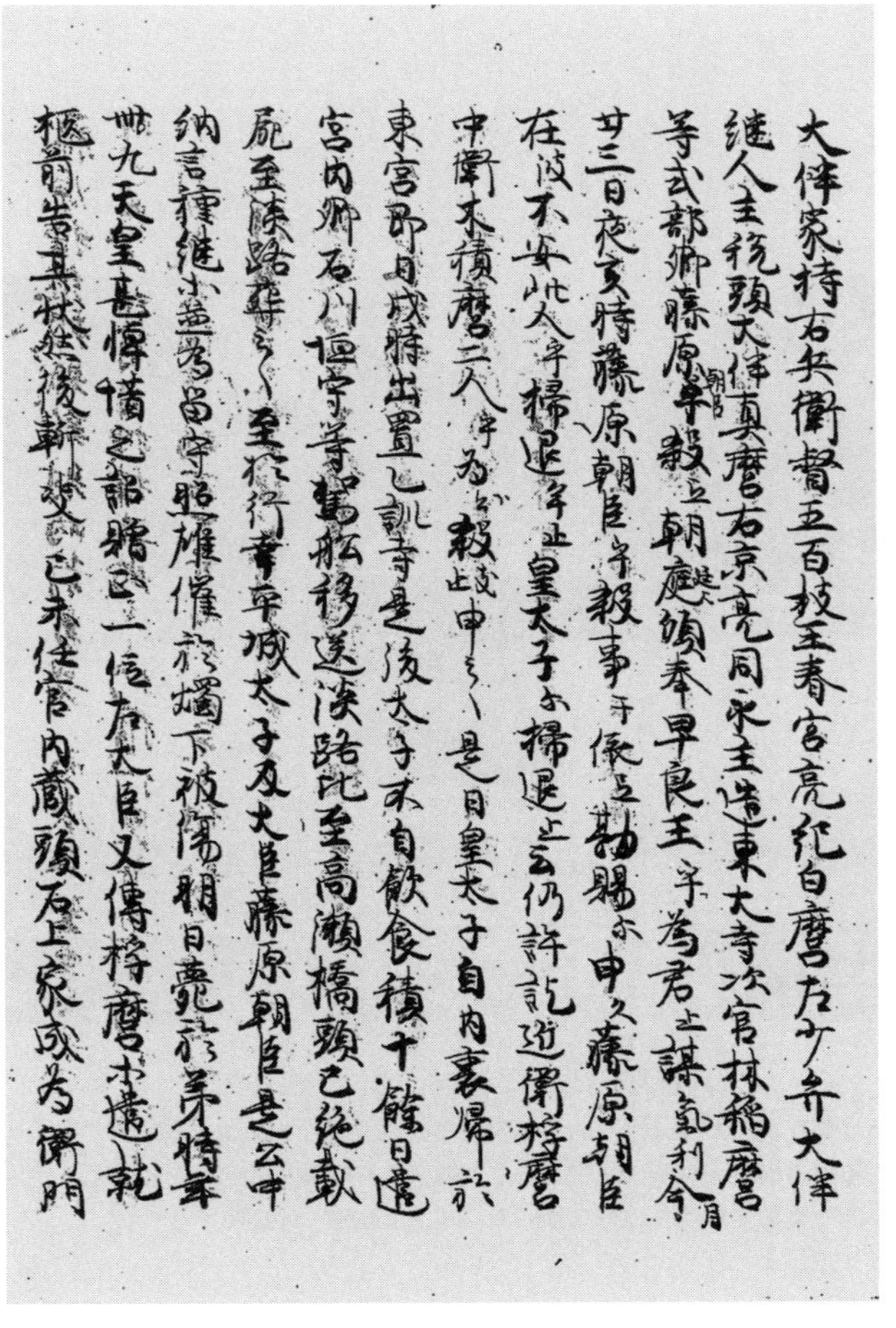

大伴家持右兵衛督五百枝王春宮亮紀白麿左少弁大伴
継人主税頭大伴真麿右京亮同永主造東大寺次官林稲麿
等式部卿藤原朝臣殺止朝庭傾奉早良王乎為君止謀氣利今月
廿三日夜亥時藤原朝臣乎殺事乎依止勅賜尓申久藤原朝臣
在波不安此人乎掃退牟止皇太子尓掃退止云仍許訖近衛桴麿
中衛木積麿二人乎為弖殺止申之〻是日皇太子自内裏帰於
東宮即日戌時出置乙訓寺是後太子不自飲食積十餘日遣
宮内卿石川垣守等駕船移送淡路比至高瀬橋頭已絶載
屍至淡路葬之〻至於行幸平城太子及大臣藤原朝臣是云中
納言種継並為留守照炬催検於燭下被傷明日薨於第時年
卌九天皇甚悼惜之詔贈正一位左大臣又傳桴麿木積麿就
椹前告其状然後斬之又己未任官内蔵頭石上家成為衛門

『日本紀略』谷森本（宮内庁書陵部所蔵）

『日本紀略』には藤原種継暗殺事件の詳細が記述されている．掲出した延暦4年9月28日条によると，早良親王は暗殺を了承したとして，乙訓寺に幽閉され，淡路へ流される途中，高瀬橋の頭で絶命した．本文88ページ参照．

八嶋陵（奈良市八島町，宮内庁書陵部所蔵）

崇道天皇（早良親王）陵ははじめ淡路国に築かれたが，のち大和国に移された．八嶋陵はこの大和国の崇道天皇陵に比定されている．かつては崇道天皇社が存在し，幕末から明治にかけて整備され現在の形になった．本文160ページ参照．

はじめに

早良親王はさまざまな点で異例の皇子であった。幼くして東大寺に入り、得度《とくど》・受戒《じゅかい》ののち、仏教界で高い地位に昇ったが、還俗して皇太子となった。また、即位もせず、天皇の父でもないのに、死後に崇道《すどう》天皇という追号《ついごう》を贈られ、天皇と同格の礼遇を受けた。皇太子としては三年半ほどの在位であったが、死後に全国の国分寺《こくぶんじ》で慰霊の行事が続けられ、地域によっては中世や近世まで祭祀の対象として崇められた。日本古代史を見渡しても、このような特異な存在は早良親王以外にはいない。早良はなぜこのような異例の存在となったのであろうか。

早良親王は白壁王《しらかべおう》（光仁《こうにん》天皇）の皇子で、母は和《やまと》（高野《たかの》）新笠《にいがさ》であった。同母の兄に山部《やまべ》親王（桓武《かんむ》天皇）がいる。この兄弟は、父が即位する以前には、山部王・早良王と呼ばれていた。白壁王は天智《てんじ》天皇皇子の施基《しき》親王の子であったから、天武《てんむ》天皇の子孫が皇位を継承した奈良時代には、皇族としても官人としても冷遇されており、その子の山部王や早良王にも昇進の見込みは薄かったので、早良王は幼くして東大寺羂索院《けんじやくいん》に入り、僧侶としての生活を送っていた。

ところが、父の白壁王が思いがけず皇位に就くことになり、宝亀《ほうき》元年（七七〇）に光仁天皇として即位すると、山部王や早良王は親王号を得ることになった。ただし、そのころには大安寺東院《だいあんじとういん》に移っていた早良親王は、東大寺や大安寺の教学や修造《しゅうぞう》を指導する高僧となっており、親王禅師《ぜんじ》と呼ばれて、学僧や文人貴族らとも交流を続けていた。その光仁が天《てん》応《おう》元年（七八一）に譲位して、兄の桓武天皇が即位すると、早良親王は還俗《げんぞく》して皇太子に立てられることになった。長く寺院社会に身を置いていた早良親王が、皇太子として政治の世界に引き込まれることになったのである。

延暦《えんりやく》四年（七八五）九月に藤原種継《ふじわらのたねつぐ》暗殺事件が起こると、桓武天皇は実行犯や連座者をいち早く検挙したが、早良親王もこの事件に関与したとして拘束され、長岡京《ながおかきょう》内の乙訓寺《おとくにでら》に幽閉された。その後、早良は十余日間、飲食を断ち、淡路国《あわじのくに》へ移送される途中、淀川《よどがわ》中流の高瀬橋の頭《ほとり》で死去したとされる。これは正史の伝えるところであるが、早良親王の事件への関与や死因については疑いをさしはさむ余地があり、その命日についても検討する必要がある。

早良親王の死後、桓武天皇の長子である安殿《あて》親王（のちの平城天皇）が皇太子となったが、延暦七年ごろから桓武の身辺に不幸があいつぎ、延暦九年には安殿親王も病床に就いたため、早良親王の祟《たた》りと考えられるようになり、淡路国の早良親王墓への鎮謝などが行われた。桓武が老齢となり体調を崩すようになると、種継事件の処置や実弟への仕打ちを振り返って、後悔の念にさいなまれていたようで、早良親王に崇道天皇の追号を贈り、さらに大和《やまと》国へ改葬するなど、慰霊行事があいついで実施されるようになる。

平安時代には、災害や疫病《えきびょう》が流行すると、それは御霊《ごりょう》・怨霊《おんりょう》のしわざであると恐れられ、民間から朝廷にいたるまで読経や芸能によって霊を鎮めようとした。早良親王（崇道天皇）の御霊は御霊の代表格であり、朝廷は早良親王に天皇と同等の栄誉を与えることで、最大限の謝罪の意思を表そうとした。貞観《じょうがん》五年（八六三）に平安京神泉苑《へいあんきょうしんせんえん》で御霊会《ごりょうえ》が開催されたさいにも、御霊六座の筆頭に崇道天皇があげられている。

早良親王が皇太子として桓武の政権を支えた時期は三年半ほどで、その政治的功績はわずかなものである。一方で、三十歳代までは東大寺や大安寺にあって、仏教教義の研鑽に身を捧げるとともに、両寺の修造にも力を尽くしてきた。本書では、そうした仏教面における早良親王の業績について詳しく考察してみたい。

また、藤原種継暗殺事件の背景や早良親王の関与については、古くから議論が積み重ねられているが、近年においても新たな見方が次々と提示されている。そうした新旧の諸研究を参照しつつ、長岡遷都前後の政治状況を細かく追いながら、早良親王と事件の関わりについて検討を加えてみたい。

さらに、桓武天皇の遺命により、延暦二十五年以降、毎年二月と八月に諸国の国分寺において崇道天皇のための読経が行われていた。この行事はその後も長く続けられたようで、地域によっては中世史料や近世史料にもその行事名を確認することができる。この崇道天皇のための国分寺での読経が、貞観五年の御霊会の前提となった可能性があるので、そのことについても言及することにする。

日本史上でもそれほど有名ではない早良親王が、なぜこのような特異な存在となるにいたったのか、本書を通して少しでも、その問いに答える手がかりを見つけることができればと思っている。

なお、早良親王という呼称は光仁天皇即位後のもので、それ以前は早良王と呼ばれ、死後の延暦十九年七月に追号が贈られてからは崇道天皇と称されることになった。本書では基本的に早良親王という呼び名を用いるが、こうした呼称の変化に留意し、かつ原史料の表記にしたがって、光仁即位以前は早良王、延暦十九年七月以降は崇道天皇と書き分けた場合がある。また、早良の生母和新笠についても、高野朝臣を賜与される宝亀年間以前は和新笠、それ以降は高野新笠と書き、総括的に記す場合は和（高野）新笠と表記した。

以下の史料の字句や訓読は、おおむね参考文献に掲げた諸書に依拠したが、写本を参照したり、私見を加えたりして記述した場合がある。

二〇一九年四月

西本昌弘

目次

口絵

挿図

挿　表

第一　家系と生年

一　祖父施基親王

出自

早良親王は白壁王《しらかべおう》（のちの光仁天皇《こうにんてんのう》）を父とし、和新笠《やまとのにいがさ》（のちの高野新笠《たかののにいがさ》）を母として生まれた。生年については異説もあるが、後述するように、天平勝宝《てんぴょうしょうほう》二年（七五〇）の生まれと考えられる。同母の姉に能登《のと》内親王、兄に山部《やまべ》親王（のちの桓武《かんむ》天皇）がいる。

父の白壁王は、天智《てんじ》天皇の皇子である施基《しき》（志貴）親王と、紀橡姫《きのとちひめ》との間に、和銅《わどう》二年（七〇九）に生まれた。早良親王の育った環境やその人脈には、父母はいうまでもなく、祖父施基親王やその子孫の家系が大きく関わっていると思われるので、祖父や父母のことから書き起こしてみたい。

祖父の施基親王

施基親王（皇子）は天智天皇の第七皇子である。母は越道君伊羅都売《こしのみちのきみいらつめ》といい、越前国《えちぜんのくに》の地方豪族の娘であった。施基は志貴・芝基・志紀などとも書く（以下、施基または志貴と表記する）。施基皇子は壬申《じんしん》の乱後の天武《てんむ》天皇八年（六七九）五月、吉野宮《よしののみや》で行われた諸皇子の会盟に参加し、持統《じとう》天皇三年（六八九）六月には、伊余部馬飼《いよべのうまかい》・大伴手拍《おおとものてうち》らとともに撰善言司《せんぜんげんし》に任命され（『日本書紀《にほんしょき》』）、平城《へいじょう》遷都後の霊亀《れいき》元年（七一五）正月には二品《にほん》を授けられた（『続日本紀《しょくにほんぎ》』）。撰善言司とは、漢籍中から古今の善言を集成して、一書にまとめる役所である。

『万葉集』には、

采女《うねめ》の　袖《そで》吹き返す　明日香風《あすかかぜ》　京《みやこ》を遠み　いたづらに吹く

（巻一、五一番）

石走《いはばし》る　垂水《たるみ》の上の　さわらびの　萌え出づる春に　なりにけるかも

（巻八、一四一八番）

など作歌六首が伝わり、いずれも秀歌とされている。施基親王は漢籍や和歌に通じた知識人肌の皇親《こうしん》貴族であったといえよう。

施基親王の死

施基親王は霊亀二年八月に亡くなった。『続日本紀』の同年八月十一日条には、

二品志貴親王薨ず。従四位下六人部王《じゅしいのげむとべ》、正五位下《しょうごいのげ》県犬養宿禰筑紫《あがたいぬかいのすくねつくし》を遣して、喪事を監護せしむ。親王は天智天皇の第七の皇子なり。宝亀《ほうき》元年、追尊して、御春日《かすがの》

宮《みやに》 天皇と称す。

とあり、その薨去と葬儀のことが記されている。一方、『万葉集』巻二には、志貴親王の薨去時に笠金村《かさのかなむら》らが作った歌が載せられている（二三〇～二三四番）。二三〇番歌の題詞には、「霊亀元年歳乙卯《いつぼう》の秋九月、志貴親王の薨《こう》ぜし時に作りし歌一首」とあり、志貴親王の薨年を霊亀元年とするが、これは「二年」を「元年」に誤ったものであろう（澤瀉久孝『万葉集注釈』巻二）。『類聚三代格《るいじゅさんだいきゃく》』巻十七、宝亀三年（七七二）五月八日勅《ちょく》には、「先帝（施基親王）丙辰《へいしん》年八月九日崩」とあるから、施基親王は霊亀二年（丙辰年）八月九日に薨去し、三日間の発喪《はつも》（挙哀《こあい》）ののち、八月十一日に葬送が行われたとみるべきである。『続日本紀』が記す八月十一日は、施基親王の薨日ではなく葬日であり、『万葉集』が記す九月は、笠金村が挽歌《ばんか》を制作した時点を示すものと考えられる（近藤章「施基親王薨去とその挽歌」）。

高円山の邸宅

笠金村らが志貴親王の薨去時に詠んだ歌には、

……高円山《たかまとやま》に　春野焼く　野火《のび》と見るまで　燃ゆる火を……　（二三〇番）

高円の　野辺の秋萩　いたづらに　咲きか散るらむ　見る人なしに　（二三一番）

三笠山　野辺行く道は　こきだくも　しげく荒れたるか　久《ひさ》にあらなくに

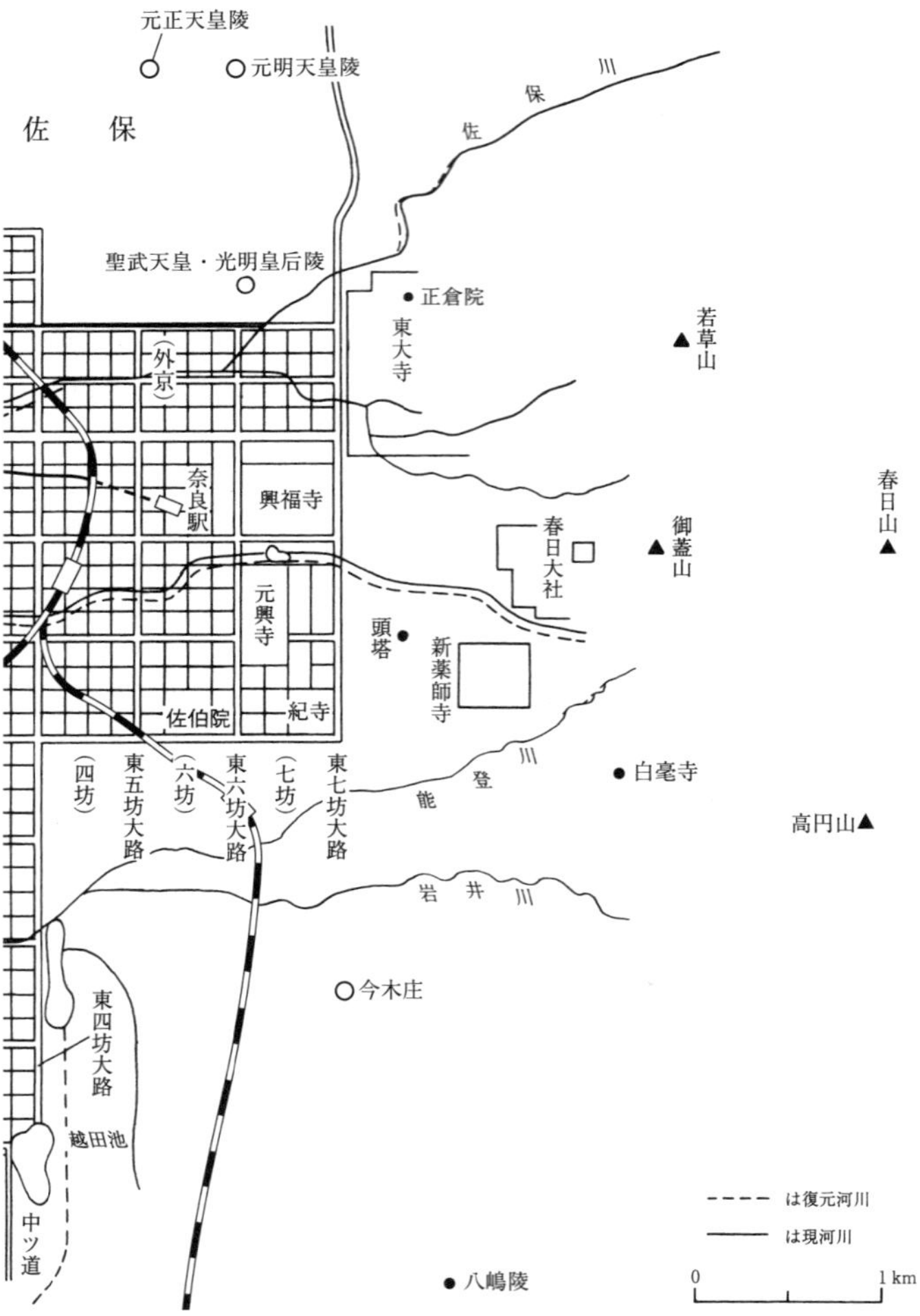
元正天皇陵
元明天皇陵
佐　保
佐保川
聖武天皇・光明皇后陵
正倉院
東大寺
若草山
(外京)
奈良駅
興福寺
春日山
春日大社
御蓋山
元興寺
頭塔
新薬師寺
佐伯院
紀寺
白毫寺
(四坊)
東五坊大路
(六坊)
東六坊大路
(七坊)
東七坊大路
能登川
高円山
岩井川
今木庄
東四坊大路
越田池
中ツ道
八嶋陵
は復元河川
は現河川
0
1 km

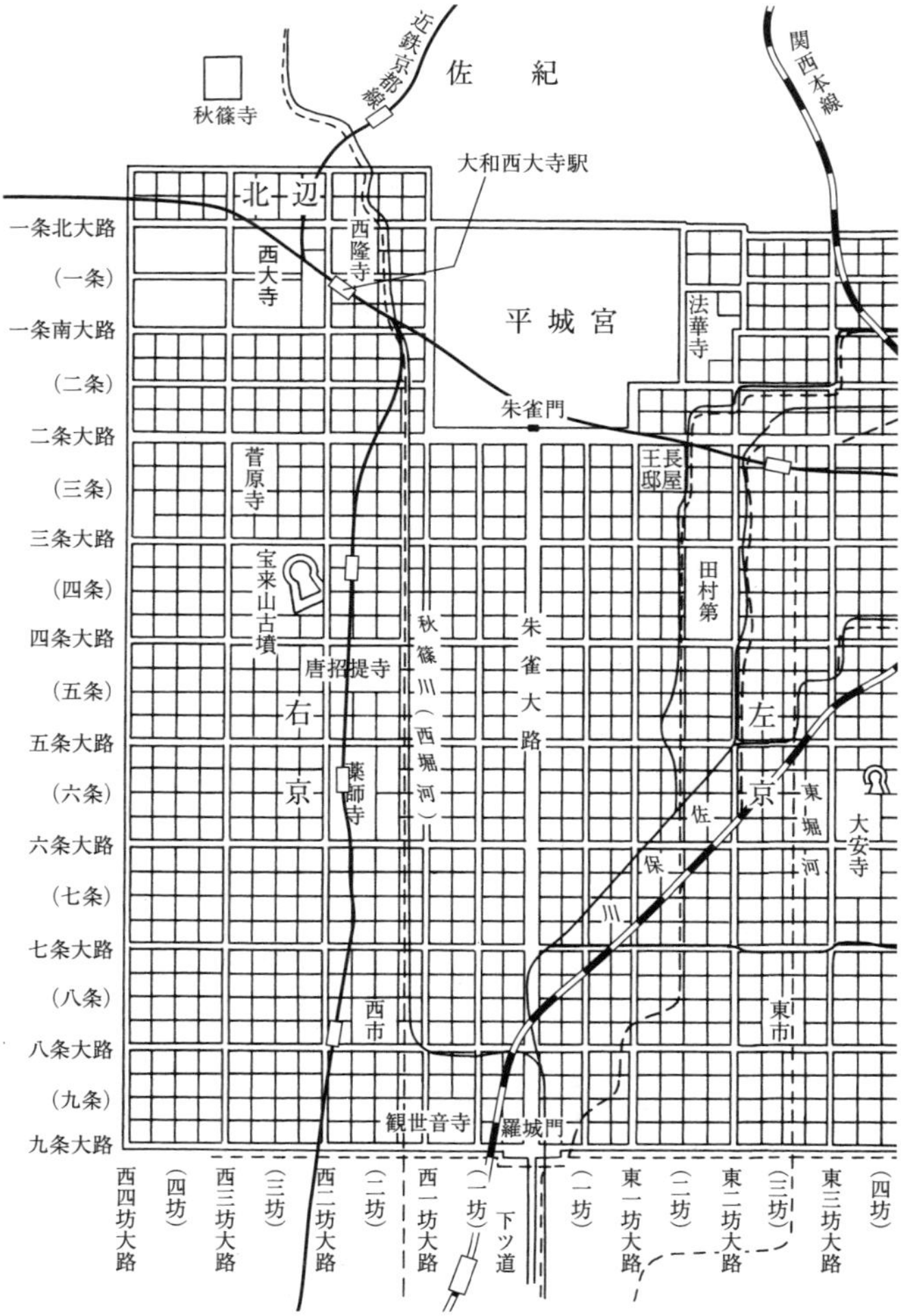

平城京とその東郊

(西宮秀紀『日本古代の歴史３　奈良の都と天平文化』38ページの図に一部加筆)

高円の　野辺の秋萩　な散りそね　君が形見に　見つつ偲《しの》はむ　（二三二番）

三笠山　野辺ゆ行く道　こきだくも　荒れにけるかも　久にあらなくに　（二三三番）

（二三四番）

などとあり、親王の柩《ひつぎ》を運ぶ葬列が高円山の野辺、三笠山《みかさやま》の野辺を進むさまが描写されている。施基親王は宝亀元年に「御春日宮天皇」と追尊され、その陵墓《りょうぼ》は、当初は田《た》原山陵《わらさんりょう》（『続日本紀』延暦《えんりゃく》四年〈七八五〉十月八日条）、のちに田原西陵（延喜《えんぎ》諸陵寮式《しょりょうりょうしき》）と名づけられた（奈良市矢田原町《やだわらちょう》に治定）。当時の春日は、現在の春日と呼ぶ地域よりもかなり広範囲にわたり、高円山一帯を含んでいたとみられる。『和名類聚抄《わみょうるいじゅしょう》』の添上郡《そうのかみ》春日郷は現在の奈良市白毫寺町《びゃくごうじちょう》付近を中心とする地域で（岸俊男「太朝臣安万侶墓と葬地」）、白毫寺は施基親王の春日宮を寺にしたものと伝えられている。平城京《へいじょうきょう》の時代、施基親王はいまの春日野の南方、高円山の西裾の白毫寺あたりに宮を営んでいたと考えられる（犬養孝「志貴親王」、山本健吉「志貴皇子とその子孫」）。親王の葬列は高円山の山裾を縫って、東方の田原の里へと進んでいったのであろう（岸俊男「太安万侶の墓と田原の里」）。祖父である施基親王の宮が高円山の西裾あたりにあったことは、その子孫である光仁天皇や山部親王・

早良親王の生活圏を考えるうえでも興味深い。

施基親王の子女

施基親王の子女として名前の知られるのは、春日《かすが》王・湯原《ゆはら》王・榎井《えのい》王・海上女王《うなかみじょおう》・白壁王の四男一女である（以下、岸哲夫「志貴皇子系諸王の歌」による）。長子とみられる春日王は、

施基親王系王族の系図

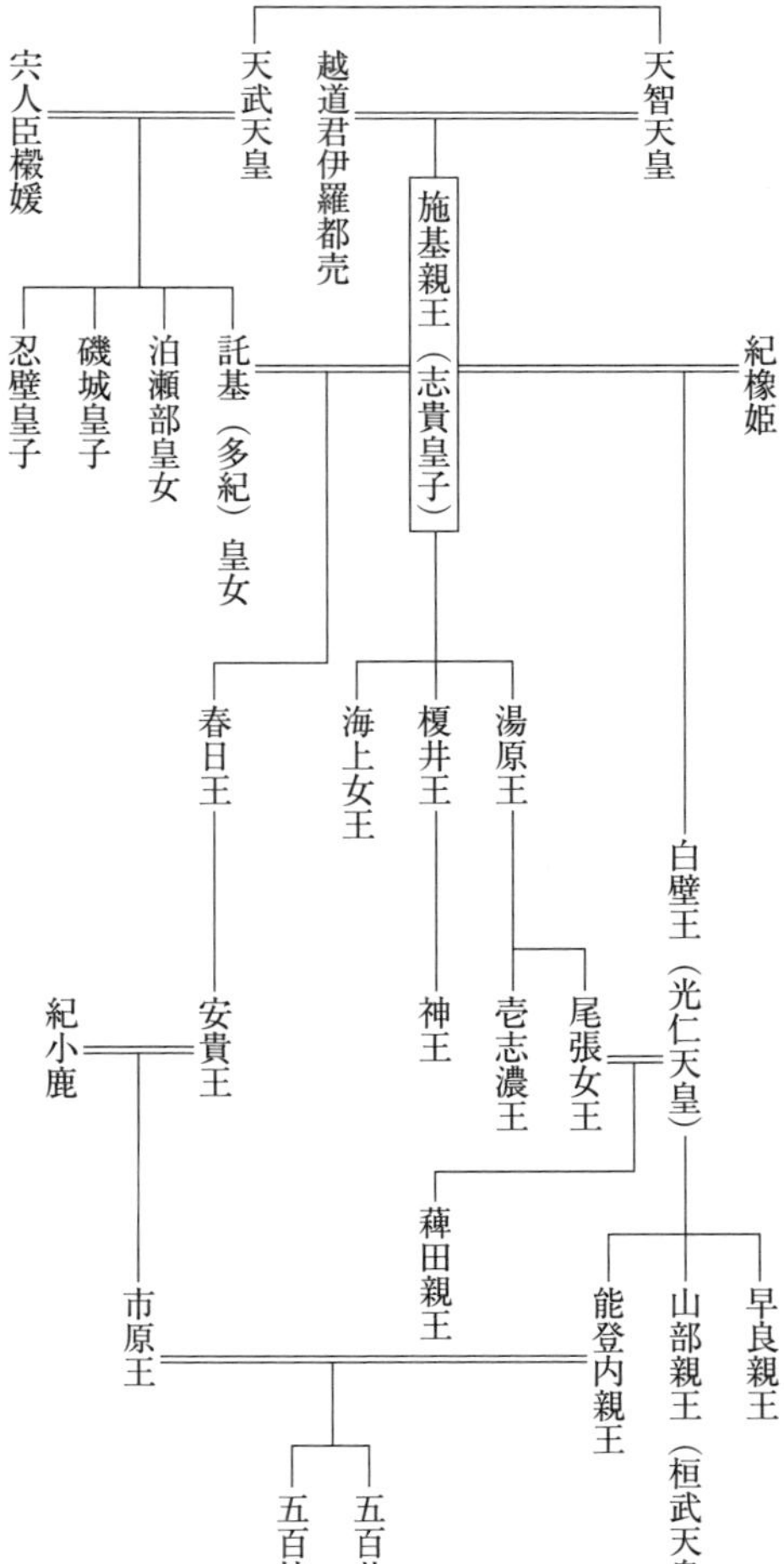

天武天皇皇女の多紀《たき》皇女の子で（『万葉集』巻四、六六九番歌題詞）、天平《てんぴょう》十七年（七四五）四月に散位《さんに》・正四位下で亡くなった（『続日本紀』）。湯原王は壱志野《いちしの》王の父、榎井王は神《みわ》王の父である。海上女王は聖武《しょうむ》天皇と和歌の応酬をしているので（『万葉集』巻四、五三〇・五三一番）、聖武に関わる女性の一人かと推測される。白壁王は「志貴親王の第六子」（『続日本紀』光仁天皇即位前紀）とされるので、以上の五人以外に少なくとももう一人の子女があったことになる。

春日王の子女

また、春日王の子に安貴《あき》王、孫に市原《いちはら》王があった。安貴王の妻は紀小鹿《きのおしか》である（『万葉集』巻四、六四三番歌題詞）。市原王は安貴王の「独子《ひとりご》」（一人息子）で（『万葉集』巻六、一〇〇七番歌題詞）、大伴家持《おおとものやかもち》とともに安積《あさか》親王の長寿を祈る歌を詠んでいる（同巻六、一〇四二番歌）。市原王の室は山部・早良両親王の姉の能登《のと》内親王で、二人の間には五百井《いおい》女王・五百枝《いおえ》王が生まれており、市原王と白壁王家との深いつながりが想定できる。市原王は、造東《ぞうとう》大寺司《だいじし》の誕生前夜から実質的な長官として写経事業などを管掌し、聖武天皇のもとで東大寺造営や大仏造立の事業を統括した（鷺森浩幸「聖武天皇と藤原八束・市原王」、山本幸男「市原王と写経所」）。天応《てんおう》元年（七八二）二月十七日に能登内親王が薨去すると、大伴家持が喪事を監護しており、のちに五百枝王は早良親王とともに藤原種継《たねつぐ》暗殺事件に連座している。

市原王家と大伴家持の間には家族ぐるみの付き合いがあったことを示しており（大森亮尚「志貴家の人々（一）」）、その輪のなかに山部親王や早良親王も入っていたということができよう。

万葉集にみる諸王の親交

『万葉集』では、春日王・湯原王・市原王ら志貴皇子系諸王の歌はかたまって配列され、その前後に大伴家持や藤原八束《やつか》（真楯《またて》）の歌が配されている場合が多い（『万葉集』・巻六、九八五〜九八九番、巻八、一五四四〜一五四七番、一五七〇〜一五七二番）。志貴皇子系諸王と大伴家持・藤原八束の間に深い親交があったことを示すものといえる（岸哲夫「志貴皇子系諸王の歌」）。藤原八束は藤原房前《ふささき》の三男で、母は永手《ながて》と同じく橘諸兄《たちばなのもろえ》の妹の牟漏《むろ》女王であった。八束の子が内麻呂《うちまろ》、永手の子が家依《いえより》・曹子《そうし》（光仁天皇夫人）・雄依《およ》であある。藤原永手が志貴皇子系諸王の一人である白壁王を擁立し、大伴家持や藤原雄依が早良親王とともに種継事件に連座するのは、こうした長年にわたる深い交流を背景にもつものであることに注意する必要があろう。

二　父白壁王と母和（高野）新笠

父白壁王

白壁王は施基親王の第六子として、和銅二年（七〇九）に生まれた。母は紀橡姫である。施基親王の長子である春日王は、天平十七年（七四五）に散位、正四位上で没した。湯原王・榎井王らもその前後に亡くなったのであろうか。もっとも若年であった白壁王が、施基親王の皇子としてひとり官界での足跡をよく残しているのは、兄たちの早世が関わっているのであろう。白壁王は父施基親王の宮があった春日・高円の地で育ったのであろうが、父や兄の亡きあとは、父の宮を継承して、やはり春日・高円の地に居を定めたものと思われる。

白壁王の妻子

白壁王の最初の妃《ひ》は和新笠であったろう。新笠は天平五年に能登女王、同九年に山部王（のちの桓武天皇）、さらにそののち早良王を生んでいる。白壁王は次に異母兄の湯原王の女尾張《おわり》女王を娶って、天平勝宝三年（七五一）に稗田《ひえだ》王をもうけた。その後、聖武天皇の皇女である井上《いのうえ》内親王を妃に迎え、天平勝宝六年に酒人《さかひと》女王が生まれ、さらに時をおいて、天平宝字《てんぴょうほうじ》五年（七六一）に他戸《おさべ》王が誕生した。

これ以外に白壁王は、県犬養勇耳《いさみみ》との間に広根諸勝《ひろねのもろかつ》をもうけ（『新撰姓氏録《しんせんしょうじろく》』左京皇別《こうべつ》上）、県主嶋姫《あがたぬしのしまひめ》との間に弥努摩《みぬま》女王を生んでいる（『本朝皇胤紹運録《ほんちょうこういんじょううんろく》』）。天平年間には和氏や県主氏・県犬養氏など、渡来系を含めた下級・中級氏族出身者との婚姻が多く、天平勝宝年間に入ってから、聖武天皇の皇女を妻に迎えた。この時期を境に、白壁王の境遇に大きな変化が起こることになる。

和新笠の父は和乙継《おとつぐ》、母は土師真妹《はじのまいも》である。和氏は百済《くだら》から渡来した百済系の下級氏族で、もとは和史《ふひと》（倭史）と称したが、新笠が白壁王に嫁し、その所生の山部親王が即位するに及んで、氏族的地位を大きく上昇させ、延暦二年（七八三）四月に和朝臣に改姓《かいせい》された。

和新笠は宝亀年中に姓《かばね》を高野朝臣と改め、宝亀九年（七七八）正月に従四位下より従三位《さんみ》に昇った。天応元年（七八一）四月、桓武天皇の即位とともに皇太夫人《こうたいぶにん》と称され、従三位より正三位に進み、延暦八年十二月に崩じた。その崩伝に、その先祖は百済武寧王《ぶねいおう》の子純陁太子《じゅんだたいし》であるとみえ、『新撰姓氏録』左京諸蕃《しょばん》下にも、和朝臣は百済国都慕《つも》王の十八世孫の武寧王より出たとある。新笠を百済王室の血統につながるものとしたのは、桓武天皇の出自を粉飾するためのもので、和気清麻呂《わけのきよまろ》が『和氏譜《わしふ》』を編纂して（『日本後紀《にほんこうき》』延

母和（高野）新笠

暦十八年二月乙未条《おつび》)、こうした出自工作を行ったものと推測される。しかし、山部親王は卑母の所生であるとして、その立太子に反対する貴族が少なくなかったことからも、百済王室出自説は政治的な系譜操作と疑わざるをえない。和氏は百済系の下級氏族であったにすぎず、山部王や早良王は施基親王に連なる皇族であったとはいえ、卑母所生というハンディを背負わされていたのである。

新笠の出身地

新笠の母の土師真妹は山背国大枝村《やましろおおえむら》の生まれで、新笠もここで生まれたという説がある。村尾次郎氏は、土師真妹は山背国大枝村に住む土師氏の出身で、新笠も大枝村で生まれたため、その墓所が大枝に大枝陵《おおえのみささぎ》として設けられたとし、桓武天皇が長岡京《ながおかきょう》や平《へい》安京《あんきょう》に遷都するのは、そこが桓武の生地であったからであると主張した(村尾次郎『桓武天皇』)。井上満郎氏は、桓武の生地を大枝とする村尾説には確証がないとしながらも、新笠の系統の土師氏は山背国の大枝に居住したとみる村尾説を認めている(井上満郎『桓武天皇』)。

しかし、こうした見方に対しては早くから批判が出されていた。林陸朗氏や瀧浪貞子氏は、新笠の陵墓が大枝に設けられたのは、そこが長岡京の北方にあたるため、宮都の北方に陵墓を営む慣例にしたがったからにすぎず、大枝が新笠の故郷であったとはいえないという（林陸朗『長岡京の謎』、瀧浪貞子「高野新笠と大枝賜姓」）。また小林清氏は、新笠の父和乙継の牧野墓《まきののはか》が大和国《やまと》広瀬郡《ひろせ》にあり、母土師真妹の大野墓《おおののはか》が大和国平群郡《へぐり》にあることから、新笠の父母は二人とも大和国の出身と考えるべきとしている（小林清『長岡京の新研究』）。

和氏と今木庄

和（高野）新笠の両親の本貫《ほんがん》を考えるうえで注目されてきたのは、平安京の北郊にあった平野神社《ひらのじんじゃ》の祭神である。延喜祝詞式《えんぎのりとしき》の平野祭《ひらののまつり》祝詞に「今木《いまき》より仕《つか》へ奉《まつ》り来《きた》れる皇《すめ》太御神《おおみかみ》」、久度《くど》・古関《ふるせき》祝詞に「久度・古関二所の宮にして供《つか》へ奉り来れる皇御神」、四時《しじ》祭《さい》式上に「平野神四座祭（今木神《いまきのかみ》・久度神・古関神・相殿比売《あいどのひめ》神）」などとみえる神々のうち、今木神は和氏が奉斎してきた神、久度神・古関神は土師氏が奉斎してきた神とみるのが、伴信友以来の通説である（伴信友『蕃神考』、岡田荘司「平野祭の成立」）。今木神は平城京の東南郊にあたる大和国添上郡今木庄《いまきのしょう》（奈良市古市町《ふるいちちょう》）の菟足《うなだり》社に祀られていた神で、この今木庄の地が和乙継の本貫と考えられる（和田萃「今来の双墓をめぐる臆説」、渡里恒信「超昇寺・楊梅陵・宇奈太理社をめぐって」）。桓武天皇の即位後、今木神は今木庄から和（高野）新笠の居地である田村後宮《こうきゅう》に遷され（『続日本紀』延暦元年十一月十九日条）、さらに長岡・平安遷都《せんと》期に平野神社に遷移されたのである。

大和国の久度神

久度神は大和国平群郡の久度（奈良県北葛城《きたかつらぎ》郡王寺町《おうじちょう》久度）にあった神社で、延暦二年十二月に従五位下を与えられ、官社《かんしゃ》に列した（『続日本紀』）。『延喜式』の神名帳《じんみょうちょう》にも平群郡久度神社とみえる。古関神は竜田《たつた》関に関係する神社であろう。『大和志《やまとし》』は平群郡の関屋址を「立野《たつの》村の西に在り」としている。現在の生駒《いこま》郡三郷町《さんごうちょう》立野の西である。久度・古関の地は土師真妹の本貫であったと考えられ、真妹の大野墓も大和国平群郡に営まれている（渡里恒信「桓武天皇の出自」）。

なお、和史の本拠地を大和国城下《しきのしも》郡大和郷（奈良県天理《てんり》市）にあてる意見もあるが（井上満郎『桓武天皇』、大隅清陽「桓武天皇」）、城下郡大和郷はヤマト政権の発祥地のひとつで、倭国造《やまとのくにのみやつこ》を世襲した倭直《やまとのあたい》氏（のち倭連《むらじ》・大倭忌寸《いみき》・大倭〈和〉宿禰）の本拠地である。倭国造系は大倭氏・大和氏などと表記され、百済系氏族の和史や和珥《わに》系氏族の和安部臣《やまとのあべのおみ》などとは区別されていた。城下郡のヤマト（大和）とは別に、添上郡の東南部もヤマト（和）と呼ばれた可能性があり（渡里恒信「超昇寺・楊梅陵・宇奈太理社をめぐって」）、和乙継の本貫はやはり添上郡今木庄に求めるべきであろう。

生育環境

平城京の時代に、添上郡今木庄を本貫とする和乙継は、平群郡久度・古関を本貫とする土師真妹を娶って、新笠を生んだ。新笠の生活圏もまた平城京東南郊の今木庄であっ

今木庄付近（奈良市古市町）

たとみられる。今木庄の地からは春日山や高円山が遠望でき、施基親王の住む春日宮も近いところにあった。春日宮を伝領した白壁王が、今木庄で生まれた新笠を妻に迎えるのは、きわめて自然なことであったと思われる。

　二人の間には能登女王・山部王・早良王が生まれたが、新笠は春日宮には住まず、実家である今木庄で子女を育てたのであろう。新笠は光仁即位後も平城宮内裏《だいり》に入らず、田村後宮に居住していたから、二人は当初から別居していたと考えられるのである（渡里恒信「桓武天皇の出自」）。早良親王の眠る八島《やしま》陵が添上郡今木庄のすぐ南に築かれたのも、この地と山部・早良兄弟との絆が深かったことを示唆するのである。

三　早良親王の生年

通説では七五〇年生まれ

早良親王の生年は、『本朝皇胤紹運録』と『一代要記《いちだいようき》』に「天応元年四月、皇太子に立つ。三十二」とあり、天応元年（七八一）四月に三十二歳で立太子《りったいし》したというので、ここから逆算して、天平勝宝二年（七五〇）の生まれとするのが一般的である。天平九年（七三七）生まれの山部親王（桓武天皇）からみて十三歳年下の弟ということになる。

年齢についての史料

一方、東大寺関係の史料を集成した『東大寺要録《とうだいじようろく》』の巻四、諸院章四、羂索院《けんじゃくいん》条には、

光仁天皇の皇子崇道《すどう》天皇は、等定僧都《とうじょうそうず》を師と為《な》し、出家入道《にゅうどう》す。廿一歳にて壇に登り受戒《じゅかい》し、此の院に住持《じゅうじ》す。後に景雲三年を以《もっ》て、大安寺東院《だいあんじとういん》に移住す。

とある。また、大安寺に伝えられたと思われる早良親王関係の史料に、「大安寺崇道天皇御院八嶋両所記文」（醍醐寺本『諸寺縁起集《しょじえんぎしゅう》』所引。以下「両処記文」と略称する）というものがあるが、ここには、

初め東大寺の登定《とうじょう》大僧都を以て師と為し、羂索院に寄住す。生年十一にて出家入

道し、廿一にて壇に登り受戒す。清潔・清浄にして、修練・修学し、神護《じんご》景雲《けいうん》二年
を以て、大安寺東院に移住す。

とある。この二つの史料は、東大寺に入った早良親王が十一歳で出家し、二十一歳で受戒したのち、神護景雲二年（七六八）か翌三年に大安寺東院に移住したことを伝えている。

生年に関する異説

『本朝皇胤紹運録』が室町時代の成立、『一代要記』が鎌倉時代の成立であることから

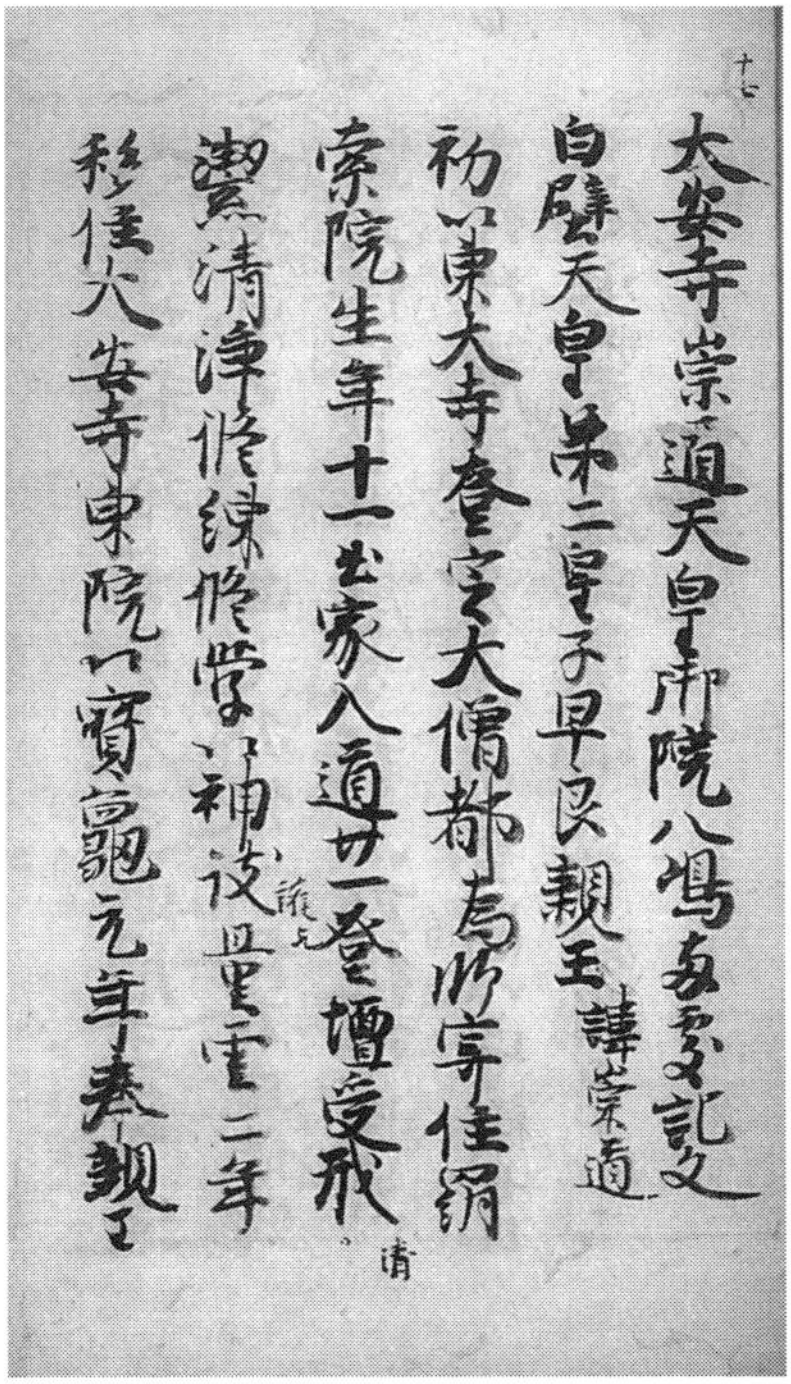
十七
大安寺崇道天皇御院八嶋両所記文
白壁天皇第二皇子早良親王 諱崇道
初以東大寺等定大僧都為師寫住羂
索院生年十一出家入道廿一登壇受戒 清
潔清浄修練修学以神護景雲二年
移住大安寺東院以宝亀元年奉親王

『諸寺縁起集』所引「大安寺崇道天皇御院八嶋両所記文」（醍醐寺所蔵．田中伝三郎編『醍醐寺蔵諸寺縁起集略説』より）

すると、平安時代後期成立の『東大寺要録』や「両処記文」の方が史料的価値が高く、その記述にも信憑性が認められる。高田淳氏は、早良親王が桓武天皇より十三歳下というのは、同母弟としては離れすぎているので、早良は桓武より数歳年少とみるべきではないかといい（高田淳「早良親王と長岡遷都」）、山本幸男氏は、『東大寺要録』と「両処記文」の記載によると、大安寺移住は受戒後のことなので、受戒の翌年に移住と仮定すると、早良は天平十七年か同十八年の生まれになるとする（山本幸男「早良親王と淡海三船」）。また長谷部将司氏は、「両処記文」の文章構成からすれば、神護景雲二年の時点では早良は二十一歳以上なので、七四八年以前に生まれている必要があると述べている（長谷部将司「「崇道天皇」の成立と展開」）。

ただし、平安時代後期成立の『大鏡《おおかがみ》』上、師尹《もろまさ》の裏書《うらがき》に、

崇道天皇、諱《いみな》早良親王

光仁天皇の第二皇子。母は桓武天皇に同じく、大夫人《だいぶにん》高野氏、諱新笠。贈正一位乙継朝臣の女なり。天応元年四月四日壬辰、皇太子と為《な》る。年三十二。延暦四年十月、太子を廃し、淡路《あわじ》島に流す。同十九年七月、崇道天皇と追称す。年十月十七日崩ず。件の日は国忌《こき》。天長《てんちょう》元年十月十日官符《かんぷ》、去る九月廿九日論奏に依

りて、之を追《め》す。但し同年十二月十四日官符、十陵《じゅうりょう》に列し、荷前《のさき》に預かるなり。

とあることが注目される。ここでは天応元年四月四日の立太子時の年齢を「三十二」とするが、早良の国忌を十月十七日とし、この国忌が天長元年（八二四）に停止されたことを記すなど、後述するような早良親王に関わる確かな事実が伝えられている。したがって、早良が三十二歳で立太子したというのも信頼しうる記述といえるだろう。

生年は天平勝宝二年

同母兄弟の平城《へいぜい》天皇と嵯峨《さが》天皇には十二歳の年齢差があったから、十三歳違いの桓武と早良も同母兄弟として不自然ではない。早良親王が天平勝宝二年生まれであったとすると、神護景雲三年には二十歳となる。この年に受戒し、同年に大安寺東院に移ったとすると、その年譜にも大きな矛盾は生じない。『東大寺要録』や「両所記文」が「廿一」で受戒したとするのが、「廿」で受戒の誤写であるとすると、年齢上の誤差もすべて解消することになる。誤写を想定しない場合、一、二年程度の誤差は残るが、大勢に影響はないであろう。以上から、早良親王の生年は天平勝宝二年であったとする通説にしたがうこととしたい。

名前の由来

なお、古代の王族の名前は乳母《うば》の氏姓にちなむものが多かったが、早良親王の立太子から約七ヵ月後の天応元年十一月十九日に、無位《むい》の佐和良臣静女《さわらのおみしずめ》に外従五位下《げ》が授けられた。この人物が早良王の乳母であり、早良王の名は乳母である佐和良臣静女によるものなのであろう（柴田博子「早良親王」）。

『古事記《こじき》』孝元《こうげん》天皇段には「平群都久宿禰《へぐりつく》は、平群臣・佐和良臣・馬御織《うまみくい》連等の祖なり」とあり、『新撰姓氏録』河内《かわち》国皇別には、平群朝臣と同祖の早良臣がみえる。平群氏は大和国平群郡を本貫とする氏族である。早良王の母である和新笠は和乙継と土師真妹の子であったが、前述したように、真妹は平群郡久度・古関の出身であった。新笠は母の実家である平群郡周辺で乳母を探し、佐和良臣に白羽の矢を立てたのであろう。

第二　出家から親王禅師へ

一　東大寺羂索院

前述した『東大寺要録《とうだいじようろく》』巻四、諸院章四、羂索院《けんじやくいん》条や「両処記文」の記載から、早良親王の前半生が次のように判明する。

東大寺の登定《とうじよう》（等定）を師として羂索院に寄住し、十一歳で出家入道《にゆうどう》ののち、二十一歳で戒壇《かいだん》に登って受戒《じゆかい》した。この間、修練・修学を重ね、神護景雲《じんごけいうん》二年（七六八）か翌三年に大安寺東院《だいあんじとういん》に移住した。生年を天平勝宝《てんぴようしようほう》二年（七五〇）とすると、幼年であった七五〇年代に東大寺羂索院に寄住し、天平宝字《てんぴようほうじ》四年（七六〇）に十一歳で出家した。神護景雲三年か翌宝亀《ほうき》元年（七七〇）に二十歳か二十一歳で受戒し、受戒した年に大安寺東院に移ったことになる。『東大寺要録』巻四、諸院章四、桜会縁起《さくらええんぎ》にも、「昔者《むかし》聞くならく、禅師《ぜんじ》王子《おうじ》、此《こ》の院に住持《じゆうじ》す」とあり、禅師王子が昔この院に住持したことが伝えられている。

桜会は法華堂《ほっけどう》（羂索堂）で行われる法会なので、やはり幼少時の早良王が羂索院に住したことを示すものといえよう（山田英雄「早良親王と東大寺」）。

天智系の苦労

早良王の父白壁王《しらかべおう》は天智《てんじ》天皇の孫王であったが、奈良時代の天皇は天武《てんむ》天皇や草壁《くさかべ》皇子に連なる天武系の皇統から出されたから、天智系の白壁王が皇位継承に関わる可能性はほとんどなく、官人社会にあっても大きな昇進は望むべくもなかった。そのような白壁王の子息たちには、さらに厳しい前途が待ち構えており、早良王より十三歳年長の山《やま》部《べ》王でさえ、二十八歳になった天平宝字八年にようやく従五位下《じゅごいのげ》の位《くらい》に昇ったほどであった。弟の早良王が仏門に入るべく、幼くして東大寺の羂索院に預けられたのも無理のないことであった。また後述するように、早良親王は光仁《こうにん》天皇の「愛し子」であったので、光仁は、早良が政争に巻き込まれるのを防ぐために出家させたということも考えられる。

仏道の師・等定

前述のように、『東大寺要録』や「両処記文」は早良親王の師を登定（等定）とするが、『東大寺要録』巻三、供養章之余の末尾には、「崇道《すどう》天皇、（実忠の弟子、並びに等定大僧都の資。白壁天王の第二子なり）」とあり、早良親王は実忠《じっちゅう》の弟子であるが、早良と実忠はともに等定の教えを受けているという。等定は養老《ようろう》五年（七二一）生まれと推定され、実忠は天平《てんぴょう》三年（七三一）生まれなので

（佐久間竜「東大寺僧等定について」）、実忠と早良親王はともに等定の弟子であり、早良は十数歳年長の実忠からも教えを受けたということなのであろう。

等定は河内《かわち》の人とされ（『七大寺年表《しちだいじねんぴょう》』延暦《えんりゃく》三年条）、天平十年代に大和国金光明寺《やまとのくにこんこうみょうじ》（天平十九年以降は東大寺）に入ったと推定される。『三国仏法伝通縁起《さんごくぶっぽうでんずうえんぎ》』によると、等定は河内国西琳寺《さいりんじ》（西林寺）の住僧であったが、東大寺を本寺《ほんじ》として華厳《けごん》を習学した。桓武《かんむ》即位後に西林寺を修造し、東大寺を興隆して、華厳を顕揚したという。『西琳寺文永注記《ぶんえいちゅうき》』が引く神護景雲二年八月一日付けの「衆僧御供養加益事」に「大鎮僧等定」と署名しているので、このときまでに等定は東大寺を離れ、西琳寺大鎮となっていたようである（佐久間竜「東大寺僧等定について」）。

東大寺と羂索院

早良親王が出家得度した天平勝宝年間前後の東大寺や羂索院の状況をみておきたい。天平十五年十月、近江《おうみ》国の紫香楽宮《しがらきのみや》において大仏造立の詔が発布され、紫香楽宮の甲《こう》賀寺《がでら》で大仏の造立が開始された。天平十七年五月に平城京《へいじょうきょう》へ還都すると、天平十九年から平城京の東山にあった大養徳《やまと》国（大倭国）金光明寺において、大仏造立の工事が再開された。同年末には東大寺という寺名があらわれ、翌天平二十年からは造東大寺司《ぞうとうだいじし》が造営を主導することになる。天平勝宝元年には大仏の鋳造が終了し、陸奥《むつ》産金による大仏塗金をへて、同四年四月九日に盛大な大仏開眼《かいげん》供養《くよう》が執り行われた。

東大寺の前身

東大寺の前身は大養徳国（大倭国）の国分寺《こくぶんじ》である金光明寺であるが、その金光明寺にはさらに金鐘寺《こんしゅじ》・福寿寺《ふくじゅじ》などの前身寺院があった。『東大寺要録』巻四、諸院章四、羂索院条には、

一、羂索院　金鐘寺と名づく。また改めて金光明寺と号す。また禅院と云ふ。
堂一宇　五間一面　礼堂在り。
天平五年歳次癸酉《きゆう》に創《はじ》めて建立するなり。良弁僧正《ろうべんそうじょう》、不空羂索観音菩薩像《ふくうけんじゃくかんのんぼさつぞう》を安置す。像の後ろに当りて等身の執金剛神《しっこんごうしん》有り。是れ僧正の本尊なり。

金鐘寺と羂索院

とある。羂索院は天平五年の創建で、良弁がここに不空羂索観音菩薩像や執金剛神像を安置したと伝えている。金鐘寺ともいい、金光明寺と改号されたとあるから、羂索院は金鐘寺と同一の寺院か、金鐘寺の中心堂宇と考えられてきた。この羂索院は不空羂索観音像を本尊としたので、羂索院または羂索堂と呼ばれたが、天平十八年以降、旧暦三月にここで法華会《ほっけえ》（桜会）が修されたため、法華堂・三月堂《さんがつどう》とも称されるようになった。

かつてはこのように考えられていたが、その後、福山敏男氏や堀池春峰氏らの研究により、『東大寺要録』のこの記載には疑問のあることが指摘され、正倉院文書《しょうそういんもんじょ》の詳細な

東大寺法華堂（三月堂）

検討と合わせて、次のような見方が提示されるようになった。

①金鐘寺の起源は、神亀《じんき》五年（七二八）に聖武《しょうむ》天皇の皇太子某親王の冥福を祈るために建立された山房《さんぼう》（金鐘山房）に遡り、このとき山房に住した智行僧九人のなかに良弁《ろうべん》がいたと推定される（家永三郎「国分寺の創建について」、堀池春峰「金鐘寺私考」）。

②羂索堂は金鐘寺の中心堂宇（金堂）とは認めがたく、天平二十年ないし天平勝宝元年ごろに造営されたものである（福山敏男「東大寺の創立」）。

また、近年にいたる発掘調査や遺物採集により、以下のような事実も指摘されている。

③法華堂の屋瓦には恭仁宮《くにのみや》式の文字瓦が多

く使用されているので、法華堂の創建は恭仁京造営開始期の天平十二年ごろと考えられる（上原真人「恭仁宮文字瓦の年代」）。

④法華堂のある上院地区より北側山寄りの丸山西遺跡から、興福寺《こうふくじ》所用瓦のうち天平五年ごろの軒丸瓦《のきまるがわら》が確認されたため、この付近に東大寺の前身寺院があったものと推測される。

以上のような所見を考え合わせて、現在では、丸山西遺跡を山房（金鐘山房）にあて、その創建を神亀五年、あるいは天平五年ごろと考え、上院地区を天平十三年ごろに完成した福寿寺にあて、同じころに創建された法華堂も、福寿寺に包含される堂宇であったとする見方が有力となっている（吉川真司「東大寺の古層」、高橋照彦「考古学からみた法華堂の創建と東大寺の前身寺院」）。こうした近年の有力説にしたがえば、羂索院（法華堂）を金鐘寺と同一視し、その創建を天平五年とする『東大寺要録』の記載は、ほとんど信頼性のないものということになる。

羂索院の創建年次

ただし最近、法華堂の正堂および正堂内の八角二重壇の年輪年代調査が行われ、それらの部材は七二九〜七三一年に伐採されたという結果が出た。こうした伐採年は、近年の有力説より十五〜十六年ほど古い年代を示しており、むしろ羂索院の創立を天平五年としている『東大寺要録』の記載と整合的である（光谷拓実・児島大輔「東大寺法華堂（正堂）ならびに八角二重壇の年輪年代調査」）。最近の科学的調査は思わぬところから、近年の有力説の年代観に見直しを迫り、『東大寺要録』羂索院条の信憑性に傍証を与えることとなった。このように羂索院（法華堂）の創建をめぐっては、堂内部材の年代と屋瓦の年代との間に開きがあるため、当初は別の場所に建てられ、のちに現在地に移建されたとするか、当初は非瓦葺きであったのが、のちに瓦葺きに改められたとみるなど、いくつかの仮説を立てる必要があるが、かつて田中豊蔵氏が述べたように、法華堂は天平五年に創立され、天平十二年ごろに完成したとみるのが穏当かもしれない（田中豊蔵「東大寺法華堂の諸仏」）。

華厳教の講説

天平十二年九月、大宰少弐《だざいしように》の藤原広嗣《ふじわらのひろつぐ》が大宰府《だざいふ》で兵を挙げたが、朝廷が派遣した大《だい》将軍大野東人《しようぐんおおののあずまひと》らの軍勢によって、十一月には鎮圧された。この間の十月八日、良弁は聖武天皇の四十賀を祈るため、金鐘山寺に新羅学生《しらぎがくしよう》（新羅への留学生《るがくしよう》）の審祥《しんじよう》を講師に招き、華厳経の講説を開始した。この講説は三年間続けられ、さらにその後も慈訓《じきん》・鏡《きよう》忍《にん》・円証《えんしよう》らが講師となって続行された（福山敏男「東大寺の創立」、堀池春峰「金鐘寺私考」）。良弁は羂索菩薩の前にて華厳経を講ぜよとの夢をみて、この華厳講説をはじめたので（『東大寺要録』巻五、東大寺華厳別供縁起《べつくえんぎ》）、こうした華厳経の講説は当初から不空羂索観音菩薩像の前で行われた可能性が高く、それはこの仏像を本尊に仰ぐ羂索堂（法華堂）で挙行されたものと思われる。

羂索堂の重要性

したがって、少なくとも天平十二年までには、羂索堂（法華堂）が華厳経を講説する場として、金鐘寺のなかでも特筆すべき場所になっていたことは疑いない。その後、天平十六年には、聖武天皇が勅《ちょく》して知識華厳別供を創設した。これは華厳経の講説に対する研究所的なものと考えられている。正倉院文書では天平勝宝元年九月に羂索堂の名が初見し（『大日本古文書《だいにほんこもんじょ》』十、六二八頁、同十一、二二七頁）、その後、同三年五月には八十華厳経二部を写経所《しゃきょうじょ》より羂索堂に奉請《ぶじょう》し、同四年閏《うるう》三月には六十華厳経一部が写経所より羂索堂に奉請されている。天平十二年に創始された金鐘寺の華厳経講説は、羂索院において例年十一月十六日、華厳経専学の僧によって五日間論議が行われる華厳会《けごんえ》として定着することになった（堀池春峰「金鐘寺私考」）。

以上、早良親王が寄住することになる羂索院の成立史を振り返ってきた。羂索院（法華堂）は東大寺の前身である金鐘寺もしくは福寿寺の一堂として、天平五年ごろに創建されたものであるが、天平十二年までには不空羂索観音像を本尊として安置し、天平十二年に華厳経の講説がここで行われると、以後長く華厳経の講説と研究センターの役割を果たし、東大寺の教学を担う拠点となっていった。こうした華厳宗興隆策を推進した良弁は金鐘寺の中心人物となり、東大寺造営中の天平勝宝三年四月には少僧都《しようそうず》、同八歳五月には大僧都《だいそうず》、天平宝字八年か九年には僧正に進むなど、東大寺の頂点に立つ存在として僧綱《そうごう》入りを果たしている（加藤優「良弁と東大寺別当制」）。

出家の背景

聖武天皇と光明皇后《こうみようこうごう》が推進する仏教による鎮護国家《ちんごこつか》政策のもとで、華厳経教主としての巨大な盧舎那仏《るしやなぶつ》を本尊とし、当時の国家仏教を牽引した東大寺にあって、羂索院（法華堂）は華厳経の講説と研究を行うセンターとしての役割を果たしていた。早良親王が幼年で羂索院に寄住したのは、そうした重要な堂宇で修行と修学の生活を送ることを目的としていたのであろう。その意味では、早良親王の出家の背景には、官人社会における昇進を望めない境遇と、政争から身を守らせるという消極的な理由以外に、当時、王権のもとでその役割を高めていた華厳経の修学・研究を深めることで、聖武・孝謙《こうけん》王統を側面から支えるという鎮護国家の観点からの理由もあったのではなかろうか。

市原王との親交

前述したように、早良親王は天平勝宝年間に羂索院に寄住し、天平宝字四年に十一歳で出家したが、長く東大寺の造営と運営に活躍したのが市原《いちはら》王である。市原王は天平十五年以降、金光明寺造物所の実質的な長官として写経事業などを管掌していたが、天平十九年に造東大寺司が成立すると、同二十年から玄蕃頭《げんばのかみ》として同司の実質的な長官の地位にあり、聖武天皇のもとで東大寺造営や大仏造立事業を統括した（鷺森浩幸「聖武天皇と藤原八束・市原王」、山本幸男「市原王と写経所」）。天平宝字七年四月には正式の造東大寺司長官となっている。市原王は山部・早良両親王の姉である能登《のと》内親王を妻に迎えていることから、白壁王家とは深い付き合いがあったことと思われ、早良が幼いころから東大寺の羂索院に寄住するのは、市原王の勧めと支援があったためと考えられるのである。

早良親王は羂索院に止住して、師の等定から教えを受け、実忠からも学びながら、仏教教義の理解を深めていった。羂索院は華厳経の講説と研究のセンターであったから、ここに住んだ早良親王が華厳教学を究めていったことは想像にかたくない。早良は神護景雲二年か三年に大安寺東院に移住するが、その後も東大寺や良弁・実忠らとの関係は続いた。宝亀元年に父の光仁天皇が即位すると、早良は僧籍のまま親王号を称するようになり、親王禅師と呼ばれることになった。僧籍にある親王は院政期以降は法親王《ほっしんのう》と呼ばれ、その例も多くなるが、奈良時代には希有であり、親王禅師という呼称も早良親王以外にはみられない（林陸朗「早良親王」）。

華厳宗の伝授

『東大寺要録』巻五、諸宗章六、華厳宗には、

（良弁）僧正、臨終の時、偏《ひとえ》に花厳一乗《いちじょう》を以て、崇道天皇に付属す。天皇敬受し、伝持すること断たず。

とあり、良弁が宝亀四年閏十一月の臨終時に、花厳一乗を早良親王（「崇道天皇」）に付属したところ、早良はこれを受けて、さらに伝え広めたという。『三国仏法伝通縁起』巻中、華厳宗にも、

良弁僧正臨終に、華厳宗を以て崇道天皇に付す。崇道、嘱を受けて、大安寺に東院を建立し、華厳宗を弘《ひろ》む。彼《か》の寺にもと審祥禅士あり。曽《かつ》て華厳を講ず。後に更にこれを興す。

とあり、良弁から華厳宗を受けた早良親王は、大安寺に東院を建立して華厳宗を広めた。大安寺にはかつて審祥がいたが、早良親王はさらに華厳宗を興したという。前述

良弁僧正坐像（東大寺所蔵）

したように、新羅学生の審祥が天平十二年に羂索院で華厳経を講説したことが契機となって、羂索院における華厳経の講説・研究が盛大化し、これがやがて華厳経を宗とする東大寺大仏の造立へとつながっていく。東大寺羂索院で華厳学を学んだ早良親王が大安寺東院に移住したのは、大安寺の華厳学を興隆させるためであって、その背後には良弁の意向が存在したと思われるのである。

正倉院文書にみえる早良親王

正倉院文書中の写経所関係文書には「親王禅師」や「禅師親王」という名前がみえる。山田英雄氏はこれは早良親王を意味するとし、宝亀年間における早良親王と東大寺との関わりを明らかにした（山田英雄「早良親王と東大寺」）。まず、天平勝宝三年八月十四日の「倶舎衆牒《くしゃしゅうちょう》」の別筆書入れ（『大日本古文書』三、五二三頁）に、一切経《いっさいきょう》目録二巻上中を「親王禅師」の命により文若成《ふみのわかなり》に付して内裏《だいり》に進めるとある。文若成は別の文書で宝亀二年十月に経典返却の使者となっているので、この書入れは宝亀二年ごろのもので、早良親王の指示により内裏（光仁天皇）に一切経目録を進上したときのものとみなしうる。次に、「奉写《ほうしゃ》一切経料墨紙筆用帳案《あん》」の宝亀二年九月二十五日条に、黄紙《おうし》六張を表紙料として「内親禅師御院」に充てたとある（同十八、四五七頁）。山田氏のいうように、これは内の親王禅師御院に支給したと解釈すべきであろう。第三に、「倉代西端雑物下用帳」

の宝亀四年三月八日条に、彩色花盤《かばん》六口を「禅師親王御院」に充てたとある（同二十一、二三六頁）。早良親王の住む大安寺東院に彩色花盤を貸し出したということなのであろう。

藤原縄麻呂

第四に、「親王禅師治葛請文《やかつうけぶみ》」（同二十三、六二五頁）によると、宝亀十年十二月六日の中納言藤原縄麻呂《ただまろ》の宣《せん》により、親王禅師所に治葛四両を充てることが命じられている。同様のことは、「双倉北雑物出納帳《ならびぐら》」の宝亀十年十二月六日条（同四、一九九頁）にもみえている。藤原縄麻呂は南家豊成《とよなり》の第四子で、孝謙朝以来長く侍従《じじゅう》をつとめた。光仁天皇の擁立にも関与しており、光仁の近臣ともいえる人物で（鷺森浩幸「奈良時代の侍従」）、宝亀初年には山部親王の皇太子傅もつとめた。縄麻呂はこの命令を出した七日後に亡くなるが、ときに勅旨卿・侍従を兼ねていたので（『続日本紀』宝亀十年十二月十三日条）、光仁天皇の指示を受けて早良に冶葛を送らせたのであろう。

冶葛はフジウツギ科の植物である胡満蘰《こまんきよう》の根を用いた生薬で、皮膚疾患の治療薬とされ、強い毒性から鳥獣捕獲や殺虫剤としても利用された（木島正夫「冶葛」、鳥越泰義『正倉院薬物の世界』）。天平勝宝八歳（七五六）六月二十一日、光明皇后が東大寺大仏に献納した薬物を書き上げた「種々薬帳」に冶葛三二斤《きん》がみえるが、天平宝字二年に内裏へ三両、同五年に内裏へ三斤それぞれ進上されたのち、宝亀十年に早良親王が冶葛四両を申請したのである。山田英雄氏は、早良はこのころ皮膚病などにかかっていたと推測している。

早良親王と東大寺のやりとり

正倉院文書に書き残された断片的な記載から、宝亀年間に東大寺は早良親王の指示を受けて、経典目録を光仁天皇のもとに送り、黄紙や彩色花盤を早良の居所に貸し出したことがわかる。この時期の早良親王の居所は大安寺東院なので、早良はそこで経典を書写したり、花盤を用いた法会を行ったりしていたことが想定できる。東大寺はこれらに加えて貴重な薬物である冶葛を早良親王に支給するなど、種々の便宜をはかっており、早良親王と東大寺との密接な関係がうかがわれるのである。

東大寺修造

早良親王は大安寺東院に止住しながらも、良弁や実忠と連携しながら、東大寺の修造に尽力していた。そのことは『東大寺要録』巻七、雑事章、東大寺権別当実忠二十九箇条事に詳しく記されている。

実忠に造営を命じる

まずその第四条に、大仏殿の副柱を造建したことが述べられている。造東大寺司長官の佐伯今毛人《さえきのいまえみし》と長上大工が、副柱の構立は難工事であると辞退してきたので、親王禅師の早良親王と僧正和尚《わじょう》の良弁が相談し、このようなことは実忠以外になしうる人がいないとして、実忠に造営を命じた。実忠は宝亀二年四月から諸匠夫《しょうふ》を率いて、みずから近江国信楽杣《しがらきのそま》まで赴き、御柱を作り備えて寺家まで運送し、八ヵ月内に長さ七丈四尺（約一二一メートル）の副柱四〇本を構え立てることができたという。

次に第十三条では、実忠が寺家の造瓦別当として、宝亀十一年から延暦元年（七八二）までの三年間活動したことを述べる。親王禅師の教命により、実忠は造寺用の瓦の品質改良に取り組み、各地の土を試したうえで、山城国《やましろ》相楽郡《さがらか》福宏村《ふくひろ》の土が上質なので、この土で瓦一九万枚を焼き、これを寺家に運んで僧坊用に使用したとある。

さらに第十七条には、親王禅師の教命により、宝亀五年から同九年までの五年間、実忠が寺主政《じしゆせい》（寺務の統括）に奉仕したことを述べる。実忠は私的に功徳《くどく》料を寄進して、僧への供物《くもつ》（飲食物）を絶やさず、寺田《じでん》からの収入を見直し、内外産業に検討を加えた結果、僧への供物は豊かになり、借物も返済したという。

最後に第二十条には、天平勝宝五年から神護景雲四年までの十九年間、実忠が光仁天皇と親王禅師に奉仕したことを述べる。この期間は光仁天皇が即位する以前なので、実忠は即位以前の白壁王の護持僧《ごじそう》のような存在であったことになる（山田英雄「早良親王と東大寺」）。前述したように、早良親王は幼年であった天平勝宝年間に東大寺羂索院に寄住し、仏道に入門したが、時期的に考えて、これには実忠の推挙があったとみてよいだろう（西口順子「梵釈寺と等定」）。実忠は天平勝宝五年から白壁王の護持僧的存在であったが、白壁王が次男の早良を東大寺羂索院に預けることを決めたのは、親しい関係にあった市原王が造東大寺司の幹部であったことに加えて、護持僧的存在であった実忠が入門を勧めたことがあったのであろう。

実忠の活動

実忠二十九箇条の第一条は、良弁が天平宝字四年正月の勅によって「寺内一事已上政知」を命じられたと伝えている。これは寺内行政全般にわたり指揮をとることを意味する（加藤優「良弁と東大寺別当制」）。こうした良弁の絶大な権力のもとで、実忠は東大寺の運営にあたった。実忠二十九箇条の内容を詳しく分析すると、実忠の活動は以下のようにまとめることができる（吉江崇「造東大寺司の停廃」）。

(1)天平宝字四年〜天平神護《てんぴょうじんご》二年　良弁の目代《もくだい》として、造営を含む寺務全般を統括した。

(2)神護景雲元年〜宝亀四年　少鎮《しょうちん》に就任し、造寺を検校《けんぎょう》した。

(3)宝亀五年〜同九年　親王禅師（早良親王）の教命により、寺務の統括を委ねられた。

(4)延暦十九年〜大同《だいどう》四年　造寺所の知事として奉仕した。

良弁の後継者

宝亀四年閏十一月に良弁が没するまでは、実忠は基本的に良弁の命によって寺務全般の統括に携わっており、良弁没後の宝亀五年以降、早良親王の教命を受けるようになったことがわかる。こうした事実は何を物語るのか。山田英雄氏は、造東大寺司長官をさしおいて良弁と早良親王が東大寺造営に尽力しており、その発言権がきわめて大きいことに注目し（山田英雄「早良親王と東大寺」）、高田淳氏は、早良親王は東大寺の最高指導者であった良弁の後継者として指名されたとし（高田淳「早良親王と長岡遷都」）、鷺森浩幸氏は、早良親王は別当であった良弁の地位を継承したと評価した（鷺森浩幸「早良親王・桓武天皇と僧・文人」）。

吉江崇氏も、良弁の没後、造東大寺司を含む寺内政務は早良親王に掌握されることになったとするが、実忠が携わった造作・修繕はいずれも造東大寺司が難色を示した事業であったことに着目する。そして、天平宝字四年に東大寺封戸《ふこ》が三つに分割され、造東大寺司の管轄分は造営修理分の一〇〇〇戸まで減少したことから、東大寺の造営事業が縮小・再編されるなかで、実忠は財政的なやりくりに苦心したと論じている（吉江崇「造東大寺司の停廃」）。良弁没後に早良親王が担った最高指導者の役割とは、東大寺の造営事業が終了を迎え、財政的な裏づけが減少するなかで、維持管理に重点を置いた政策に舵《かじ》を切ることであったといえよう。ある意味では、早良親王は東大寺造営事業の幕引きという難しい仕事を任せられたといえるかもしれない。

二　大安寺東院

大安寺の造営

大安寺は現在、奈良市大安寺町にある真言宗《しんごんしゆう》高野山《こうやさん》派の寺院である。聖徳太子《しょうとくたいし》が田村《たむら》皇子（のちの舒明《じょめい》天皇）に大寺創建を託したことを受けて、舒明天皇十一年（六三九）に創建された百済大寺《くだらのおおでら》に起源を有する。百済大寺は天武天皇二年（六七三）に移建されて高市大寺《たけちのおおでら》（大官大寺《だいかんだいじ》）となり、さらに大宝《たいほう》元年（七〇一）前後には藤原京《ふじわらきょう》内で九重塔・金堂の新築工事が進んでいたが、平城遷都直後に完成直前で焼亡した。その後、霊亀《れいき》二年（七一六）に、平城京の左京六条四坊に新たな大安寺が造営された。

養老二年（七一八）に唐《とう》から帰朝した道慈《どうじ》は、天平元年（七二九）から大安寺の修造に参画し、これまでの堂院とは別に、左京七条四坊に塔院を独立させ、東西二塔を建立する計画に変更したらしい。寛平《かんぴょう》七年（八九五）の『大安寺縁起』によると、天平十五年に大安寺の営造が成ったとあり、天平十九年勘録の『大安寺伽藍縁起 幷 流記資財帳《だいあんじがらんえんぎならびにるきしざいちょう》』には、金堂・講堂《こうどう》・食堂《じきどう》・経楼《きょうろう》・鍾楼《しょうろう》・僧房《そうぼう》・回廊・仏門・僧門などが記載されている。ただし、寺地十五坊のうち四坊を塔院が占めるとするが、塔院の建物については記載がないので、敷地の確保は行われたものの、塔などの築造が開始されるのは天平十九年以降のことになるのであろう（中井公「軒瓦からみた大安寺西塔の創建をめぐって」）。

塔院の完成を目指す

塔院の造営はその後も続けられたが、天平神護二年（七六六）十二月に東塔《とうとう》に落雷があったのち、翌神護景雲元年三月に称徳《しょうとく》天皇が大安寺に行幸《ぎょうこう》して、造寺大工に叙位《じょい》が行われた（『続日本紀《しょくにほんぎ》』）。これは東塔を擁する塔院が竣工したことを示す行幸であろうとされる（太田博太郎「大安寺」）。同年十二月には、大安寺に田六町が施入されたが（『類聚三代格《るいじゅさんだいきゃく》』巻十五）、これは金堂・回廊・中門《ちゅうもん》・大門などに安置された諸像を修理するための田であった。このように、早良親王が大安寺東院に移住した神護景雲二年または同三年は、大安寺の塔院のうち、東塔が完成した直後にあたるが、このころには大安寺堂院の諸像群が修理を必要とする時期を迎えていた。このあとさらに西塔《さいとう》の造営に着手し、塔院の完成をめざす事業が進められるのである。

大安寺の発掘調査

発掘調査の成果によると、左京七条四坊には大安寺の東西両塔の土壇《どだん》が残り、西塔の心礎《しんそ》も残されていた。東塔の出土瓦は奈良時代後期のもので、これは神護景雲元年（七六七に東塔が竣工したという想定と一致する。一方、西塔の出土瓦は奈良時代末から平安時代初期のものであった。大安寺境内の東北方にある杉山古墳は、南の前方部が削られ、

光仁・桓武朝の大安寺

大安寺西塔跡

墳丘西南部に瓦窯が築かれていた。その二号窯Bの燃焼室窯壁の裏込め土から七六〇年初鋳の万年通宝《まんねんつうほう》が出土した。また、ここに混入していた軒丸瓦や、灰原から出土した軒丸瓦の年代観からみて、この瓦窯の操業年代は宝亀年間（七七〇〜七八〇）を遡ることはないと考えられる。以上のような調査所見から、奈良時代末から平安時代初頭にかけて、大安寺境内に杉山瓦窯群が築かれ、西塔や僧坊の瓦を焼いていたことが判明したのである（中井公「軒瓦からみた大安寺西塔の創建をめぐって」、森下惠介『大安寺の歴史を探る』）。

大安寺では神護景雲年間に東塔が竣工したあと、宝亀年間から延暦年間にかけて伽《が》藍《らん》の造営が活況を呈するようになり、とくに塔院の西塔は光仁・桓武天皇の時代に急ピッチで整備が進められた。延暦元年十二月二十三日には大安寺で光仁天皇の一周忌設斎《おがみ》、同九年十二月二十八日には高野新笠《たかののにいがさ》の一周忌設斎がそれぞれ行われた（『続日本紀』）。光仁・桓武天皇の時代には大安寺が王権の寺として最重要視され、その造営も盛んに行われたのである。早良親王は神護景雲二年か三年に東大寺から大安寺東院に移住し、宝亀末年までここに止住したと考えられる。杉山瓦窯が活発に操業し、西塔が創建されつつあった時期が早良親王の大安寺居住期と重なるのは、早良が大安寺の造営・修造事業に積極的に取り組んでいた可能性を示すものであろう（柴田博子「早良親王」）。

大安寺の前身寺院である百済大寺は聖徳太子の付託をうけて舒明天皇が創建したものなので、大安寺は平城京における数少ない非天武天皇系寺院であった。のみならず、大安寺金堂の本尊は天智天皇が造立した丈六釈迦如来《しやかにょらい》坐像と脇士《きようじ》菩薩像であったため（『大安寺伽藍縁起幷流記資財帳』、『大安寺縁起』）、天智天皇系王統を意識する光仁・桓武朝が大安寺をとくに重視するのは、自然のなりゆきであった。

大安寺境内の様相

『大安寺伽藍縁起幷流記資財帳』によると、大安寺の寺地は十五坊あり、その内訳は塔院と堂院が各四坊、禅院・食堂・大衆院《だいしゆいん》と賤院《せんいん》が各一坊半、池・岳が一坊、苑院・倉《そう》

大安寺の寺地と院の配置復原図（森下恵介著『大安寺の歴史を探る』より）

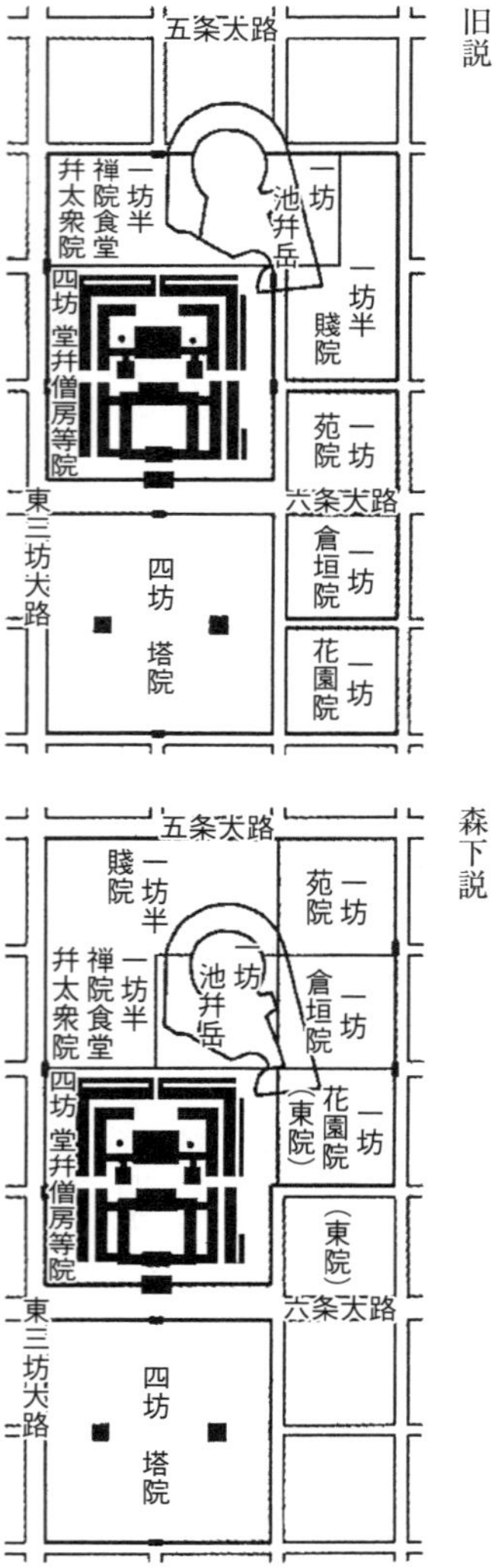

垣院《えんいん》・花園院《かおんいん》が各一坊あった。これまでの通説では、大安寺の北限は五条条間北小路であり、堂院四坊の北に禅院・食堂・大衆院を想定し、そこから時計回りに東から南へと諸院を配置する案がとられていた（太田博太郎「大安寺」）。これに対して森下恵介氏は、大安寺の北限は薬師寺《やくしじ》と同じく五条大路であったとみて、堂院四坊の北に禅院・食堂・大衆院を想定し、そこから北↓東↓南へ時計回りに諸院を配置する案を提示した（森下恵介

『大安寺の歴史を探る』)。六条四坊十二坪の従来苑院とされていたところは、奈良時代前半までは大安寺の境内に含まれていなかったが、その後、ここに東院が設けられ、大安寺の境内に含まれることになったとみるのである。

大安寺東院の出土物

主要伽藍である堂院の東側にあたるこの場所では、奈良時代後半から末にかけての礎《そ》石《せき》建物や塼《せん》積《づ》みの井戸などがみつかっており、井戸からは「亀六年難」「○可充紙□□」と書かれた木簡《もっかん》や、「東院」と書かれた墨書土器《ぼくしょどき》が出土している。また、この北側の十一坪にあたる場所からも「東院器」と記された墨書土器が出土しており、六条四坊十二坪を中心に「東院」の存在したことが想定されるようになった（三好美穂・篠原豊一「奈良・大安寺旧境内」、三好美穂・宮崎正裕「史跡大安寺旧境内の調査　第七〇次」、森下惠介『大安寺の歴史を探る』)。

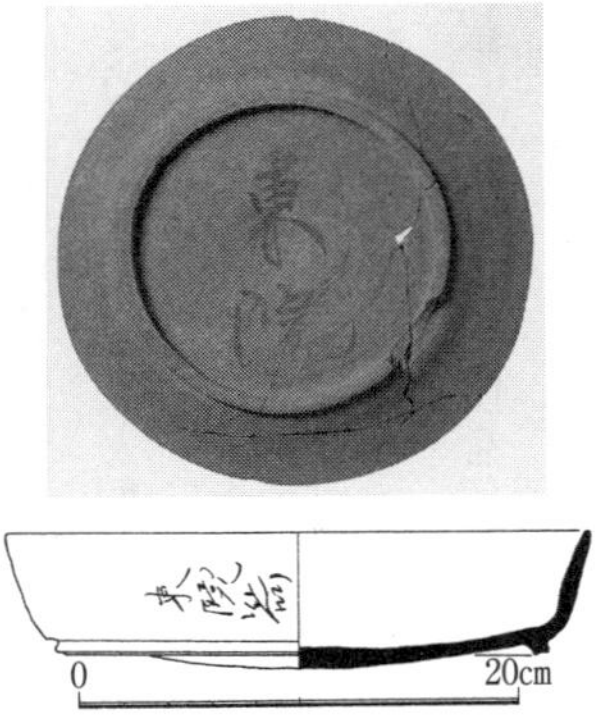

「東院」「東院器」と書かれた墨書土器（奈良市教育委員会所蔵）

早良親王が移住した大安寺の東院はここにあったとみてよいであろう。前述したように正倉院文書によると、宝亀二年九月に早良親王が東大寺から黄紙六張を取り寄せており、早良の住した大安寺東院で写経事業が行われていたことをうかがわせるが、東院想定地で出土した「紙を充つべし」と記された木簡は、そうした写経事業と関わるものと思われる。

早良親王の居所・東院

東院が加わることによって、奈良時代後半の大安寺は五条大路と東三坊条間小路にはさまれた東西三町、南北四町の範囲がその境内となり、これに南の塔院部分四町が加わるという形になった。早良親王が移住した東院は、大安寺の主要伽藍（堂院）の東側に接し、南西に塔院を望むという位置関係にあった。大安寺の堂院や仏像群の改修に加えて、塔院の完成を指揮する場所として、東院はまことにふさわしいところにあったのである。

大安寺の木彫像

大安寺には九体の木彫像が伝えられており、いずれも重要文化財に指定されている。

- 十一面観音《じゅういちめんかんのん》菩薩立像　像高一九〇・五センチ
- 千手観音《せんじゅかんのん》菩薩立像　像高一七三・五センチ
- 楊柳観音《ようりゅうかんのん》菩薩立像　像高一六八・五センチ
- 聖観音《しょうかんのん》菩薩《ぼさつ》立像　像高一七六・〇センチ
- 不空羂索観音菩薩立像　像高一八九・九センチ
- 持国天《じこくてん》立像（四天王《してんのう》立像のうち）　像高一四九・五センチ

・増長天《ぞうじょうてん》立像（四天王立像のうち）　像高一四〇・〇センチ
・広目天《こうもくてん》立像（四天王立像のうち）　像高一三七・五センチ
・多聞天《たもんてん》立像（四天王立像のうち）　像高一三八・八センチ

九体の木彫像は、奈良時代から平安時代に移る過渡的な作品といえるもので、いずれも頭から台座にいたるまで、一木彫りで造られている（土井実「大安寺の仏像」）。これらはほぼ四類に分けうるが、全体的にそれぞれ共通した特色をもち、大安寺派なる一群の彫

楊柳観音菩薩立像（大安寺所蔵）

不空羂索観音立像（大安寺所蔵）

刻を形作っている。同時代のほとんど同様式、同手法の観音像が五点もそろって残存しているのは希有なことで、これらが一具のものとして、同条件のもとに伝えられたことを思わせる（小林剛「大安寺の木像群について」）。

由来を示す史料

これら木像群の由来について、小林剛氏は、応和《おうわ》二年（九六二）五月十一日の奥書《おくがき》をもつ

『大安寺八幡宮《はちまんぐう》御鎮座記《ごちんざき》 幷《ならびに》 塔中院《とうちゅういん》建立《こんりゅう》之《の》次第《しだい》』の記載に注目した。そこには次のように書かれている。

> 南大門《なんだいもん》の南面西脇にある護国寺《ごこくじ》（塔中院）には、五間四面の御堂一宇があり、丈六釈《しゃ》迦三尊像《かさんぞんぞう》と八尺六観音像・四天王像を安置する。
> 当院は、寺僧行教《ぎょうきょう》が宇佐宮《うさぐう》から八幡大菩薩を勧請《かんじょう》したものである。行教は入唐帰朝後、宇佐宮に参籠《さんろう》し、大同二年（八〇七）八月十七日に八幡大菩薩を大安寺に勧請せんことを奏上したところ、天皇は和気清麻呂《わけのきよまろ》を召して、行教とともに宝殿・寺院を造営するように命じた。こうして（南大門の）東脇に宝殿を造立して八幡大菩薩を安置し、西脇に堂楼を建立して仏神像を安置した。

この縁起には、延暦十八年に薨去した和気清麻呂が大同二年ごろに登場することなど、信用できないところがあるが、小林氏は、弘仁《こうにん》六年（八一五）八月に最澄《さいちょう》が大安寺塔中院において法華講筵《こうえん》を行っており（『叡山大師伝《えいざんだいしでん》』、『元亨釈書《げんこうしゃくしょ》』）、塔中院が平安初期に存在したことは確かなので、大安寺の木像群は大同二年ごろに建立された塔中院護国寺の六観音および四天王像である可能性が高いとした。

一連の作でないとする説

これに対して、田辺三郎助氏は、これらは必ずしも同系統とはいえず、一組の造像とするには難があるので、すべてを大同二年の塔中院護国寺創立時の作とするのは困難であるとし（田辺三郎助「解説　大安寺　十一面観音菩薩立像（本堂）など」）、土井実氏も、同時代の一連の作とみることはできず、それぞれ別の堂に祀られていたものであろうと述べる（土井実「大安寺の仏像」）。一方、今野加奈子氏は、大安寺の楊柳観音立像と十一面観音立像は唐招提寺《とうしょうだいじ》の木彫群に影響された最初期の作品で、七六〇年代前後に造立されたものではないかと論じている（今野加奈子「大安寺楊柳観音・十一面観音小考」）。

大安寺の塔院・塔中院

大安寺の塔院・塔中院については、『日本霊異記《にほんりょういき》』中巻、二十四縁に、聖武朝以降のある時期、大安寺の南塔院で仁耀《にんよう》が金剛般若経《こんごうはんにゃきょう》を読んだとあり、『唐大和上東征伝《とうだいわじょうとうせいでん》』には、天平宝字三年（七五九）以降のある時期、僧の恵新《けいしん》が大安塔院で『四分律疏《しぶんりつそ》』などを講じたとある。また、『延暦僧録《えんりやくそうろく》』の戒明《かいみょう》伝によると、入唐した戒明は金陵《きんりょう》（現在の南《ナン》京《キン》市）から志公《しこう》（宝誌《ほうし》）十一面観世音菩薩《かんぜおんぼさつ》の真身《しんしん》を請来し、大安寺南塔院中堂において素《そ》影《えい》供養したという。志公（宝誌）十一面観世音菩薩の真身の詳細については後述する。

前述したように、大安寺の東塔は神護景雲元年三月ごろには完成していたので、この前後には大安寺の塔院で『四分律疏』などの経典講読が行われたのであろう。そして、戒明が帰国した宝亀九年（七七八）ごろには、南塔院内に宝誌の素影を供養する中堂が存在していたのである。この時期には西塔の造営工事もはじまっていたことであろう。中堂とは東塔・西塔を含めた塔院内の一堂塔と考えられる。

木彫仏は塔院の安置仏

以上のことから、大安寺に現存する木彫像九体は、宝亀・延暦年中に造営が進んだ塔院内の一堂塔に安置するために造立されたものかと考えられる。大同二年ごろに塔中院護国寺内の御堂（堂楼）の諸像として造立されたという「塔中院縁起」の説に、そのましたがうことはできないが、宝亀・延暦年間に大安寺塔院内の一堂塔の安置像として造られたとみる余地はあるであろう。

大安寺碑文

このように、宝亀・延暦年間には大安寺の修造が進み、塔中院の完成に向けて西塔の整備がはじまるとともに、塔中院内の一堂塔に木彫像が安置されたが、早良親王が大安寺東院に居住したのはこの時期であったため、こうした大安寺の整備事業にも大きく関わっていたように思われる。早良親王が大安寺の修造に関与したことを証言する文献史料が、醍醐寺本『諸寺縁起集《しょじえんぎしゅう》』所収の「大安寺縁起」などに引用されている「大安寺碑文《ひぶん》」である。「大安寺碑文」は宝亀六年四月十日に淡海三船《おうみのみふね》が作成したとの識語《しきご》をもつ史料で、本来は金石文《きんせきぶん》資料であったと思われるが、碑石は現存せず、文字のみが伝えられている。

「大安寺碑文」の序文には、以下のようにある（釈文と訓読は蔵中しのぶほか『大安寺碑文注釈』によった）。

寺内東院の皇子大禅師は、是《こ》れ淡海聖帝の曽孫、今上天皇の愛子なり。希世《きせい》して特《こと》に挺《すぐ》れ、神に際して世に命《な》あり、為に、徳は時に因りて建ち、道は人在りて弘《ひろ》む。……是《ここ》に於て、永く生死を厭《いと》ひ、志は菩提を求め、楽宮を捨てて出家し、苦行に甘んじて入道す。

（大安寺東院に住する皇子大禅師〈早良親王〉は天智天皇の曽孫で、今上天皇〈光仁天皇〉の愛し子である。世にも稀な才能で、その名を顕わし、徳を行い、仏道を広めた。……そこで、生死の定めを厭い、志は悟りを求め、楽宮の俗世を捨てて出家し、苦行を覚悟して入道した。）

此《こ》の伽藍の丈六尊像、是れ聖《ひじり》の睿願《えいがん》して作れる所なるを以て、緬《はるか》に祖徳を惟《おも》ひ、情は追遠に深し。梵宇に登りて傷懐し、増飾を願ひて以て崇麗《すうれい》ならんとす。遂に乃《すなわ》ち、霞《かすみ》を澹彩《たんさい》に流し、霧を摛英《ちえい》に飛ばし、千艶《せんえん》の瓊楹《うだち》を縟《かざ》り、八相《はっそう》の銀壁を図《えが》く。……霜鐘を雲閣に扣《たた》けば、則ち釈衆行を成し、金花を玉堂に散らせば、則ち梵音響《ひびき》を揚《あ》ぐ。結構の功は妙を往年に窮《きわ》むと雖《いえど》も、而《しか》も、輪奐《りんかん》の妍《けん》は良《まこと》に美を今日に尽くす。

（この大安寺の丈六尊像は天智天皇の発願によるものなので、はるかに祖先の徳を思い、追憶の思いを深くした。大安寺の伽藍をみて、その荒廃に胸を痛め、伽藍を修復して、壮麗ならしめようと願った。こうして遂に、多くの柱を美しくし、釈迦の八相成道の物語絵を銀色の壁面に描いた。……高い鐘楼《しょうろう》で鐘を叩けば、僧侶たちが行道《ぎょうどう》の列をなし、美しい仏殿《ぶつでん》に金色の蓮華を散らせば、誦経《ずきょう》の声が響きわたる。大安寺創建の功は、往年すでに精妙を窮《きわ》めていたが、しかし、大伽藍の壮大華麗な美しさは、誠に今日に至って完成されたのである。）

伽藍復興の理由

「皇子大禅師」（早良親王）が天智天皇の曽孫で、光仁天皇の愛し子であったこと、才能ある人物であったが、王宮での俗世を捨てて出家したことなどが述べられているが、注目すべきは、大安寺に天智天皇発願の丈六釈迦尊像があることから、祖先の偉業を追憶し、大安寺伽藍の復興を志したことを明記している点である。早良も天智系の王統につながることを強く意識していたことを示していよう。こうして早良親王は、多くの仏殿や鐘楼を修造するとともに、新たな仏教絵画を壁面に描くなど、大安寺伽藍の壮麗化を進めるうえで大きな役割を果たしたのである。

大安寺の伽藍修造

さらに、「大安寺碑文」の詩の部分には、次のように書かれている。

明々《めいめい》なる帝子、俗を厭ひ、真を慕《ねが》ふ。

（すばらしい皇子は、俗世を厭い、真理を求めた。）

奕々《やくやく》なる霊舎、故《ふる》きを飾り、新きを成す。

（輝かしい殿舎に、古いものは荘厳しつつ、新たなものを形成した。）

経台は巉巌《さんさん》にして、像殿は玲瓏《れいろう》なり。

（経蔵《きょうぞう》は高くそびえ、仏像を納めた殿舎は鮮やかに輝く。）

千号を荘厳《しょうごん》し、千工を彫刻す。

（千の仏像の名号を飾り、千の彫刻を施した。）

ここでは、早良親王が大安寺の古い伽藍を修築するとともに、新たな造営も行ったことが語られている。経蔵や仏殿・仏像のすばらしさが特筆されているところをみると、これらが修築・新造の中心であったということなのであろう。前述した序文の記載とも考え合わせると、早良親王が力を注いだのは、大安寺伽藍のうち仏堂・仏像・鐘楼・経蔵などであったということになる。山本幸男氏は「大安寺碑文」に依拠して、早良親王は大安寺の東院に居住し、前賢・先帝を思い起こして伽藍の修復を行ったが、それは霊舎・経台・仏殿（像殿）・彫刻に及ぶ大規模なものであったとした。また、早良親王の大安寺東院への移住が神護景雲二年か三年であったとしても、伽藍の修復がはじまるのは、宝亀年間に入ってからとみた方がよいという（山本幸男「早良親王と淡海三船」）。したがうべき見解であろう。

前述した発掘調査の成果や現存する木彫像群なども勘案すると、早良親王は大安寺の金堂・講堂・僧坊などの旧伽藍を修造する一方で、さらに塔中院内の西塔を含めた堂塔の造営を進め、新たに製作した木彫像や戒明が唐から請来した宝誌影像を安置するなど、塔中院の整備・完成に力を尽くしたといえるのではないだろうか。

三　華厳宗と三論宗

三論宗の伝来

大安寺では三論宗《さんろんしゅう》と華厳宗の研究がさかんに行われていた。名古屋市の真福寺《しんぷくじ》（大須《おおす》文庫）が所蔵する香山宗撰《こうざんしゅう》『大乗三論師資伝《だいじょうさんろんししでん》』は、三論宗の人々の伝記と系譜を記した書物で、元慶《がんぎょう》四年（八八〇）前後に香山寺《こうざんじ》の円宗《えんしゅう》が著したものと考えられる（伊藤隆寿「香山宗撰『大乗三論師資伝』について」、同「香山宗撰『大乗三論師資伝』」）。これによると、三論宗の日本伝来は、第一伝が元興寺《がんごうじ》の慧灌《えかん》、第二伝が法隆寺《ほうりゅうじ》の智蔵《ちぞう》、第三伝が大安寺の道慈によって行われたという。道慈は天平元年（七二九）以降、大安寺の修造に取り組んだ人物で、三論宗の法流は道慈から慶俊《きょうしゅん》・善議《ぜんぎ》、慶俊から戒明、善議から勤操《ごんぞう》・安澄《あんちょう》へと伝えられた（平井俊榮「南都三論宗史の研究序説」、松本信道「大安寺三論学の特質」）。

三論宗と華厳宗の融和

一方で、大安寺には華厳学に精通した新羅学生審祥や唐僧道璿《どうせん》が止住しており、ここには東大寺大仏造立と並行して、盧舎那仏を本尊とする華厳院が創建されていたから、大安寺は華厳学の拠点でもあった（福山敏男「東大寺の創立」、山本幸男「早良親王と淡海三船」）。中国三論宗の開祖である吉蔵《きちぞう》が、華厳経を「根本之教」と位置づけていたことから、日本の三論宗も華厳学を重んじており、三論学と華厳学とは対立するものではなく、互いに融合しうる存在であった（松本信道「大安寺三論学の特質」）。

大安寺で交流した人々

早良親王と同時期に大安寺に止住していたと推定されるのが、三論の慶俊・戒明、律《りつ》宗《しゅう》の思託《したく》、禅・唯識《ゆいしき》の行表《ぎょうひょう》らである。また、「大安寺碑文」を撰した淡海三船は、道璿に師事して鑑真《がんじん》の斎戒《さいかい》弟子となり、『大乗起信論注《だいじょうきしんろんちゅう》』を著すなど、在俗の信者であった。山本幸男氏は、大安寺に移った早良親王のもとで、淡海三船や石上宅嗣《いそのかみのやかつぐ》、鑑真の高弟の思託・法進《はっしん》、さらに藤原刷雄《よしお》・石川垣守《いしかわのかきもり》らが加わって交流の場がもたれ、禅《ぜん》定《じょう》や念仏《ねんぶつ》といった実践修行をめぐる話題がとりかわされていたと想定し（山本幸男「早良親王と淡海三船」）、鷺森浩幸氏も早良親王をめぐる学問的ネットワークとして、東大寺の良弁一門、鑑真一門、大安寺唐院《とういん》の道璿集団、同南塔院の戒明ら、興福寺の善珠《ぜんじゅ》ら、俗人では淡海三船・膳 大丘《かしわでのおおおか》・土師乙勝《はじのおとかつ》らの名前をあげ、仏教的には華厳教学が中核をなしていたと指摘している（鷺森浩幸「早良親王・桓武天皇と僧・文人」）。王権の保護によって復興が急速に進む宝亀年間の大安寺では、早良親王を中心に僧俗さまざまな人物が交流を行い、華厳・三論をはじめとする教学の議論が闘わされていたのであろう。ただし、早良親王が法相宗《ほっそうしゅう》の善珠と古くから知己であったという証拠はなく、この点についてはより慎重な検討が必要と思う。

遣唐請益僧派遣

香山宗撰『大乗三論師資伝』は、前述したような三論宗の第一伝から第三伝までを紹介したのちに、

次に挂《か》けまくも畏《かしこ》き八嶋聖皇《やしませいおう》、特に綸旨《りんじ》を玄覚法師《げんかくほっし》に降《くだ》して、遣唐請益《しょうやく》せしむ。法師忠《ちゅう》を含み、道を訪《と》ひ、帰朝して灯《ともしび》を伝ふ。今吾《わ》が三代の祖師なり。

と書いている。「八嶋聖皇」とは早良親王をさす（後述参照）。「八嶋聖皇」の命によって、玄覚が遣唐請益僧として渡海し、三論の法灯を継いだというのである。玄覚は智光《ちこう》の弟子霊叡《れいえい》の弟子で、『大乗三論師資伝』を著した円宗の師であった。同様の記述は『東大寺具書《ぐしょ》』にもみえ、そこでは、東大寺の玄覚は「八嶋聖皇」の命を受けて遣唐請益に赴

き、帰朝後に東大寺に三論宗を伝通させたという（伊藤隆寿「香山宗撰『大乗三論師資伝』について」）。九世紀後半に生きた円宗が、師である玄覚の遺唐請益のことを語っているのであるから、『大乗三論師資伝』の記事の信憑性はきわめて高い。早良親王が三論宗の修学のために東大寺僧の玄覚を入唐させたと明記されていることは注目に値する。

早良親王が移住した大安寺は、道慈が三論宗を伝えた寺である。三論の法灯は道慈から慶俊、慶俊から戒明へ伝えられた。慶俊は天平十九年に花厳講師となっており（『大日本古文書』三、一六二・一六三頁）、『延暦僧録』慶俊伝でも、華厳経に精通していたと評されている。戒明は慶俊を師主として華厳経を学び、その奥旨《おうし》を極めた（『延暦僧録』戒明伝）。前述したように、三論宗と華厳宗の教義は矛盾するものではなく、融合・並立しうる存在であった。良弁から華厳一乗を伝授された早良親王は、華厳宗と三論宗の深い結びつきを背景に、三論宗の伝法にも力を入れたものとみられる。

三論宗と法相宗の対立

三論宗は一乗主義の立場から「悉皆成仏《しつかいじょうぶつ》」を説くので、五性格別《ごしょうかくべつ》の立場から声聞《しょうもん》・縁覚《えんがく》は成仏しないと説く法相宗とは対立し、互いに批判しあった。また、「一切皆空《いっさいかいくう》」を説く三論宗と、「万法唯識《まんぽうゆいしき》」を説く法相宗とでは、思想的に相容れないものがあり、両宗の間には空有《くうう》争論が繰り広げられた。『大仏頂経《だいぶっちょうきょう》』や『大乗起信論《だいじょうきしんろん》』の真偽をめぐる論争も、三論宗と法相宗の間で行われた論争のひとつである。

『大仏頂経』の真偽論争

『大仏頂経』は唐の神龍《しんりゅう》元年（七〇五）に般刺蜜帝《はんしみったい》が訳出し、房融《ぼうゆう》が筆受したものであるが、日本に伝来以来、「衆師競諍」のため、聖武朝に三論・法相の法師らを請集して検討させたところ、真経と論定された（玄叡《げんえい》『大乗三論大義鈔《さんろんだいぎしょう》』巻三）。しかし、宝亀年間になると、『大仏頂経』の真偽論争が再燃したようで、法相宗は徳清《とくしょう》（得清）を入唐させて、『大仏頂経』の真偽を検証させようとした。徳清は宝亀八年（七七七）六月に出航した遣唐《けんとう》使《し》の一員として渡海した。唐の大暦《たいれき》七年（十二年〈七七七〉の誤りであろう）に「日本国僧使」の誡明（戒明）・得清（徳清）ら八人が、揚州《ようしゅう》龍興寺《りゅうこうじ》の霊祐《れいゆう》に聖徳太子撰『法華義疏《ほっけぎしょ》』を献呈しているので（明空《めいくう》『勝鬘経疏義私鈔《しょうまんぎょうしょぎししょう》』巻二）、法相宗からは徳清が、三論宗からは戒明が唐に派遣されたのであろう（小野玄妙「奈良朝末期の入唐僧大安寺戒明阿闍梨」、松本信道「徳清の入唐について」）。

入唐した徳清は唐の法詳《ほうしょう》より、『大仏頂経』は房融の偽造であり、これを智昇《ちしょう》が誤って正録（『開元釈教録《かいげんしゃっきょうろく》』）に編入したのだという唐決を得て帰国した（『大乗三論大義鈔』第三）。これを受けて、宝亀十年、京中の諸僧が大安寺に集められた。『大仏頂経』は偽経であるとして、これを焼却するために連署《れんしょ》を求めたところ、戒明は唐の大暦十三年に皇帝の代宗《だいそう》が『大仏頂経』を講じているとして、連署を拒否した（『延暦僧録』戒明伝）。『大仏頂経』の真偽論争は、法相宗僧が多数を占める僧綱の意向を受けたものであろうが、戒明の反対により決着はつかず、先送りにされたものと思われる（松本信道「『大仏頂経』の真偽論争と南都六宗の動向」）。思託は『延暦僧録』において、戒明の行為を好意的に記しているので、『大仏頂経』真経説に与していたようである。

思託は「宝亀年」に勅を受けて、東大寺に攘災《じょうさい》のため大仏頂行道《ぎょうどう》を行っている（『延暦僧録』思託伝）。同書の藤原魚名《うおな》伝では、宝亀十年に東夷の起盗によって朝廷の不安が高まったため、これを鎮めるために、魚名が奏して東大寺で仏頂行道攘災を行ったとある。二つの（大）仏頂行道を同一の修法《すほう》とすると、『大仏頂経』の真偽論争が闘わされた年においても、東大寺では思託や藤原魚名により『大仏頂経』にもとづく行道が挙行されており、この経が肯定的にとらえられていた。

『大乗起信論』の真偽論争

『大仏頂経』の真偽論争と同様の性格をもつものに、『大乗起信論』とその副注である『釈摩訶衍論《しゃくまかえんろん》』をめぐる真偽論争がある。『大乗起信論』は如来《にょらい》蔵思想（一乗主義）を説く論書で、三論宗では重んじられたが、法相宗の五性各別説とは対立するものであった。戒明は唐より『釈摩訶衍論』を請来し、これを淡海三船に呈示した（淡海三船「送戒明和尚状」）。この史料は『唯識論同学鈔《ゆいしきろんどうがくしょう》』巻二第四、『宝冊鈔《ほうさくしょう》』巻八などに引用されている）。戒明は『大乗起信論』の真偽論争に終止符を打つために、『釈摩訶衍論』を請来したといわれている（松本信道「大安寺三論学の特質」）。

淡海三船は三論宗の主著たる龍樹《りゅうじゅ》『中論《ちゅうろん》』に注釈を施しており（松本信道「安澄『中論疏記』所引『淡海記』逸文」）、また、『大乗起信論』の注釈書も著していた（金剛寺本『龍論鈔《りゅうろんしょう》』所引『延暦僧録』淡海居士伝）。したがって、三論宗に対する理解も深かったと思われるが、戒明が請来した『釈摩訶衍論』に対しては、これを偽作と判定し、秘蔵して流布させないように戒明に忠告した（「送戒明和尚状」）。法相宗の善珠も法蔵・慧遠《えおん》・元暁《がんぎょう》・審詳らの『起信論疏』を奉請しており（『大日本古文書』十三、一五六頁）、宝亀四年以前に著した『唯《ゆい》識分量決《しきぶんりょうけつ》』では、法相宗の立場を堅持しながらも、『大仏頂経』偽経説には言及せず、華厳宗に近い見解を披瀝している（松本信道「『大仏頂経』の真偽論争と南都六宗の動向」）。

宝亀年間には、法相宗と三論宗の対立が尖鋭化するなか、法相宗の善珠も『大乗起信論』の注釈書を借り出して検討し、淡海三船も『大乗起信論』に対する独自の研究を深めていた。平城京内の大寺院を中心に、さまざまな立場にある学僧・文人貴族が対立と交流を重ねていたということができよう。

宝誌像の請来

徳清とともに入唐した戒明は、金陵の志公（宝誌）宅を礼拝して、志公の十一面観世音菩薩真身を持ち帰り、大安寺南塔院中堂に素影供養した。宝誌は宝志・志公とも呼ばれ、金陵で出家し、禅業を修めた。神異を現す異常な行業で知られ、梁《りょう》の武帝の諮問に答え、陳御《ちんぎょ》（征《せい》）虜《りょ》なる者の前に菩薩のごとき真形を現したという（松本栄一「誌公像」、牧田諦亮「宝誌和尚伝攷」）、宝誌の墓所に建てられた金陵の開善寺《かいぜんじ》には、梁の武帝が生前の宝誌の相好《そうごう》を写して刻ませた像があったので、戒明が詣でた志公宅とはこの開善寺をさし、そこにあった宝誌像の模写を請来したのであろう（神野祐太「大安寺戒明請来の宝誌和尚像について」）。

宝誌像の姿

『七大寺日記《しちだいじにっき》』や『七大寺巡礼私記《じゅんれいしき》』によると、大安寺金堂の仏壇辰巳《たつみ》（南東）角に、顔面を引き破り、中の仏身を現した不可思議な宝誌の木像が安置されていた（毛利久「宝誌和尚像」）。一方で醍醐寺本『諸寺縁起集』放光《ほうこう》菩薩記によると、大安寺塔下の北面西戸脇の連子《れんじ》壁板に梁武帝と志公が面談する影があり、それには志公が武帝に成仏と修行の法を説く内容の銘文《めいぶん》が記されていた（松本信道「宝誌像の日本伝播（一）」）。戒明が持ち帰って素影供養したという宝誌の十一面観世音菩薩真身がどのようなものであり、大安寺に伝えられた宝誌木像と宝誌画像のいずれに該当するのか、あるいはいずれにも該当しないのかは不明であるが、宝誌の姿を忠実に伝える像であったことは確かであろう。

早良親王と三論宗

宝亀年間に造営が進行中であった大安寺南塔院の中堂で宝誌像が供養されたことは、当時、大安寺東院に止住し、南塔院の造営を指揮していたであろう早良親王との関わりを抜きに語ることはできない。早良親王が三論宗の玄覚を入唐させただけでなく、同じ遣唐使船で大安寺三論宗を継ぐ戒明が入唐し、帰国後に大安寺南塔院中堂に宝誌影像を素影供養したことは、早良親王が三論宗の振興に意を用いていたことを示唆する。宝亀年間には『大仏頂経』の真偽論争が再燃するなど、法相宗と三論宗の対立が激化したが、そうした状況のなかで、早良親王は華厳宗とも近い立場の三論宗を擁護し、これを発展させる方策を模索したと考えられるのである。

第三　皇太子時代

一　立太子

桓武天皇の即位

天応《てんおう》元年（七八一）四月三日、光仁《こうにん》天皇は皇太子の山部《やまべ》親王に譲位《じょうい》し、同日、四十五歳の山部親王が即位した。桓武《かんむ》天皇である。譲位の宣命《せんみょう》は次のように述べている。

朕《ちん》（光仁天皇）は元来風病《ふうびょう》に苦しみ、身体に不安がある。また年を重ねて、余命はいくばくもない。退位して休養したいと思うので、皇太子山部親王に天下の政《まつりごと》を授ける。山部王は仁孝に厚い王である。この王を輔《たす》け導き、天下の百姓《ひゃくせい》を撫育《ぶいく》せよ。このようなときには、よからぬ謀《はか》りごとを企て、天下を乱し、みずからの一門をも滅ぼす人がいる。このような人には教え直して、ますます朝廷に仕え奉《たてまつ》るようにさせよ。

『日本後紀《にほんこうき》』大同《だいどう》元年（八〇六）四月七日条の桓武天皇崩伝には、「天宗天皇（光仁天皇）、

心万機に倦《う》み、慮《おもい》を釈重《せきちょう》に深くし、遂に位を天皇に譲る」とある。光仁天皇は老齢になり、健康に不安があったことから、政治への意欲を失い、仏教に傾倒するようになった。こうして皇位の重責から逃れるように、光仁天皇は山部親王への譲位を行ったのである。譲位の宣命では、山部親王の仁孝を強調し、新天皇を助けて百姓を慈しみ、陰謀を企てて自家を滅ぼすことがないようにとの訓示が述べられているが、桓武即位時には政治的に不安定な状況があったことがうかがえる。

早良親王の立太子

桓武天皇像（東京大学史料編纂所所蔵模写）

桓武即位の翌日、四月四日に皇弟早良親王が皇太子に立てられた。ときに早良は三十二歳の働き盛りであった。同日の宣命には次のようにあり、親王以下、天下の公民《こうみん》に早良親王の立太子《りったいし》が宣言されている。

天皇《すめら》が詔旨《おほみこと》らまと勅《の》りたまふ命《おほみこと》を、親王・諸王・諸臣・百官人等、天下の公民、衆《もろもろ》聞きたまへと宣《の》る。法《のり》の随《まま》に有るべき政として、早良親王を立てて皇太子と定め賜《たま》ふ。故《かれ》、此《かく》の状《さま》悟りて百官人等仕《つか》へ奉《まつ》れと詔《の》りたまふ天皇が勅旨《おほみこと》を、衆《もろもろ》聞きたまへと宣る。

春宮坊の人員配置

四月十四日には、中納言《ちゅうなごん》の藤原田麻呂《ふじわらのたまろ》が東宮傅《とうぐうふ》を兼任し、右京大夫《うきょうだいぶ》の大伴家持《おおとものやかもち》が春宮大夫《とうぐうだいぶ》を兼任することが命じられ、紀白麻呂《きのしろまろ》が春宮亮《とうぐうのすけ》に任命された。藤原田麻呂は式家《しきけ》藤原房前《ふささき》の第五子で、広嗣《ひろつぐ》・良継《よしつぐ》・清成《きよなり》らの弟である。広嗣の乱に連座して流罪《るざい》となったが、召還後しばらくは隠居して仏典を学び、修行に努めたので、この点に早良親王との共通点がある。宝亀《ほうき》年間に従三位《じゅさんみ》・中納言に登り、東宮傅となったあとは、さらに右大臣《うだいじん》・従二位に進んだ。万葉歌人としても有名な大伴家持は、宝亀十一年(七八〇)二月に参議《さんぎ》となっており、前述したような市原王《いちはらおう》家や白壁《しらかべ》王家との深い付き合いを背景に、早良親王の春宮大夫となったのであろう。紀白麻呂は宝亀十年十一月に造東大寺司《ぞうとうだいじし》次官に任ぜられ、同年十二月には造東大寺司次官として、冶葛《やかつ》を親王禅師所《ぜんじしょ》に充てる文書に署名している(『大日本古文書《だいにほんこもんじょ》』四、一九九頁)。立太子以前の早良親王とやはり接触のあった人物といえる。早良親王と何らかの関わりを有する人物を配置することで、親王を支える春宮坊《とうぐうぼう》の陣容が整えられたのである。

山部・早良・安殿三親王の春宮坊官人を表1にまとめた。これをみると、山部・早良の皇太子（東宮）傅はともに従三位中納言、春宮大夫は山部が正四位下左衛士督、早良が正四位下右京大夫なので、ほぼ同格の人事が行われている。一方、安殿の皇太子傅は正三位大納言、春宮大夫は参議（従四位上）なので、二人に比べて高い地位の人物を配していることがわかる。山部・早良の場合、春宮亮に祖母の出身氏族である紀氏の人物を任命している点もよく似ている。安殿の春宮坊が高官によって構成されているのに対して、早良の春宮坊には山部と同格の官人が起用されており、少なくとも当初は兄に準じる布陣で出発したとみることができよう。

立太子にともない還俗する

早良親王は幼年で白壁王家を離れ、東大寺羂索院《けんじゃくいん》で僧侶として修行し、大安寺東院《だいあんじとういん》に移ってからも親王禅師として活動していた。しかし、皇太子に指名されたからには、僧侶のままというわけにはいかず、還俗《げんぞく》を余儀なくされたであろう。『東大寺具書《ぐしょ》』には、

八嶋皇子、大定〔等〕の室に入御《にゅうぎょ》して、華厳宗《けごんしゅう》を伝へ、其《そ》の血脈に烈〔列〕す。然《しか》れども桓武

表1　山部・早良・安殿三親王の春宮坊官人

山部親王 宝亀二年（七七一）正月二十三日立太子	皇太子傅	藤原縄麻呂カ	中納言	宝亀初任
		石上宅嗣カ	〃	宝亀十年頃任
	春宮大夫	藤原是公	左衛士	宝亀五年三月見
	春宮亮	紀本		宝亀七年三月任
		紀家守		〃
		佐伯久良麻呂		宝亀九年二月任
	春宮員外大進	河内三立麻呂		宝亀五年九月見
	東宮学士	日置蓑麻呂		宝亀五年三月見
早良親王 天応元年（七八一）四月五日立太子	東宮傅	藤原田麻呂	中納言	天応元年四月任
	春宮大夫	大伴家持	右京大夫	〃
	春宮亮	紀白麻呂		〃
	春宮少進	佐伯高成		延暦四年九月見
	春宮主書首	多治比浜人		〃
	東宮学士	林稲麻呂		延暦元年二月任
	（春宮に陪す）	菅原清公		延暦三年任
安殿親王 延暦四年（七八五）十一月二十五日立太子	皇太子傅	藤原継縄	大納言	延暦四年十一月任
		大伴弟麻呂	治部卿	延暦十八年九月見
	春宮大夫	紀古佐美	参議	延暦四年十一月任
		藤原葛野麻呂	右大弁	延暦十六年二月任
		藤原縄主	参議	延暦十八年四月任

天皇践祚《せんそ》の後、俗輩に還り交りて、皇太弟《こうたいてい》に立つ。

とあり、早良親王が華厳宗の血脈に列したものの、桓武即位後に還俗して皇太弟となったことを伝えている。

桓武天皇は四月十五日、大極殿《だいごくでん》に臨んで、君主は賢人の能臣を得てはじめて天下を平安に治めるこ

	藤原葛野麻呂	従三位	大同元年二月任
春宮亮	安倍広津麻呂		延暦五年正月見
	葛井道依		延暦九年七月任
	橘嶋田麻呂		延暦十六年二月任
	大伴是成		延暦十八年二月見
	藤原真夏		延暦二十三年二月任
春宮権亮	〃		延暦二十三年二月見
春宮大進	安倍人成		延暦九年三月任
	阿閇間人人足		延暦十年正月任
	大伴大関		延暦十六年三月任
春宮少進	多治比豊長		延暦六年五月見
東宮学士	朝原道永		延暦六年三月見
	津真道		延暦七年二月見

〔補注1〕見は見任（現任）、任は任命を意味する。

〔補注2〕山部親王の皇太子傅については、『公卿補任』が宝亀四年条から同十一年条まで一貫して大中臣清麻呂が皇太子傅（東宮傅）であったように記すが、清麻呂は宝亀二年正月に立太子した他戸親王の東宮傅であったから、他戸廃太子後に山部親王の皇太子傅に転じたとは考えにくい。『続日本紀』宝亀十年十二月条の藤原縄麻呂薨伝に「宝亀の初め、中納言を拝し、尋ぎて皇太子傅・勅旨卿を兼ぬ」とあり、同天応元年六月条の石上宅嗣薨伝に「尋ぎて皇太子傅を兼ね、改めて姓石上大朝臣を賜はる。（宝亀）十一年、大納言に転ず」とあるので、右記のように考えた。

とができるので、親王以下、王臣らの援助と補佐が必要であると訴えた。同日、桓武は生母の高野新《たかののにい》笠《がさ》に皇太夫人《こうたいぶにん》の称号を贈り、正《しょう》三位を授けた。同時に官人たちの位階《いかい》を上げ、大神宮をはじめとする諸社の禰宜《ねぎ》・祝《はふり》らに位一階を給い、僧《そう》綱《ごう》以下、諸寺の智《ち》行《ぎょう》人と八十歳以上の僧尼《そうに》に布施《ふせ》を賜った。即位にともない、生母の地位を高めるとともに、官人以下に広く恩恵を施したのである。四月十七日には皇太夫人高野新笠のために中宮職《ちゅうぐうしき》を設置し、大伴伯麻呂《おじまろ》を中宮大夫《ちゅうぐうだいぶ》、大伴弟麻呂《おとまろ》を中宮亮《ちゅうぐうのすけ》に任命した。

立太子の背景

桓武天皇の即位時に早良親王が皇太子に立てられたのは、父の光仁天皇の意向によるものとみる意見がかつては多かった（川上多助『平安朝史』上、北山茂夫「藤原種継事件の前後」、林陸朗「早良親王」、高田淳「早良親王と長岡遷都」、森田悌「早良親王」、西本昌弘『桓武天皇』、関根淳「早良親王」）。桓武天皇にはすでに安殿《あて》親王（のちの平城天皇）という皇子があったが、即位時にはまだ八歳と若すぎたこと、そして『大安寺碑文《ひぶん》』に早良親王が光仁天皇の「愛し子」と表現されていたことから、光仁天皇が早良の立太子を主導したと考えられたのである。

しかし近年では、これとは異なった見方が唱えられている。井上満郎氏は、桓武には天智《てんじ》系皇族の維持・存続をめざす強い意志があったとし、光仁の意向もあっただろうが、本命の安殿親王に替わる次善策として、早良親王の立太子が行われたとした（井上満郎『桓武天皇』）。また中川久仁子氏は、聖武の血統には頼らず、高野新笠を母にもつ兄弟こそ皇統の担い手であることを示すために、早良親王を立太子させたと説く（中川久仁子

「「桓武」皇統の確立過程」)。柴田博子氏は中川説を継承したうえで、立太子の選択枝としては、光仁皇子の稗田《ひえだ》親王(三十一歳)がいるが、母の尾張《おわり》女王は出自が高すぎるので、桓武は自己の血統で皇位を継承させることを強く意識し、早良を立太子させたとした(柴田博子「早良親王」)。さらに長谷部将司氏は、早良には妻子がいなかったようなので、桓武は将来的な安殿の即位を阻害しない早良に白羽の矢を立てたとし、早良は皇統上の中継ぎの皇太子であったと論じた(長谷部将司「「崇道天皇」の成立と展開」)。

皇太子候補たち

光仁天皇の皇子には山部・早良両親王以外に、尾張女王が生んだ稗田親王、県犬養《あがたいぬかいの》勇耳《いさみみ》が生んだ某親王(のち延暦《えんりゃく》六年〈七八七〉二月に姓を賜り広根諸勝《ひろねのもろかつ》と名のる)がいる。二人ともその母の出自は和(高野)新笠よりも高く、とくに皇族を母とする稗田親王は、山部立太子の直前にも皇太子にふさわしい人物として名前があがるほど、有力な皇太子候補であった。しかし、桓武即位後に稗田が立太子すると、桓武の出自の低さに改めて注目が集まることになり、ただでさえ桓武の即位に反対する勢力が存在するのに、その状況をさらに悪化させることになる。そこで同母弟の早良を立太子させることで、兄弟の母である和(高野)新笠の権威を高め、新笠の子孫に皇位継承者を限定するという王権の意思を示したのであろう。早良が将来的に妻子をもうける可能性はあるとしても、当時八歳であった安殿親王の地位を脅かす可能性は少ない。皇統を和（高野）新笠を母にもつ山部・早良系統に限定するとともに、将来的な安殿への継承をも織り込んだ桓武の周到な策であったといえる。政務への熱意をなくし、仏教に傾倒していた光仁天皇も、「愛し子」であった早良親王の立太子に異論はなかったであろう。

光仁太上天皇の葬儀

光仁太上天皇は譲位八ヵ月後の十二月二十三日に崩御した。七十三歳であった。桓武は諒闇《りょうあん》（服喪《ふくも》期間）三年を主張したが、公卿たちの反対もあって、結局は翌延暦元年八月一日に喪明けとすることになった。光仁の葬儀は同年正月七日に終わり、大和国《やまとのくに》の広岡《ひろおか》山陵《さんりょう》に葬られた。七月末までの服喪期間は、桓武が反対勢力を一掃して、政治権力を掌握するための期間となった。

氷上川継の謀反

葬儀翌月の閏《うるう》正月、氷上川継《ひがみのかわつぐ》の謀反《むほん》事件が起こった。川継が従者を宮中に潜入させて、桓武を害せんとしたことが発覚し、捕らえられた川継は死一等を減じて、その妻とともに伊豆《いず》国三嶋《みしま》へ流された。また、妻の父藤原浜成《はまなり》はその息子も事件に加担したとして、参議と侍従《じじゅう》の職を剝奪された。三方《みかた》王・山上船主《やまのうえのふなぬし》・大伴家持・坂上苅田麻呂《さかのうえのかりたまろ》らも連座《れんざ》し、三方王と船主は左遷され、家持と苅田麻呂は春宮大夫と右衛士督《うえじのかみ》の現職を解かれた。氷上川継は塩焼《しおやき》王と不破《ふわ》内親王との間に生まれた。塩焼王は天武《てんむ》天皇の皇子新《にい》田部《たべ》親王の子で、不破内親王は聖武《しょうむ》天皇の皇女であったから、川継は父方と母方の双方に天武系と聖武系につながる有力な血統を有していた。

光仁天皇が譲位の宣命で、山部親王の仁孝を強調する一方で、「このようなときには、よからぬ謀りごとを企て、天下を乱し、みずからの一門をも滅ぼす人がいる」と訓示したことが思い起こされる。百済系渡来人《くだらとらいじん》の子孫である和（高野）新笠を母にもつ桓武は、立太子に際しても反対する勢力が多かったが、その即位を認めない人々が存在していたのであろう。桓武の同母弟である早良親王が皇太子になったことにも反発があったのかもしれない。天武系皇統の優れた血筋をもつ氷上川継は、桓武反対派がかつぐ格好の対象であったため、桓武によって除かれたのであった。

藤原魚名の失脚

ついで延暦元年六月には、左大臣《さだいじん》藤原魚名《うおな》が「事に坐《ざ》して」罷免された。その子の鷹《たか》取《とり》・末茂《すえしげ》・真鷲《まわし》らも左遷された。魚名の左遷をめぐっては、氷上川継事件と無関係ではなく、魚名が藤原浜成と結んでいたため、桓武に嫌忌された（北山茂夫「藤原種継事件の前後」、佐伯有清「桓武天皇の境涯」）、藤原種継らが乙牟漏《おとむろ》立后に消極的であった魚名を中傷して失脚させた（中川収「左大臣藤原魚名の左降事件」）、魚名が議政官《ぎせいかん》の代表者として天皇の意志を抑止する動きを示したため左降された（亀田隆之「藤原魚名左降事件」）、魚名が光仁天皇の寵臣として重きをなしていたため左遷された（亀田隆之「補注三七―一四」、吉川真司「後佐保山陵」）、浜成と同様、桓武の即位に消極的な姿勢をとったため追放された（西本昌弘『桓武天皇』）、桓武に入内《じゆだい》していた孫娘が夫人となることに固執して、乙牟漏の立夫人や立后に反対したため罷免された（木本好信「藤原魚名の左降事件について」、同『藤原種継』）などという意見が出されている。

ただし私見も含めて、魚名が山部立太子や乙牟漏立后に消極的であったというのは推測にすぎず、確かな証拠があるわけではない。魚名の孫娘が万多《まんだ》親王を生んだのは延暦七年のことなので、彼女が桓武に嫁いだのは魚名事件の落着以後である可能性が高い。安殿親王や伊予《いよ》親王の存在からみて、藤原乙牟漏や藤原吉子《きつし》の桓武妻后としての地位が高かったことは否定できず、左大臣の魚名といえども異論をさしはさむ余地はなかったであろう。魚名の左遷はやはり光仁天皇の寵臣であったことや、直前に失脚した藤原浜成との関わりのなかで考えるべきである。

光仁近臣の排除

魚名左遷の理由を考えるさいには、鷺森浩幸氏の研究が大きな示唆を与える。鷺森氏は、藤原良継を中心に称徳《しようとく》朝に王家の家産管理を担当した人物が、光仁朝にも侍従・内臣《ないしん》としてほぼそのまま移行し、さらに政治の実質的な決定権を掌握するようになったとし、宝亀八年の良継没後は、その権力が宝亀九年に内臣（のち忠臣《ちゅうしん》）となった魚名や、同じく侍従となった藤原雄依《およ》・浜成・鷹取らに移ったとみる。しかし、桓武は内臣や侍従が政治を主導する体制の存続を承認せず、魚名らを排除することで、光仁の近臣の半数が消滅したという（鷺森浩幸「奈良時代の侍従」）。このように考えると、藤原浜成・魚名は光仁の近臣であったために、その影響力を嫌った桓武によって左遷されたとみることができる。藤原雄依が三年後の藤原種継事件に連座して左遷されることを思うと、光仁近臣を排除しようとする桓武の政治構想は数年間にわたって継続し、種継事件の背後にも伏流水のように流れていたとみることができるかもしれない。

平城京からの脱出

光仁太上天皇の喪明け直後の延暦元年八月九日、桓武は使者を大和国に派遣し、光仁の改葬地を探索させている。そして八月十九日には、天応二年を延暦元年と改めた。光仁が最初に埋葬された広岡山陵は後佐保山《のちのさほやまの》陵《みささぎ》とも呼ばれ、聖武天皇・光明《こうみょう》皇后らが葬られた平城京北方の佐保山中に位置していた。最初の光仁天皇陵は聖武系皇族が眠る王墓域中に設けられたのである。改葬の作業に着手した八月九日は、光仁の父である施《し》基《き》親王の命日であったが、四年後の延暦五年十月に、光仁は施基親王の田原《たわらの》西《にしの》陵《みささぎ》に近い大和国の田原《たわらの》東《ひがしの》陵《みささぎ》（奈良市日笠町）に改葬された。そして、延暦元年の四月には平城宮《へいじょうきゅう》の修造を担当する造宮省《ぞうぐうしょう》が廃止されている。

天智系皇統の時代へ

こうした事実に注目した吉川真司氏は、光仁改葬の背景に平城京からの離脱という動きを読みとり、桓武は天智—施基—光仁とつながる天智系皇統を重視し、天武—聖武系的要素を廃棄するという意図のもと、平城京の時代を終わらせようとしたと説いている（吉川真司「後佐保山陵」）。まもなく長岡京《ながおかきょう》への遷都事業が開始されることからみても、この考え方には説得力がある。光仁の近臣を多く排除し、みずからの政権基盤を固めた桓武天皇は、天武系天皇の王都であった平城京を捨て、天智系王統にふさわしい新たな首都を建設する大事業へと邁進することになるのである。

二　長岡京遷都

長岡京への遷都

延暦三年（七八四）五月十六日、桓武は中納言藤原小黒麻呂《おぐろまろ》・藤原種継、左大弁《さだいべん》佐伯今毛人《さえきのいまえみし》らを山背《やましろ》国に派遣して、乙訓《おとくに》郡長岡村の地勢を視察させた。遷都のためである。六月十日には藤原種継・佐伯今毛人らを造長岡宮使《ぞうながおかぐうし》に任命し、都城の経営と宮殿の造作とを開始させた。長岡京の造営が進むなか、桓武は十一月十一日に長岡宮に移り住んだ。

現地視察から半年以内で、桓武は長岡京への遷都を断行したのである。日本古代の王都は多く大和国内に営まれ、平城京の時代は七十年近く続いた。桓武は大和国の平城京を捨て、はじめて本格的な都城を山背国内に建設した。

遷都の理由

長岡遷都の理由については、喜田貞吉の研究以来、①財政難の政府が秦氏《はたし》の資力に頼って、秦氏の本拠地に遷都した、②僧侶の跋扈《ばっこ》など多年の弊害のたまる平城京を去った、③長岡の地は水陸の交通の便がよい、などの事実が指摘されている。これに加えて、④平城京は天武系天皇の宮処《みやどころ》であったため、桓武は天智系新王朝の新都として長岡京を建てた、という見方や、長岡遷都のさいに後期難波宮《なにわのみや》の建物や瓦が移建されたことに着目し、⑤緊縮財政策の一環として、副都としての難波宮を廃して、都をひとつにまとめようとした、という想定も出されている。

私が注目したいのは、①③④の理由である。先に述べた光仁天皇の改葬をめぐる動きともあわせ考えれば、天智系新王朝の創始を強調する④の見方が説得的である。桓武の曽祖父である天智天皇は近江大津宮《おうみのおおつのみや》に遷都したが、中臣鎌足《なかとみのかまたり》邸は山背国の山階《やましな》（山科）にあり、天智天皇陵も山階に造られた。天智の近江遷都は大津・山階地域への遷都といってもよい。平城京を離脱し、新天地を求める桓武にとって、天智の王都および山陵に近い山背国は、新都を営む最適の地として映ったことであろう。

長岡の水運

また、「朕、水陸の便あるを以《もつ》て、都を茲《こ》の邑《むら》に遷す」（『続日本紀《しょくにほんぎ》』延暦六年十月八日条）、「水陸便有りて、都を長岡に建つ」（同延暦七年九月二十六日条）とあるように、長岡村は水陸交通の要所であった。長岡・山崎《やまざき》は木津川《きづがわ》・宇治川《うじがわ》・桂川《かつらがわ》が合流して淀川《よどがわ》となる地に面し、淀川沿いの要港と渡河点《とかてん》を擁していた。この地はまた平城京から山陰道《さんいんどう》と山陽《さんよう》道《どう》へ向かうさいの経路に接している。長岡京は交通アクセス抜群の地に造営されたのであった。

秦氏の本拠地

造長岡宮使となった藤原種継の母は秦朝元《ちょうげん》の娘で（『公卿補任《くぎょうぶにん》』延暦元年条）、種継とともに長岡村を視察した藤原小黒麻呂も秦下《はたしも》（太秦《うずまさ》）嶋麻呂《のしままろ》の娘を妻としている。秦氏は山背国の葛野《かどの》郡・愛宕《おたぎ》郡・紀伊《きい》郡などに濃密に分布した。山背国の秦刀自女《とじめ》らは、宝亀三年（七七二）に山部親王が立太子して以来、毎年春秋、親王のために悔過《けか》・修福《しゅうふく》を行ってきたという（『類聚国史《るいじゅこくし》』巻百八十七、延暦十一年正月十五日条）。山背国の秦氏は渡来系氏族を母にもつ山部親王に大きな期待をかけていたのであろう。

長岡宮のすぐ西北に位置する願徳寺《がんとくじ》（宝菩提院《ほうぼだいいん》）には薬師如来像《やくしにょらいぞう》が安置されていたが、貞観《じょうがん》六年（八六四）に秦氏出身の僧道昭《どうしょう》がこの像を広隆寺《こうりゅうじ》へ移した（『広隆寺来由記《らいゆき》』）。この事実は、願徳寺が秦氏と関わる寺院であったことを示している（薗田香融「乙訓の古社寺（一〇）」）。また、乙訓郡内には物集《もずめ》郷があったが、『新撰姓氏録《しんせんしょうじろく》』には秦氏の同族として物集連《むらじ》・物集がみえ（未定雑姓《みていざつしょう》左京《さきょう》・山城《やましろ》国）、承和《じょうわ》元年（八三四）二月には物集広永《ひろなが》が秦忌寸《いみき》に改姓《かいせい》している（『続日本後紀《しょくにほんこうき》』）。天平勝宝《てんぴょうしょうほう》七年（七五五）には秦物集広立《ひろたて》という人物もみえる（『大日本古文書』四、五〇頁）。物集広永と秦物集広立はいずれも葛野郡の人とあるので、秦物集氏や物集氏の本拠は葛野郡であったろうが、平安時代までには乙訓郡の物集郷にも物集氏が居住していたと考えられる。山背の秦氏には複姓《ふくせい》の秦氏を含めた多様な集団が所属しており（加藤謙吉『秦氏とその民』）、そうした秦氏の同族は乙訓郡にも広がっていたのであろう。

長岡京の建設

長岡京遷都は桓武天皇が天智系新王朝の意識をもち、大和国から山背国への王都移転を計画したさいに、水陸交通の要衝たる長岡の地が、秦氏とも関わる地としてクローズアップされ、実現にいたったものと考えられるのである。

長岡京は「長岡」と呼ばれる低い丘陵上に造営された。かつては平城京の九条×八坊に近い京域が想定されていたが、近年では京域の北限や南限に関する見直しが行われた結果、十条×八坊とする復原案などが提示されている（梅本康広「長岡京」）。王宮や政府機

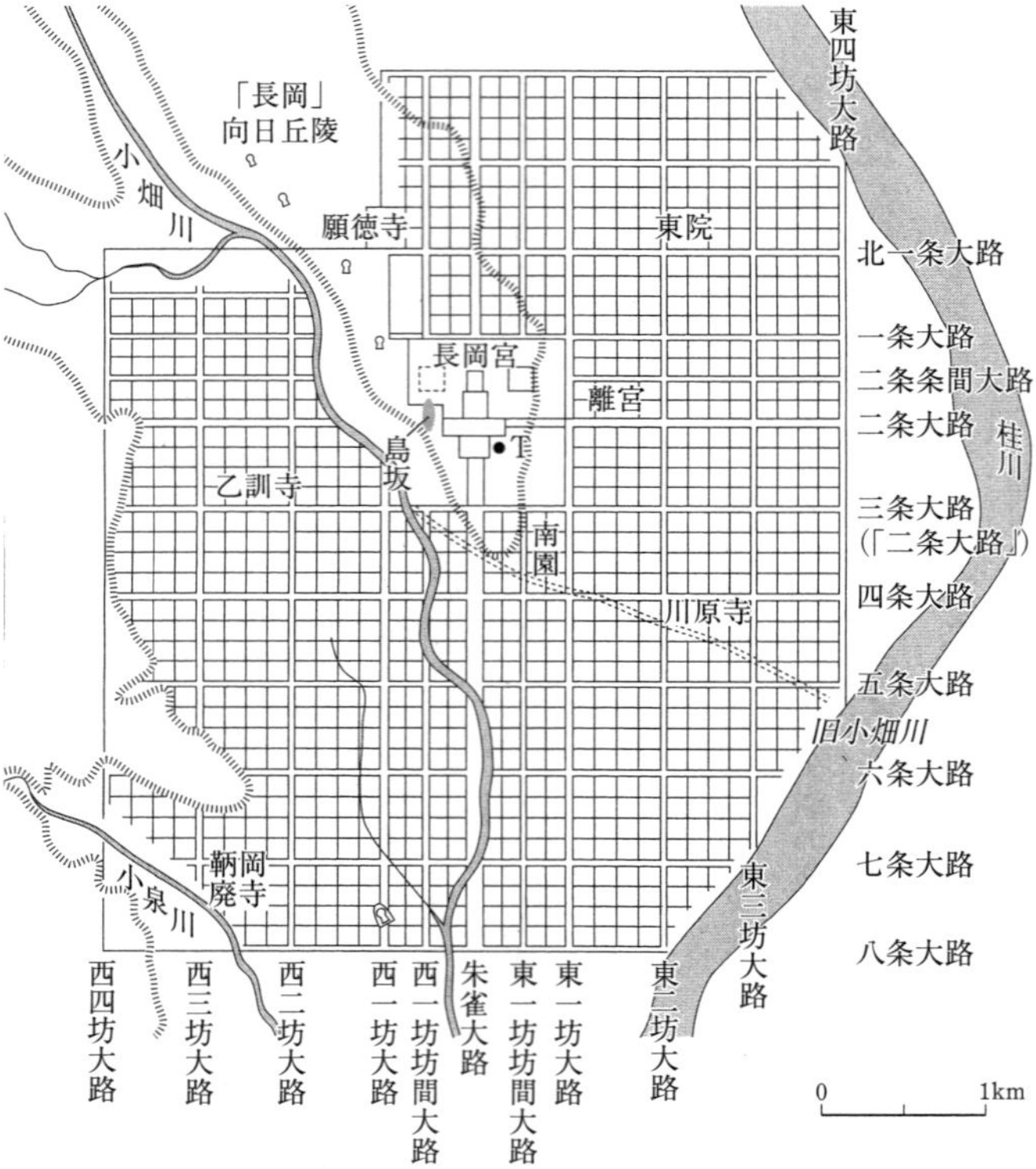

長岡京復原図
T：早良親王春宮坊想定地
（梅本康広「長岡京」『古代の都３　恒久の都平安京』52ページの図に一部加筆）

関のある長岡宮も段丘上に築かれたため、大規模な整地が行われた。『続日本紀』には、遷都以降、延暦五年の中ごろまでに、大極殿・内裏《だいり》・嶋院《しまのいん》・皇后宮《こうごうぐう》・太政官院《だいじょうかん》垣・東《とう》宮《ぐう》などの記事がみえているので、この時期が大規模造営の集中する前期造営の期間と位置づけられている（清水みき「長岡京造営論」）。速やかな遷都を実現するために、大極殿と太政官院（朝堂院《ちょうどういん》）には後期難波宮から瓦などの資材を搬送して再利用した結果、朝堂の数も後期難波宮と同じ八堂となった。ただし近年の発掘調査によって、朝堂院南門には回廊と楼閣がとりつき、いわゆる門闕《もんけつ》の形式をとることが判明した。長安城《ちょうあんじょう》・洛陽《らくよう》城など中国都城の門闕形式が長岡宮ではじめて採用されたのである。平城京を超える王都の建設を目指した桓武の意図に沿ったものといえよう。

春宮坊の跡地

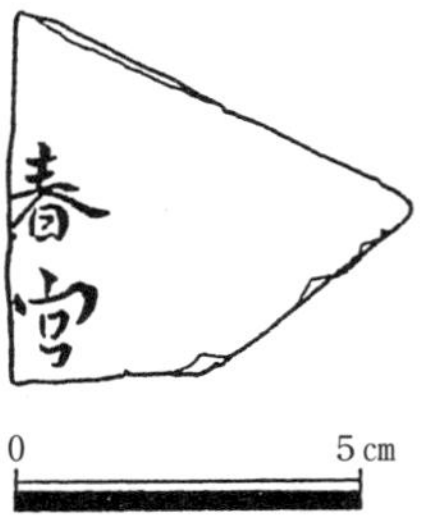

「春宮」と書かれた墨書土器（『向日市埋蔵文化財調査報告書』第13集より）

朝堂院の東南方（右図のTの地点）では長岡京時代の二つの整地層が検出され、A層（下層）の上面近くから「春宮」と墨書された須恵器《すえき》底部片が出土した。この下層を切り込んで掘立《ほったて》柱建物《ばしらたてもの》一棟が建つが、これが廃棄されたのち、遺構面は大量の軒瓦や鉄の鉱滓《こうさい》を含むB層（上層）によって再造成される。山中章氏は、この地を早良親王の春宮坊に関係する施設とみなし、大量の軒瓦や鉱滓が出土したことと、春宮坊被管の主工署《しゅこうしょ》の職掌に「土木工作及び銅鉄・雑作の事」があることに注目して、この遺跡を早良親王の春宮坊に関係する工事および施設に比定した（山中章「長岡宮跡第一二八次（七ＡＮ一〇Ｋ地区）～内裏南方官衙（推定春宮坊跡）～発掘調査概報」、同「「春宮」銘墨書土器と長岡宮の春宮坊」）。早良親王の春宮坊が長岡宮の朝堂院東南方にあり、早良の春宮坊が長岡宮の初期造営に積極的に関与していたことを示すものといえよう。

この春宮坊想定地は、長岡宮域南面の復原案いかんによって、宮内とされたり宮外とされたりしてきた場所である。しかし、朝堂院南門が門闕形式をとることが判明し、この場所には二条大路が通過しないことが確定した結果、ここには宮内官衙や饗宴施設が存在したと想定されるようになった（梅本康広「長岡京」、國下多美樹「長岡京遷都と造営の実態」）。この春宮坊想定地は長岡宮内に位置するとみなして問題ないであろう。早良に仕える春宮坊の官人たちはここで職務に励み、この周辺に皇太子の早良親王が居住していたと考えられるのである。

藤原種継の経歴

藤原種継は式家の宇合《うまかい》の孫で、父は清成、母は秦朝元の娘である。叔父に広嗣・良継・田麻呂・百川《ももかわ》らがいて、式家特有の政略家の気質を受け継いでいるとされる（林陸朗『長岡京の謎』、木本好信『藤原種継』）。種継は天平《てんぴょう》九年（七三七）の生まれなので、桓武天皇と同い年であった。天平九年は祖父の宇合が天然痘《てんねんとう》で死去した年で、同十二年には叔父の広嗣が大宰府《だざいふ》で反乱を起こして敗死したため、良継・田麻呂は連座して流罪となるなど、式家には苦難の時代が続いた。種継の父清成が無位《むい》で生涯を終えたのも、広嗣の乱と関係があるかもしれない。このような事情があったので、種継の昇進は遅く、天平神護《てんぴょうじんご》二年（七六六）に三十歳で従五位下となり、十四年後の宝亀十一年にようやく正五位上に昇った。しかし、桓武天皇の即位前後から目を見張るような昇進ぶりをみせ、天応元年（七八一）正月に従四位下、翌延暦元年三月に参議、四月に従四位上、六月に正四位下、翌年四月に従三位、翌延暦三年正月には中納言、十二月には正三位となった。前任参議であった大伴家持・藤原家依《いえより》・佐伯今毛人・石川名足《いしかわのなたり》・紀船主らは、正三位中納言となった種継にみな抜き去られたのである。

種継昇進と藤原百川

桓武即位前後から種継が急激な昇進を遂げたのは、桓武擁立に功績があった叔父の良継・百川の影響によるものであろう。良継は宝亀八年、百川は同十一年、ともに桓武の即位をみることなく死去したので、桓武は二人の功績に報いるため、甥であった種継に目をかけるようになったものと思われる。前述したように、即位後の桓武が光仁天皇の近臣を排除するなかで、光仁とは接点のない新人材として種継に注目したのかもしれない。種継の薨伝《こうでん》には「天皇、甚《はなは》だこれを委任して、中外《ちゅうがい》の事皆決を取る」とあり、桓武が種継に全幅の信頼を寄せ、内外の懸案はすべて種継に諮問したことを語っている。こうして桓武から重用された種継が、叔父良継の娘で、桓武との間に安殿親王を生んだ乙牟漏を守り、安殿の立太子に向けて動いたことは想像にかたくない。一方で、桓武の庇護によって異常な昇進を遂げた種継に対して、官人社会では羨望と反感が高まっていたのは当然のことで（林陸朗『長岡京の謎』）、こうしたことが種継暗殺事件の背景にあったことを見逃してはならない。

藤原乙牟漏の立后

桓武には多数の后妃《こうひ》がいたが、とくに有力だったのは、早くに妃となり王子女をもうけた藤原乙牟漏・藤原吉子・藤原旅子《りょし》の三人であった。乙牟漏は式家の良継の娘で、桓武が皇太子の時代に結婚し（『続日本紀』延暦九年閏三月二十八日条）、宝亀五年に長子の安殿親王（当初は小殿《おて》親王）、延暦五年に神野《かみの》親王（のちの嵯峨天皇）を生んだ。吉子は南家《なんけ》の藤原是《これ》公《きみ》の娘で、安殿親王に次ぐ男子である伊予親王を生んだ。旅子は式家の藤原百川の娘で、延暦五年に大伴《おおとも》親王（のちの淳和天皇）を生んだ。桓武は延暦二年二月五日に乙牟漏に正三位、吉子に従三位を授け、その二日後には二人をともに夫人に任じた。そして同年四月十四日に小殿親王を安殿親王と改名し、十八日には乙牟漏を皇后に指名した。その日、藤原種継は従三位を授けられている。四月二十日には佐伯今毛人が皇后宮大夫、笠名《かさのな》麻呂《まろ》が皇后宮亮に任命された。乙牟漏が皇后になったということは、桓武の皇子のなかでも安殿親王の地位が一躍高まったことを示している。桓武の後継者として安殿を指名し、来るべき立太子に備えるためにも、その母である乙牟漏の立后は不可欠であり、乙牟漏の生家である式家の台頭も必須であった（木本好信『藤原種継』）。

延暦四年四月、皇后宮大夫の佐伯今毛人が皇后宮の庁舎や庭中《ていちゅう》に赤雀《あかすずめ》が現れたことを報告した。五月には、この赤雀は瑞鳥《ずいちょう》であり、天皇の政治が天意にかなっていることを告げるものであるとして、天下の有位者に位一階を与え、四世王《しせいおう》・五世王《ごせいおう》や嫡子《ちゃくし》六世王《ろくせいおう》の二十歳以上の者に六位を授けた。これを受けて六月には、右大臣の藤原是公が百官をひきいて朝堂にいたり、桓武の恩恵に感謝の意を伝える上表を行った。長岡遷都直後の皇后宮に赤雀が出現したことを祝賀する行事は、きわめて作為的な事件で、皇后乙牟漏と安殿親王の存在をクローズアップするための計略であったろう（北山茂夫「藤原種継事件の前後」）。全有位者に位階を与え、四世王などを優遇する措置は異例であり、桓武の意図をうけた藤原種継と佐伯今毛人が、皇后宮と新都長岡京を称揚するために企てた政治的演出であったとみられる（木本好信『藤原種継』）。

大伴家持の東北赴任

皇后宮における大げさな祝賀行事が、皇太子である早良親王やその側近に与えた心理的作用はどのようなものであったろうか。加えて藤原種継の急激な昇進に対する反発も渦巻いていた。早良親王の春宮坊では、皇太子傅《こうたいしふ》の藤原田麻呂が延暦二年三月に薨じたが、その後任は任命されなかった。また、春宮大夫の大伴家持は延暦元年閏正月の氷上川継事件に連座して、一時現職を解任された。同年五月には春宮大夫に復したが、六月には陸奥出羽按察使《むつでわのあぜち》・鎮守将軍《ちんじゅしょうぐん》を兼任することとなった。翌二年七月に中納言となったものの、次の年の二月には持節征東将軍《じせつせいとうしょうぐん》に任命された。同時に副将軍・軍監《ぐんげん》の任命もあったから、まもなく家持は東北に赴任したのであろう。このように、早良親王の春宮坊では皇太子傅が亡くなり、春宮大夫が京を離れるなど、異常な状態が続いていた。こうした例外的な状況も、種継事件につながる要因のひとつであったと考えられる。

第四　藤原種継暗殺事件

一　事件の概要

斎王出立

長岡京《ながおかきょう》への遷都は宮地視察から半年以内で行われたため、桓武《かんむ》天皇が長岡宮に移ったあとも、新都の造営は昼夜兼行で続けられていた。遷都翌年の延暦《えんりゃく》四年（七八五）八月二十四日、桓武の皇女朝原《あさはら》内親王が斎王《さいおう》として伊勢《いせ》に出立するのを見送るため、桓武は官人をしたがえて旧都平城《へいじょう》へ行幸《ぎょうこう》した。朝原内親王は桓武と酒人《さかひと》内親王との間に生まれた娘で、このときわずか七歳であった。平安時代の斎王は天皇即位後に卜定《ぼくじょう》され、宮城内の適当な場所で初斎院《しょさいいん》の祓禊《はらえみそぎ》を行い、さらに宮城外の野宮《ののみや》で三年の禊斎《けっさい》を行うこととなっていた（延喜《えんぎ》太政官式《だいじょうかんしき》）。朝原内親王は天応《てんおう》元年（七八一）四月の桓武即位後に斎《さい》王に卜定され、平城宮内で初斎院を行ったのち、長岡遷都後も、平城京郊外の野宮で斎戒《かい》生活を送っていたのであろう。遷都翌年の八月に朝原内親王が伊勢へ向かう準備を終えたため、桓武は見送りのため平城宮へ行幸したのである。

大伴家持の死

八月二十八日には、中納言大伴家持《ちゅうなごんおおとものやかもち》が亡くなった。家持は早良親王の春宮大夫《とうぐうだいぶ》をつとめていたが、前述のように、延暦三年二月に持節征東将軍《じせつせいとうしょうぐん》に任命されたため、陸奥《むつ》に下向しており、そこで亡くなったと思われる。『公卿補任《くぎょうぶにん》』延暦四年の大伴家持条には、「陸奥に在り」と書かれている。家持の死から二十余日、その遺体が埋葬されないうちに種継《たねつぐ》事件が起こったため、家持は除名とされ、その子息である永主《ながぬし》らは連座して、流罪《るざい》に処せられた。九月七日には、斎王の朝原内親王が伊勢大神宮に向けて出立した。桓武は平城宮で見送ったのであろう。百官は斎王を大和国《やまとのくに》の国境まで送り、そこから帰ってきた。翌日、桓武は水雄岡《みずのおおか》に行幸して、遊猟《ゆうりょう》を行っている。水雄岡は現在の京都市右京区嵯峨水尾のあたりである。九月十日には、河内《かわち》国で洪水があり、朝廷は使者を派遣して巡検《じゅんけん》を行い、賑給《しんごう》を加えさせている。

種継暗殺

桓武天皇が斎王出立のため平城に行幸し、その帰途、山背国《やましろ》の水雄岡などで遊猟を行っている間、長岡宮で留守を守っていたのは皇太子の早良親王と右大臣藤原是公《うだいじんふじわらのこれきみ》・中納言藤原種継らである。このような状況のなかで種継暗殺事件が起こった。正史である『続日本紀《しょくにほんぎ》』には次のように記されている。

『続日本紀』の種継暗殺事件

(1) 延暦四年九月二十三日条

中納言正三位《しょうさんみ》兼式部卿《しきぶきょう》藤原朝臣種継、賊に射られて薨《こう》ず。

(2) 延暦四年九月二十四日条

車駕《しゃが》、平城より至れり。大伴継人《つぐひと》・同竹良《ちくら》、幷せて党与数十人を捕獲し、之《これ》を推鞫《すいきく》するに、並びに皆承伏《しょうふく》す。法に依りて推断して、或《ある》は斬し、或は流す。其《そ》の種継は参議《さんぎ》式部卿兼大宰帥《だざいのそち》正三位宇合《うまかい》の孫なり。神護《じんご》二年に従五位下を授けられ、美作守《みまさかのかみ》に除せらる。稍《やや》く遷りて、宝亀《ほうき》の末に左京大夫《さきょうのだいぶ》兼下総守《しもうさ》に補せられ、俄《にわか》に従四位下を加へられ、左衛士督《さえじのかみ》兼近江按察使《おうみのあぜち》に遷さる。延暦の初め、従三位を授けられ、中納言を拝し、式部卿を兼《か》ぬ。（延暦）三年、正三位を授けらる。天皇、甚だこれを委任して、中外《ちゅうがい》の事皆決を取る。初め首として建議して、長岡に遷都す。宮室草創して、百官未だ就かず、匠手《しょうしゅ》・役夫《えきふ》、日夜兼作す。平城に行幸するに至りて、太子と右大臣藤原朝臣是公・中納言種継等、並びに留守と為《な》る。炬《ともしび》を照して催し検《み》るに、燭下に傷を被りて、明日第《だい》に薨ず。時に年四十九。天皇、甚だ悼惜《とうせき》し、詔《みことのり》して正一位左大臣《さだいじん》を贈る。

これによると、事件の概要は次のようであった。九月二十三日に藤原種継が賊に射られて没した。翌二十四日に桓武は平城から帰り、大伴継人・大伴竹良らの犯行グループ数十人を逮捕し、これを追及したところ、みな犯行を認めたので、法にしたがい斬刑《ざんけい》・流刑《るけい》に処した。以下、種継の官歴や功績をあげたのち、種継は桓武の平城行幸中、皇太子早良親王・右大臣藤原是公らとともに留守をつとめ、松明《たいまつ》を灯して造営工事を督励中に傷を負い、翌日邸第《ていだい》で薨去した。ときに四十九歳であった。桓武は悼み惜しんで、種継に正一位左大臣を贈ったという。このように『続日本紀』が伝えるのは、桓武の行幸中に留守を守っていた種継が、長岡京の造営工事の督励中、賊に射られて死亡したこと、その犯人として大伴継人・大伴竹良らが捕らえられ、犯行を認めたため、斬刑・流刑に処せられたことのみである。この事件に大伴家持や早良親王がどのように関わり、とくに早良親王がどのような処罰を受けたのかをまったく記していない。『続日本紀』は事件の核心部分を隠していると考えられるのである。

『日本紀略』の種継暗殺事件

ところが、『日本紀略《にほんきりやく》』にはこの事件の全体像が詳しく記述されている。長文にわたるが、以下に書き出してみたい。犯行グループの行動と処罰に関わる記述に傍線、大伴家持の関与に関する記述に波線、早良親王の関与に関わる記述に点線を引いた。なお、『日本紀略』の本文は新訂増補国史大系本をもとに、一部、宮内庁書陵部《くないちょうしょりょうぶ》所蔵谷森本

『日本紀略』（谷―三四〇）、東山御文庫《ひがしやまごぶんこ》本『日本紀略』（勅封《ちょくふう》三七―三）によって校訂を加えた。

(一)延暦四年九月二十三日条

中納言兼式部卿近江按察使藤原種継、賊に襲い射られ、両箭《りょうせん》身を貫き薨ず。

(二)延暦四年九月二十四日条

車駕平城より至れりと云々《うんぬん》。種継已《すで》に薨ず。乃《すなわ》ち有司に詔して其の賊を捜捕せしむと云々。仍りて竹良幷びに近衛《このえ》伯耆《ほうきの》桴麿《いかだまろ》、中衛《ちゅうえ》牡鹿《おしかの》木積麿《こづみまろ》を獲《とら》ふ。右大弁《うだいべん》石川《いしかわの》名足《なたり》等に勅《ちょく》して、之を推勘せしむ。桴麿款《かん》して云《い》はく、主税頭《ちからのかみ》大伴真麿《ままろ》、大和大《だい》掾《じょう》大伴夫子《おのこ》、春宮少進《とうぐうしょうしん》佐伯高成《さえきのたかなり》及び竹良等、同じく謀《はか》り、桴麿・木積麿を遣して、種継を害せしむと云々。継人・高成等並びに款して云はく、故中納言大伴家持相謀りて曰《いわ》く、「宜《よろ》しく大伴・佐伯両氏に唱へて、以て種継を除くべし」と。因《より》て皇太子に啓《もう》し、遂に其の事を行ふ、と。自余の党を窮問するに、皆承伏す。是《ここ》に於《おい》て、首悪《しゅあく》の左少弁《さしょうべん》大伴継人、高成、真麿、竹良、湊麿《みなとまろ》、春宮主書首《とうぐうふみのつかさのかみ》多《た》治《じ》比浜《ひのはま》人《ひと》、同じく誅斬《ちゅうざん》す。及び種継を射ちし者、桴麿・木積麿二人は山埼椅《やまざきのはし》の南河頭《かとう》に斬る。また右兵衛督《うひょうえのかみ》五百枝王《いおえおう》、大蔵卿《おおくらきょう》藤原雄依《おより》、同じく此の事に坐す。五百枝王は死を降して伊予《いよ》国に流し、雄依及び春宮亮紀白麿《すけきのしろまろ》、家持の息の右京亮《うきょうのすけ》永主は隠《お》岐《き》に流す。東宮学士《とうぐうがくし》林忌寸《はやしのいみき》稲麿《いなまろ》は伊豆《いず》に流す。自余は罪に随ひて亦流す。

㈢延暦四年九月二十八日条

詔して曰く、云々。中納言大伴家持、右兵督五百枝王、春宮亮紀白麿、左少弁大伴継人、主税頭大伴真麿、右京亮同永主、造東大寺《ぞうとうだいじ》次官林稲麿等、式部卿藤原朝臣を殺《ころ》し、朝庭《みかど》を傾け奉り、早良王を君と為《な》さむと謀《はかり》けり。今月二十三日の夜亥時《いのとき》、藤原朝臣を殺す事に依りて勘《かんが》へ賜ふに申さく、「藤原朝臣在らば安からず。此《こ》の人を掃《はら》ひ退《の》けむ」と。皇太子に掃ひ退けむと云ふ。仍《すなわ》ち許し訖《おわ》んぬ。近衛桴麿・中衛木積麿二人を為《し》て殺しきと申すと云々。是の日、皇太子内裏《だいり》より東宮に帰り、即日戌時《いぬのとき》、乙訓寺《おとくにでら》に出置さる。是の後、太子みずから飲食せず、十余日を積む。宮内《くない》卿石川垣守《きょういしかわのかきもり》等を遣して、船に駕《の》り淡路《あわじ》に移送せしむ。高瀬《たかせ》橋の頭《ほとり》に至る比《ころおい》、已《すで》に絶ゆ。屍を載せて淡路に至り葬ると云々。

まず㈠は⑴とほぼ同文であるが、賊に襲われ、両箭が身体を貫通したため薨去したと、種継の死因をやや詳しく記している。

犯行グループの全容

次に㈡には犯行グループに関する詳しい記述がある。すなわち、大伴竹良とともに近衛の伯耆桴麿（麻呂）と中衛の牡鹿木積麿（麻呂）が逮捕され、右大弁石川名足らが追及したところ、桴麻呂は、主税頭の大伴真麿・大和大掾の大伴夫子・春宮少進の佐伯高成と竹良らが謀って、桴麻呂と木積麻呂を送って種継を殺害させたと自白した。また、大伴継人と佐伯高成は、先日亡くなった中納言大伴家持が「大伴・佐伯の両氏に唱へて、以て種継を除くべし」と主張したので、皇太子に申し上げて、そのことを実行したと自白した。そのほかの犯行グループを窮問したところ、みな承伏したので、首悪の左少弁大伴継人・佐伯高成・大伴真麿・大伴竹良・（大伴？）湊麿・春宮主書首多治比浜人らは斬罪に処し、種継を射殺した伯耆桴麻呂と牡鹿木積麻呂は山埼橋の南河頭において斬った。また、右兵衛督の五百枝王・大蔵卿藤原雄依もこの事件に連座し、五百枝王は死罪を免じて伊予国に流し、雄依と春宮亮紀白麿、家持の子息で右京亮永主は隠岐に流し、東宮学士の林稲麿は伊豆に流した。

さらに㈢の前半には、事件の概要を述べた宣命《せんみょう》が掲げられている。それによると、大伴家持・五百枝王・紀白麿・大伴継人・大伴真麿・大伴永主・林稲麿らが、「藤原種継を殺し、朝庭《みかど》（桓武）を傾け奉り、早良王を君と為《な》さむと謀った」とあり、今月二十三日の夜亥時（午後十時ごろ）に種継を殺害した件について追及すると、「種継が存命ならば安心できない。この人を排除せんと皇太子に申し上げたところ、許可されたので、近衛の桴麻呂と中衛の木積麻呂の二人に殺害させた」と自白した。

早良親王への処罰

㈢の後半には、早良親王に対する処罰が書かれている。九月二十八日に皇太子は内裏から東宮に帰り、即日戌時（午後八時ごろ）に乙訓寺に出置された。こののち太子は飲食を断つこと十余日に及んだが、宮内卿石川垣守らが親王を船に乗せて淡路に移送した。船が高瀬橋の頭にいたったころ、すでに太子は息を引き取っていた。しかし、屍は船に乗せて淡路に送られ葬られたのである。

『続日本紀』記事の削除と復活

以上のように、藤原種継暗殺事件について、正史の『続日本紀』は簡単にしか書いていないのであるが、『日本紀略』の方にはきわめて詳細な記事が掲げられている。『続日本紀』は桓武天皇在位中の延暦十六年に撰進された正史である。一方の『日本紀略』は平安時代の後期に成立した編年体《へんねんたい》の史書で、神代《じんだい》から後一条《ごいちじょう》天皇の時代までを叙述している。このうち光孝《こうこう》天皇の時代までは六国史《りっこくし》の記事を抄録《しょうろく》しているので、本来は『続日本紀』の記事を要約した記事が掲載されているはずである。ところが逆に『日本紀略』の方により詳細な記事が載せられているというのはなぜなのか。

藤原薬子の内容操作

これについては、『続日本紀』撰進後に記事の削除と復活が行われたという複雑な事情が介在している。後述するように、桓武天皇は後年に早良親王の怨霊に苦しめられたため、『続日本紀』のなかから種継事件に関わる核心の部分を削除させた。ところが、桓武天皇の没後に安殿《あて》親王が即位して平城《へいぜい》天皇になると、この天皇のもとで権勢を振るった藤原薬子《くすこ》が種継の娘であったことから、父の殺害された事件の詳細が削除されたことに不満を抱き、本来の記事を復活させた。しかし、薬子の変後、嵯峨《さが》天皇は薬子の罪を断罪して、復活部分を再び削除させたのである。そのことは、『日本後紀《にほんこうき》』弘仁《こうにん》元年（八一〇）九月十日条に次のように記されている。

また続日本紀に載する所の崇道《すどう》天皇（早良親王）と贈太政大臣《だいじょうだいじん》藤原朝臣（種継）と好《よ》からぬ事を、皆悉《ことごと》く破《やぶ》り却《す》て賜ひてき。而《しか》して更に人言に依りて、破り却てし事を本の如く記し成《な》しぬ。此《これ》もまた礼なき事なり。今前の如く改め正せる状を、参議正四位下《しょうしいげ》藤原朝臣緒嗣《おつぐ》を差して、畏《かしこ》み畏みも申し賜はくと奏す。

『続日本紀』の種継事件に関する記事は、このように削除と復活が行われたために、少なくとも二種類の内容をもつ『続日本紀』が存在したことになる。『日本紀略』はこのうち事件を詳述する写本《しゃほん》によりながら編集されたために、現行本の『続日本紀』とは異なる詳細な記事を伝えているのであろう。

したがって、私たちは『日本紀略』の記事をみることで、本来の『続日本紀』に記されていた事件の詳細を知ることができる。『日本紀略』によりながら、またいくつかの参考史料を踏まえながら、事件の全体像を復原すると以下のようになろう。

延暦四年九月二十三日の夜、藤原種継は松明を灯して造営工事を督励中、賊の射手に襲撃され、二本の矢が身体を貫いた。『日本霊異記《にほんりょういき》』下巻、三八縁には、

（延暦四年の）同じ月（九月）の二十三日の亥の時に、式部卿正三位藤原朝臣種継、長岡宮の嶋町に於て、近衛の舎人雄鹿宿禰《とねりおしかのすくね》木積（牡鹿木積麻呂）・波々岐将丸（桴）（伯耆桴麻呂）の為に射《い》られて死ぬ。

とあり、種継が襲撃されたのは長岡宮の嶋町であったとしている。『続日本紀』延暦四年三月三日条には、嶋院に御《ぎょ》して五位以上に宴を賜り、文人を召して曲水《きょくすい》の詩を作らせたとある。嶋院は園池を配する饗宴《きょうえん》用施設で、長岡宮の中枢部と同時に造営され、遷都直後から使用されている。長岡京の左京三条二坊からは「嶋院」と書かれた木簡《もっかん》が出土した（鎌田元一・清水みき「釈文」）。『土佐日記《とさにっき》』は、土佐守の任を終えた紀貫之《つらゆき》が船旅で帰京する日々を綴ったものであるが、淀川《よどがわ》を遡って山崎《やまざき》で上陸し、京に向かう途中、「島坂」で饗にあずかっている（承平《じょうへい》五年〈九三五〉二月十六日条）。また、『親信卿記《ちかのぶきょうき》』天延《てんえん》二

年（九七四）閏《うるう》十月二十五日条には、検非違使《けびいし》が津廻《つめぐり》を行ったさい、平《たいら》親信は平安京《へいあんきょう》の西《にしの》市《いち》から「嶋坂」をへて山崎津の政所《まんどころ》にいたったとある。宝永《ほうえい》二年（一七〇五）序の『山城名《やましろめい》勝《しょう》志《し》』巻六には「島坂　土人の云、向の明神《みょうじん》の南町の端、石塔寺《せきとうじ》の南に小坂有り、此所なり」とあり、地元では向日神社《むこうじんじゃ》の南方、石塔寺の南の小坂を島坂と称していたという。明治六年（一八七三）の「上植野《かみうえの》文書古地図」では、西国街道に沿う地に「字《あざ》嶋坂」と書き込まれている（向日市史編さん委員会編『向日市史』史料編付図）。島坂の西北には滝ノ下の地名が残されており、かつてはそこに小さな泉が湧いていた（向日市史編さん委員会編『向日市史』上巻）。嶋町・嶋院・島坂はいずれも清泉を取り入れた庭園と関わる名称といえる。長岡遷都後もこの付近で造営工事が進められており、藤原種継は夜間にその工事を督励中に賊に襲われたのである。

尋問と処罰

種継は邸宅に運ばれたが、その傷は深く、翌日には帰らぬ人となった。四十九歳であった。二十四日に行幸から急ぎ帰京した桓武は、犯人の捜索を厳命し、容疑者として大伴継人・大伴竹良ほか数十人が捕えられた。厳しい尋問が行われた結果、高成・竹良らが近衛の伯耆桴麻呂と中衛の牡鹿木積麻呂を遣わして種継を殺害させたことが明らかになった。また継人・高成らは、すでにこの前月に死去していた春宮大夫の大伴家持が、

「大伴・佐伯両氏に唱へて、種継を除くべし」と檄を飛ばしていたので、そのことを皇太子の早良親王にも言上して、実行に移したのであると証言した。継人ら以外の犯行グループもみなこれを認めたため、主犯の継人・高成・真麿・竹良らは斬刑に処せられ、実行犯の桴麻呂と木積麻呂は種継の柩前《きゆうぜん》で罪状を明らかにされたのち、山崎橋の南河頭で斬られた。また、五百枝王・藤原雄依・紀白麻呂・林稲麻呂らは流罪となった。さらに大伴家持は除名に処せられ、その子永主も連座して流刑となった。

クーデター計画へ発展

二十八日に出された宣命では、大伴家持・五百枝王・紀白麻呂・大伴継人らが藤原種継を殺害して、桓武天皇に危害を加え、早良親王を擁立しようと謀ったとある。種継の存在は不安材料であり、この人を除きたいと皇太子に言上したところ、許可が出たので、桴麻呂と木積麻呂に殺させたのである、と犯行の核心が告げられた。ここにいたって、種継事件はたんなる高官暗殺事件の域を超えて、桓武天皇に代わって早良親王を天皇にしようとするクーデター計画、天皇暗殺計画に発展することになった。このため、種継暗殺を許可したと証言された早良親王にも嫌疑がかけられるようになった。

早良親王の絶命

同日、早良親王は内裏から帰ったが、その夜の戌時（午後八時ごろ）、東宮から長岡京右京の乙訓寺に移された。乙訓寺は長岡京市今里《いまざと》二丁目に所在する寺院で、現在も同名の

乙訓寺の講堂発掘調査風景（長岡京市教育委員会所蔵・提供）

真言宗《しんごんしゅう》寺院が存在する。その創建は白鳳《はくほう》時代に遡るが、発掘調査によって奈良時代末の講堂《こうどう》と推定される礎石《そせき》建物が発見されている。東西二七《メートル》（桁行九間）、南北一二《メートル》（梁間四間）の規模をもつ堂々たる建物で、早良親王が幽閉されたのはこの遺構であった可能性が指摘されている（吉本堯俊「乙訓寺発掘調査概要」）。乙訓寺は長岡京の時代には右京三条三坊（あるいは二条三坊）に位置する大寺院となり、官営瓦窯の瓦を供給されて、堂塔の修造が進められた（中尾秀正「乙訓寺の瓦」）。乙訓寺に幽閉された太子は、みずから飲食を断つこと十

現在の乙訓寺

余日、宮内卿石川垣守らが船で淡路へ移送する途中、淀川下流の高瀬橋付近で絶命したが、遺体は淡路に運ばれて葬られた。

高瀬橋は淀川中流に架けられた橋である。『行基年譜《ぎょうきねんぷ》』所引の「天平《てんぴょう》十三年記」には、摂津《せっつ》国嶋下《しましも》郡高瀬里に高瀬大橋を造ったとあり、同書中の年代記《ねんだいき》には、天平二年（七三〇）に嶋下郡穂積《ほづみ》村に高瀬橋院と同尼院を起工したとある。一方、『和名類聚抄《わみょうるいじゅしょう》』には河内国茨田《まんだ》郡に高瀬郷があり、『延喜《えんぎ》式《しき》』の神名帳《じんみょうちょう》でも茨田郡に高瀬神社がみえる。淀川北岸の摂津国嶋下郡と南岸の河内国茨田郡にともに高瀬郷（里）があり、この二つの高瀬郷を結ぶ形で淀川に架けられた橋が高瀬橋であった。現在、大阪府守口《もりぐち》市に高瀬町の地名が残るが、これは茨田郡高瀬郷の名残りであろう。大阪市旭《あさひ》区にはかつて橋寺《はしでら》町があり（現在の太子橋《たいしばし》三丁目）、同町の淀川河川敷から奈良～平安時代の平瓦《ひらがわら》などが出土したが、これは高瀬橋院（橋寺）の遺

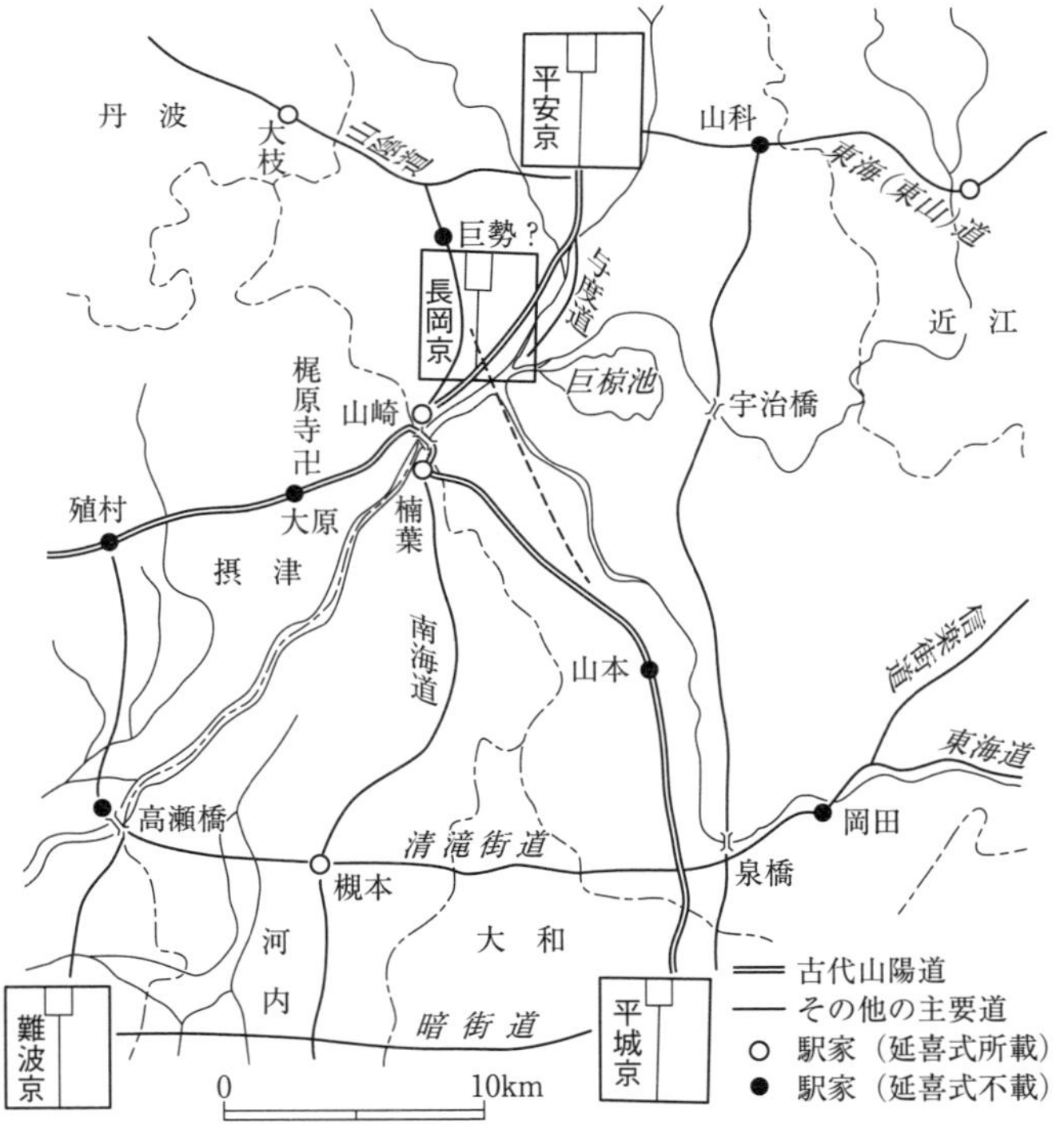

古代の都城と主要道路
（高橋美久二『古代交通の考古地理』157ページの図に一部加筆）

物である可能性がある（江谷寛「淀川川底に眠る寺院跡」）。早良親王はおそらく山崎津から船に乗せられ、淀川を下って淡路国に向かう途中、高瀬橋付近で絶命したのであろう。

二　早良親王の忌日と死因

早良親王の忌日

『日本紀略』に記された朝廷の公式見解によると、早良親王は延暦四年（七八五）九月二十八日以降に、みずからの意思による断食で薨去したことになっている。こうした記述は信用できるのであろうか。以下、早良の忌日《きにち》と死因について、『日本紀略』以外の史料をも参照しながら検討してみたい。

早良親王の忌日はかつては十月七日と考えられていた。『西宮記《さいきゅうき》』巻十二、当時国忌《こき》や『江家次第《ごうけしだい》』巻三、国忌には、天智《てんじ》天皇・光仁《こうにん》天皇・桓武天皇などの国忌が掲げられているが、そこでは崇道天皇の国忌は十月七日のこととされているからである。しかし、『日本紀略』の記述によると、延暦四年九月庚申（二十八日）に皇太子は内裏より東宮に帰り、その夜には乙訓寺に出置されたが、この後、太子はみずから飲食を断つこと十余日、船に乗せられて淡路へ移送中、高瀬橋の付近で絶命したという。九月二十八日（庚申）から二十九日（辛酉《しんゆう》）・三十日（壬戌《じんじゅつ》）・十月一日（癸亥《きがい》）を経て十日たてば十月八日であるから、十余日経過すれば十月七日をゆうに超える。つまり『日本紀略』の記述を尊重すれば、早良親王の忌日は十月八日以降と考えられるのであり、十月七日を国忌とする『西宮記』や『江家次第』の記載には疑問が残るのである。

十月十七日説

一方で、早良親王の忌日は十月十七日であると記す史料がある。醍醐寺《だいごじ》本『諸寺縁起《しょじえんぎ》集《しゅう》』所収の「両処記文」は、承保《じょうほ》三年（一〇七六）に宝殿《ほうでん》・宝塔《ほうとう》が焼失したとの奥書《おくがき》的な記載をもつので、そのころに成立した史料と考えられるが、そこには次のように記されている。

……埼唐律寺《さきのとうりつじ》に於て、小室に居らしめ、国〔固〕く以て守衛し、七日七夜《しちや》水《すい》槳〔漿〕を通ぜずして、即ち淡路に配流す。船に乗り梶原寺《かじわらでら》前に下向し、筆を召し取り作文《さくもん》を御製《ぎょせい》す。「世路これ冷なること多し、栄〔名〕石も復《ま》た常無し、二、三の我が弟子、別れて後西方《さいほう》に会はむ」。即ち十月十七日を以て、海上に薨ず。……大同《だいどう》元年を以て、山陵《さんりょう》の地に伽藍《がらん》を建立し、八嶋寺と号す。勅《ちょく》して利稲《りとう》三千束を施入《せにゅう》し、大和国より下行す。……毎年十月十七日、昼は山陵寺に於て、天皇の御《ご》周忌御斎会《しゅうきごさいえ》を奉修《ぶしゅう》す。……夜は本院に於て、念仏幷びに御誦経《みずきょう》を奉修す。

これによると、崇道天皇（早良親王）は淡路へ配流の途中、梶原寺前で辞世の詩文を作ったのち、十月十七日に海上で薨去したという。また大同元年（八〇六）に山陵の地に八嶋寺が建立されたのち、毎年十月十七日に昼は八嶋山陵寺で周忌御斎会が、夜は大安寺本院で念仏・御誦が奉修されたとある。高田淳氏はこの史料にもとづき、早良親王が没したのは十月十七日のことであったらしいと述べ、本郷真紹氏も同史料により、毎年十月十七日の命日には周忌御斎会が修されたとしている（高田淳「早良親王と長岡遷都」、本郷真紹「光仁・桓武朝の国家と仏教」）。

「両処記文」は大安寺や八嶋寺における崇道天皇への追善《ついぜん》行事の沿革を記したもので、『続日本紀』や『日本紀略』からはうかがえない早良親王の経歴や行動をよく伝えている。この史料には年紀の誤写もあり、一部不審な記述も存在するが、後半部分の記載は『扶桑略記《ふそうりゃっき》』の記述とも一致し、大安寺などの寺院に残された所伝として重視すべきものであろう。また親王の忌日については、二ヵ所に「十月十七日」と明記されているので、誤写の可能性はきわめて少ない。高田・本郷両氏の説くように、早良親王の忌日は十月十七日とみて誤りなく、同日に八嶋寺と大安寺において周忌御斎会が行われていたものと考えられる。

諸史料にみる忌日

崇道天皇の国忌については、藤原行成《ゆきなり》が著した年中行事書《ねんじゅうぎょうじしょ》である『新撰年中行事《しんせんねんじゅうぎょうじ》』においても、十月十七日のこととされている。

（十月）十七日、国忌の事、大安寺、崇道天皇、今案、止《とど》む、天長元年十月十日官符、去る九月二十七日論奏に依りて止む。但し同年十二月十四日官符、十陵に列し、荷前に預らしむ。

また前述したように、『大鏡《おおかがみ》』上、師尹《もろまさ》の裏書《うらがき》も、崇道天皇の国忌を「十月十七日」と書いている。さらに、文安《ぶんあん》五年（一四四八）十月に書いたという奥書をもつ『大安寺年中《だいあんじねんじゅう》行事次第法式《ぎょうじしだいほうしき》』にも、

（十月）十七日、梵網講讃《ぼんもうこうさん》、十重禁、光明真言廿一反、崇道天皇。

とあり、十月十七日の崇道天皇の忌日に梵網経の講讃が行われていた（大安寺国際仏教文化研究所編『崇道天皇と大安寺』）。早良親王の忌日は親王がかつて止住《しじゅう》し、死後に崇道天皇御院が置かれて親王の国忌を催行した大安寺に、正しく伝えられていたことになろう。以上から、早良親王（崇道天皇）の忌日は十月十七日であり、同日に国忌が行われていたとみて間違いない。『西宮記』や『江家次第』が崇道天皇の国忌を「十月七日」とするのは、誤記か誤写と考えてよいだろう。

早良親王の死因

前述したように、早良親王の死因はみずから飲食を断ったことによるとされている。

しかし、早良が自身で断食したと記すのは『日本紀略』のみで、そのほかの史料は飲食を停止されたように書いている。前述したように、「両処記文」には、早良は埼唐律寺の小室に幽閉されて、七日七夜、水漿（飲みもの）を断たれたとある。また、『水鏡《みずかがみ》』下巻、桓武天皇条には、

カクテ其年ノ十月ニ東宮ヲ乙訓寺ニ押籠《おしこめ》奉《たてまつり》、供御《くご》ヲ止奉リ給《たま》ヘリシニ、十八ヶ日マデ其御命絶ヘ給ザリシニ、淡路国ヘ流シ奉リ給キ。其国ノ山崎ニテ失サセ給ニキ。

とみえ、東宮を乙訓寺に押し籠めて供御を止めたため、十八ヵ日後に絶命したとある。山田英雄氏がいうように、これら二つの史料には、飲食を禁止されたような文がみえており、早良親王がみずから飲食を断ったとする伝えと齟齬《そご》をきたす（山田英雄「早良親王と東大寺」）。

それでは、『日本紀略』とそれ以外の所伝とでは、どちらがより真実に近いのであろうか。『日本紀略』のもととなった『続日本紀』原撰本《げんせんぼん》は桓武朝に編纂されたものであるから、桓武天皇に直接関わる種継事件の詳細や早良親王の死因を率直に記述しているとは考えがたい。『続日本紀』撰進後に種継と早良の「好からざるの事」がすべて削除

されたことは、前述した通りである。削除を免れて『続日本紀』に残された記述にも、何らかの潤色が加えられていることは容易に想像できよう。

たとえば、『日本紀略』は早良親王を乙訓寺に「出置」したと表現しているが、「両処記文」は「埼唐律寺に於て、小室に居らしめ、固く以て守衛し」、『水鏡』は「乙訓寺ニ押籠奉」、さらに『帝王編年記《ていおうへんねんき》』は「乙訓寺に禁固す」と記述している。『日本紀略』の「出置」は罪人色を薄めた表現で、早良の怨霊に配慮したような形跡があるが、事件の起きた延暦四年当時の実態としては、「押籠」や「禁固」というのがより真実に近いのではあるまいか。

伊予親王への処罰

そこで注目したいのは、『日本紀略』大同二年十一月二日条の記載である。

(伊予)親王幷びに母夫人《ぶにん》藤原吉子《きつし》を川原寺《かわらでら》に徙《うつ》し、これを一室に幽して、飲食を通ぜず。

いわゆる伊予《いよ》親王事件の結末を告げる記事であるが、伊予親王と母の藤原吉子は川原寺の一室に幽閉され、飲食不通の状態に置かれたのである。十一月十二日条には、「親王母子、薬を仰ぎて死す。時の人、これを哀れむ」とあり、飲食を断たれて十日後に、親王母子は薬を仰いで死んでいる。平安時代初期に謀反《むほん》の罪に問われた親王が寺院の一室に監禁され、飲食を停められて死にいたったことが確認できる。桓武朝の延暦四年にやはり謀反の罪に問われた早良親王も、伊予親王らの場合と同じく、小室に幽閉されて飲食を断たれ、十余日後に薨去した可能性が高いといえよう。

死因

以上の早良の死因に関する私の仮説は、関根淳氏によって支持された（関根淳「長屋王の「誣告」記事と桓武朝の歴史認識」）。関根氏は、『続日本紀』原撰本の早良の自殺を伝える史料は、もっとも政治的な意図が織り込まれた箇所なので、これをそのまま信用するわけにはいかないと述べる。一方で木本好信氏は、「両処記文」や『水鏡』は『日本紀略』に比べて史料価値が数段落ちるものなので、さらなる吟味が必要であると論じている（木本好信「藤原種継の暗殺と早良廃太子の政治的背景」）。たしかに、平安時代後期の史料である「両処記文」には誤りも多く、その記述に全幅の信頼を寄せることはできない。ただし、桓武自身が編纂させた『続日本紀』の早良親王に関わる記述にも、潤色の加わっていることは容易に想定できるので、後世の史料を信じるか、同時代史料の潤色を軽視するかという難しい判断を迫られているのである。断定するのは困難であるが、早良の忌日を正しく伝えているという点において、「両処記文」の記載に信頼を寄せることとし、早良親王の死因は朝廷が飲食を停めたためであろうとする私見を維持することとしたい。

学僧善珠

善珠《ぜんじゅ》は法相宗《ほっそうしゅう》の学僧で、秋篠寺《あきしのでら》を開いた。玄昉《げんぼう》に師事して研究に没頭し、日本唯識《ゆいしき》学《がく》・因明学《いんみょうがく》の建設者となった。一方で広く諸宗に精通し、多数かつ多岐にわたる書物を著した。その著作に『因明論明燈鈔《いんみょうろんみょうとうしょう》』十二巻、『成唯識論肝心記《じょうゆいしきろんかんじんき》』八巻、『梵網経略抄《りゃくしょう》』三巻、『本願薬師経鈔《ほんがんやくしきょうしょう》』一巻などがある（日下無倫「善珠僧正の研究」）。この善珠が早良親王と最後に深い交流をもち、のち延暦十六年には安殿親王の病を治したことで僧《そう》正《じょう》に任ぜられることになる。

白業の実行

『扶桑略記』延暦十六年正月十六日条には次のようにある。去る延暦四年十月、皇太子早良親王が廃位されようとするとき、使者を諸寺に馳せて、白業《びゃくごう》を修めさせようとした（写経・読経などの善業《ぜんごう》を行わせようとした）。諸寺が拒否するなか、菅原寺《すがわらでら》にいた興福寺《こうふくじ》沙門《しゃもん》の善珠が使者を出迎え、涙を流して礼拝したのち、「前世の残業、今来たりて害を成す。此生《このしょう》は讐《しゅう》を絶ち、更に怨を結ぶなかれ」と諭した。使者が帰って報告すると、早良親王は憂いのなかに歓びを浮かべて、「みずから忍辱《にんにく》の衣を披《かぶ》り、逆鱗《げきりん》の怒を怕《おそ》れず」と語った。

善珠は早良親王の要請を容れて白業を修したのち、今回のことは前世の残業なので、いさぎよく受け容れて、怨みを抱くことがないようにと説いたのである。善珠が著した

『梵網経略抄』には「怨を以て怨に報ゆるは忍行《にんぎょう》に違《たが》ふ」とあり、怨みに対して怨みで応えれば、怨みは永遠に繰り返すが、怨みに対して忍行（徳行）で応えれば、怨みはそこで消えるという考えが書かれている。こうした教えは後述するように、中国仏教で古くから語られてきた格言に遡り、新羅《しらぎ》僧の梵網経注釈書にもさかんに記載されていた。善珠はそうした伝統的な教えを踏まえて、「怨を結ぶなかれ」と諭したのである。

法相宗の善珠が、三論宗《さんろんしゅう》が重視する『起信論疏《きしんろんしょ》』を借り出したり、華厳宗《けごんしゅう》に近い見方を表明していたことは前述した通りであるが、こうした思想的立場が早良親王の要請にひとり対応した理由であるのかもしれない。善珠の言葉を受けた早良親王は、その教えにしたがって、怨みに対して忍辱（忍行）で応えることを決意し、君主（桓武天皇）の激しい怒りにも怯えることなく、いさぎよく死を受け容れることとしたのである。

最期に関する異説

早良親王の最期に関しては、『日本紀略』とはやや異なる所伝も残されているので、それらについても紹介しておきたい。まず前述したように、「両所記文」には埼唐律寺の小室に幽閉して、守衛を固め、七日七夜飲みものを停めたこと、淡路配流の途中、船に乗って梶原寺前に下向し、筆を取って詩文を作ったこと、そして十月十七日に海上で薨じ、淡路の海辺に葬られたことが記されていた。埼唐律寺については不明であるが、一案として埼《さき》を佐紀《さき》の意とみて、佐紀路に面した唐律寺《とうりつじ》（律宗《りつしゅう》寺院）と解せば、長岡京の右京二坊大路（佐紀路）に面していた乙訓寺をさすとみることもできる。大和国添下《そうのしも》郡《ぐん》佐紀郷の佐紀は佐岐・佐貴・狭城・咲・開とも書かれたからである。ただし、乙訓寺が律宗寺院であったという証拠はない。もう一案として埼を山崎の略とみれば、乙訓《おとくに》郡条里一条の山崎には唐津《からつ》里なる里名があったので（金田章裕「大山崎の条里」）、唐律を唐津の誤写とみて、山崎の唐津里にあった寺院とみることも不可能ではない。ただし、これも推測に推測を重ねた仮説にすぎない。

梶原寺

梶原寺は西国街道に沿う高槻《たかつき》市梶原一丁目にあった古代寺院で、山崎から淀川を下るさいに近くを通る場所である。延暦十一年四月には摂津国嶋上郡に梶原僧寺と尼寺が有する野が計八町あったという（『類聚国史《るいじゅこくし》』巻百八十二）。寺の故地とみられる畠山神社の境内は、早くから奈良時代前期の瓦を採集できるところであったが（原口正三「梶原寺跡および瓦窯跡」）、これまでの調査で奈良時代の大規模な掘立柱建物《ほったてばしらたてもの》が検出され、近くの民家からは礎石がみつかった。また、梶原寺想定地の北側には梶原瓦窯と工房が営まれている（鹿野塁『高槻市梶原寺跡』）。天平勝宝《てんぴょうしょうほう》八歳十一月には、造東大寺司《ぞうとうだいじし》から四天王寺《してんのうじ》と梶原寺に計二万枚の瓦が発注され、翌九歳三月にも残りの瓦の進上が督促されている（『大《だい》日本古文書《にほんこもんじょ》』四、二二四頁）。梶原寺を中心とする高槻丘陵には奈良時代に官営瓦窯が置かれており、梶原寺西方の萩之庄《はぎのしょう》瓦窯からは長岡宮の早良親王春宮坊《とうぐうぼう》想定地にも瓦が供給された（山中章「長岡京の造営と瓦」）。早良親王が梶原寺前で辞世の詩を作り、「二、三の我が弟子」に呼びかけたのは、梶原寺に早良の弟子僧がいたことを示唆しており、彼らが萩之庄瓦窯の操業にも関わっていたことを推測させる（西本昌弘「藤原種継事件の再検討」）。

語られる早良の死

「両所記文」は、早良親王が十月十七日に海上で薨じ、淡路の海辺に葬られたとするが、『帝王編年記』は「十八日迄薨ぜず」、『水鏡』は「十八ヶ日マデ其御命絶へ給ザリ」などと書いている。これは乙訓寺に幽閉されてから十八日間生存し続けたことを意味するのであろう。『一代要記《いちだいようき》』にも「淡路国に配流し、海上に薨ず」とあり、「両所記文」と同じく、海上で薨去したとの説を記している。『水鏡』が「淡路国へ流シ奉リ給キ。其国ノ山崎ニテ失サセ給ニキ」とするのは、出航地の山崎を薨去の地と誤ったものであろうか。このように早良親王の最期については、虚実入り交じった諸説が書き残されており、多くの人々が関心を抱いた事件であったことをよく物語っていよう。事件の核心は『日本紀略』に語られているが、一部朝廷が隠そうとしている点については、「両所記文」など大安寺に残された史料などによって補正すべきであると考える。

三　事件をめぐる議論

種継暗殺の背景

それでは、藤原種継暗殺事件の背景にはどのようなことがあり、早良親王は事件にどのように関わったと考えられるのか。これについては、厚い研究史があるので、以下にそれらを紹介しながら、私見を述べてみたい。

家持の死に連動した暗殺説

(1)　大伴継人らの暴発説

北山茂夫氏は、一族の大黒柱家持が東北の辺境で客死したために、大伴継人・大伴竹良・佐伯高成らが不安と動揺にとらわれ、猪突的《ちよとつてき》に種継を襲撃したもので、守旧派の一部の者が権臣種継を暗殺したというだけの、クーデター計画をもたない事件であるとする。正嫡《しようちやく》たる安殿親王の将来を思い、早良を皇太子の座から退ける機会を狙っていた桓武天皇とその側近は、この暗殺事件をとらえて、一気にこれを謀叛《むほん》に拡大し、その関係で早良親王の自由を奪ったのであるという（北山茂夫「藤原種継事件の前後」）。

林陸朗氏もこれに近い考え方である。異常な昇進をとげる藤原種継に、旧守的な大伴氏らが反感をいだき、東宮大夫大伴家持の陸奥赴任と死去が起爆剤となって、暗殺が実行された。中心人物は大伴継人で、継人は反種継の空気の濃い春宮坊の官人らと手をむすんだ。しかし、早良親王の事件への関与は桓武天皇側の一方的な断定であり、桓武はこの機会に早良を皇太子の地位から追放しようとした、というのである（林陸朗『長岡京の謎』）。近年では長谷部将司氏が、事件は種継暗殺のみを目的とした計画性のないもので、家持の死に危機感を募らせた継人らの暴発であるとしている（長谷部将司「「崇道天皇」の成立と展開」）。これらは、種継事件の本質は大伴継人らの暴発であり、早良親王に謀叛の意志はなかったが、桓武天皇側が事件を利用して早良を抹殺したとみる点で一致している。

早良派のクーデター説

(2) 早良親王および早良派の暴発説

これに対して、早良親王の事件への関与を認める見解も存在する。村尾次郎氏は、種継と反目する皇太子と、皇太子に仕える春宮坊の職員、それにつながる大伴氏が好機をとらえて暴発したもので、皇太子もあえてこれを抑えようとはしなかったとみる（村尾次郎『桓武天皇』）。佐伯有清氏は、早良親王に仕える春宮坊の官人が多く暗殺事件に参加していることから、桓武の側近に対抗する反対派の計画に早良も動かされていたとし、この事件は明らかに、種継に不満を抱いた大伴氏が中心となって、まず種継を殺し、朝廷をくつがえし、早良を天皇につけようとした策動であったと論じている（佐伯有清「桓武天皇の境涯」）。両氏の所見は、早良親王と藤原種継の間に対立があったことを重視し、早良と早良派の勢力が種継暗殺を企てたとするもので、とくに佐伯氏は朝廷転覆と早良擁立の企てが存在したことを認めている。近年でもこうした見方に立つ論者は多く、井上満郎氏は、朝廷を転覆し、早良新政権を打ち立てることが大伴氏らの目的であり、クーデターの主役は早良親王であったと説き（井上満郎『桓武天皇』）、木本好信氏は、種継と不仲な関係にあった早良親王と、藤原氏への対抗心をもち、種継に怨みもある大伴家持が中心となって種継を暗殺したと論じ（木本好信「種継暗殺と早良廃太子の政治的背景」）、遠山美都男氏は、早良派は早良親王の意を体して種継を暗殺したと述べている（遠山美都男「高瀬橋頭に至るころ、すでに絶ゆ」）。

遷都阻止計画説

（3） 長岡遷都反対派の暴発説

種継暗殺事件が長岡京への遷都直後に起きたことから、この事件の背景に遷都への反対論があったことを想定する意見もある。村尾次郎氏は、大伴氏は平城の朝廷に忠誠を誓った氏であり、平城を捨てようとする山背派（桓武・種継）とは反対であるとして、種継暗殺事件の背景に平城派の反抗があったものとみる（村尾次郎『桓武天皇』）。その後、早良親王と東大寺・造東大寺司との密接な関係を詳細に跡づけた山田英雄氏は、親王と東大寺との関係を認めるならば、種継暗殺事件の背景に、あるいは遷都を阻止しようとする東大寺方面の動きを看取することもできるかもしれないと述べた（山田英雄「早良親王と東大寺」）。これを受けて笹山晴生氏は、早良はかつて親王禅師《ぜんじ》として東大寺にあり、その側近にはかつて造東大寺司の官人をつとめた者が多かったから、長岡遷都に反対する南都《なんと》の勢力の拠点となりうる存在でもあったと論じている（笹山晴生「平安初期の政治改革」）。林陸朗氏もまた、早良親王の側近の多くが造東大寺司官人の横すべりであり、親王禅師時代からの親王派の人々であったことから、東大寺を中心とする平城京の旧守派勢力たる彼らが、長岡遷都をこころよく思うはずはなかったとし、種継事件の背景に、造都を阻止しようとする東大寺方面の動きを看取することができるという（林陸朗『長岡京の謎』）。

早良親王も遷都反対派か

こうした考え方をさらに一歩進めたのが、高田淳氏と本郷真紹氏である。高田氏は、光仁朝末年から桓武朝初期にかけて、聖武《しょうむ》朝以来の崇仏政策に終止符をうつ仏教政策の転換がなされたことを述べたうえで、寺院を平城京に置き去りにする長岡遷都計画に、平城諸大寺の意向を代弁する早良皇太子は強く反対したであろうとし、この事件は遷都反対派の暴発であり、藤原種継は長岡遷都の責任者ゆえに殺されたのであると論じている（高田淳「早良親王と長岡遷都」）。本郷氏は、桓武朝にいたり仏教改革の時期が到来すると、早良親王はかつての官大寺の僧侶らとの関係ゆえに、改革の推進にとって障害となる存在になったとする。加えて長岡遷都のさいに寺院の移転が認められぬ以上、寺院の側から容認されるものではなく、早良を通じて不満の声が募っていたとし、遷都に反対する平城の寺院や関係官人の存在から、彼らの代弁者的存在であった早良が粛清されねばならなかったと考えている（本郷真紹「光仁・桓武朝の国家と仏教」）。近年では國下多美樹氏が、種継暗殺事件は旧体制派の大伴氏、多治比氏らが長岡遷都に反対して起こしたクーデターであったと論じている（國下多美樹『長岡京の歴史考古学研究』）。

東大寺の遷都反対は確認できず

山田英雄氏の研究を契機に、早良の背景に長岡遷都に反対する東大寺など平城京諸大寺の存在を想定し、遷都反対派の意向を代弁して早良の勢力が種継を排除したという考え方が定着するようになった。しかし、東大寺などの南都諸大寺が長岡遷都に反対したという明確な史料は存在しない。また、すでに長岡遷都が実現し、新都の造営が進むなかで、皇太子の早良親王がみずからの人脈だけにもとづいて、遷都反対を唱えたというのも腑に落ちない。種継事件後に廃太子されんとした早良親王は、使者を諸寺に馳せて白業を修せしめんとしたが、菅原寺以外の諸寺はこれを拒絶したという（『扶桑略記』延暦十六年〈七九七〉正月十六日条）。たとえ重罪人への連座《れんざ》を避けるためとはいえ、早良親王と南都諸寺の間に深い連帯感があったならば、親王の求めを簡単に拒絶することはなかったと思われる。以上から、種継事件の背後に長岡遷都への反対論を読みとる見方にも疑問が残るのである。

早良と安殿の皇位争い説

(4) a　皇位継承問題対立説

笹山晴生氏は、早良親王の皇太弟《こうたいてい》としての地位は、藤原式家《しきけ》の台頭、なかんずく皇后乙牟漏《おとむろ》の生んだ安殿親王の成長によって、このころには著しく脅かされていたと指摘した（笹山晴生「平安初期の政治改革」）。また木本好信氏は、桓武と乙牟漏の意図を受けた種継が安殿親王の立太子を画策したため、早良親王を中心とする大伴・佐伯両氏との間で皇嗣をめぐる政治権力闘争が起こったとみた（木本好信「種継暗殺と早良廃太子の政治的背景」）。私もこうした見方に賛成で、事件の背景には皇位継承をめぐる早良と安殿親王の対立があったとみるのが自然であろうと思う。ただし、「皇太子に言上して決行した」などという実行犯の自白は、早良を廃太子に追い込むための口実であったろうから、種継暗殺は早良の意図ではなかったと考える（西本昌弘「藤原種継事件の再検討」）。

二〇〇〇年代に入ると、種継事件の背景に長岡遷都への反対論を想定する意見は後背に退き、皇位継承問題対立説が有力視されるようになった。以下は皇位継承対立説に立ったうえで、事件の要因や早良の関与について、より細かい考証を行ったものである。

高官暗殺の責任問題説

(4)b　皇太子監国責任説

中川久仁子氏は、暗殺計画を知らなかったとしても、留守官《るすかん》として事件を未然に防げなかったのは、早良親王の落ち度であり、東宮官人から罪人を出した以上、早良は無罪ではありえないという（中川久仁子「「桓武」皇統の確立過程」）。また関根淳氏は、皇太子監国《げんこく》（皇帝が出征・行幸時に皇太子が都を守る制度）が白壁《しらかべ》王と早良親王の時に実施されたとしたうえで、早良には高官の暗殺犯を検挙する役目があるので、そのような案件を早良に無断で実行したとは考えられず、早良による種継暗殺の認可は事実であったと判断すべきとした。また、早良は廃太子の危機に際して、使者を南都諸寺院に派遣して、白業を修せしめようとしたが、早良が無実ならば、こうした保身行為を行わないであろうとし、早良が種継の暗殺を決行させたと結論づけた（関根淳「皇太子監国と藤原種継暗殺事件」、同「早良親王」）。

造営方針をめぐる不和説

(4)c　造営方針対立説

柴田博子氏は、早良親王は多くの造営事業に関与してきた実績があり、実績と人脈があることは、逆に造営を指揮する種継と対立を生じる要因にもなったのではないかとし、早良と種継の不和が拡大する状況下で、早良の側近が種継の排除に動いたとする（柴田博子「早良親王」）。

通説は皇位争い説

以上、藤原種継暗殺事件の背景をめぐる研究史を振り返ってきた。近年の研究では、種継事件の背景に皇太子早良親王と安殿親王の皇位継承をめぐる対立があったことを想定する意見が通説化している。問題となるのは、早良がどこまで事件に関与していたとみるかであり、早良無罪論からはじまり、早良は種継暗殺やクーデター計画に認可を与えたとみる説にいたるまで、さまざまな見方が唱えられている。『日本紀略』に記された事件の核心を伝える証言をどこまで信用するかによって見解は分かれるのである。朝廷の尋問が拷問《ごうもん》を加えて行われたであろうことを思うと、早良が暗殺計画を承認したとか、実行犯が桓武に危害を加え、早良を即位させようとしたという証言には、誘導の跡を読み取らざるをえず、事件を利用して早良を廃太子しようとする政治的な思惑が見え隠れしている。

クーデターの形跡はない

朝廷転覆説やクーデター説に対しては、栄原永遠男氏や柴田博子氏の指摘がそのまま反論になるだろう。栄原氏は事件当時、衛門督《えもんのかみ》に佐伯久良麻呂《くらまろ》、近衛中将《ちゅうじょう》に大伴潔《きよ》足《たり》、近衛少将《しょうしょう》に佐伯老《おゆ》ら大伴・佐伯氏の一族がいたが、彼らは積極的に荷担しなかった。実行犯が衛府《えふ》の組織された武力を利用した形跡はなく、彼らが種継個人の打倒を目標としていたことを意味すると論じている（栄原永遠男「藤原種継暗殺事件後の任官人事」）。また柴田氏は、早良親王は九月二十八日まで内裏にいて、皇太子監国をしていたので、早良の行動次第でクーデターとなる可能性はありえたが、実際には早良は動かなかったと指摘する（柴田博子「早良親王」）。この事件が早良らによるクーデター計画であったのなら、桓武が帰京するまでに、大規模な軍事動員が行われたはずであるが、それがなされた形跡はない。かつて北山茂夫氏や林陸朗氏が説いたように、大伴継人・竹良らが種継を暗殺しただけの事件を、桓武らが謀叛に拡大させ、早良を廃太子に追い込んだとみる方が穏当ではあるまいか。

白業は保身か

次に、関根淳氏による白業論について検討したい。事件によって廃太子されんとした早良親王は、使者を諸寺に遣わして、白業を修めさせようとしたが、関根氏はこれを早良の保身行為と解釈し、早良有罪論の根拠とした。たしかに『古事談《こじだん》』巻三、七には、

桓武天皇の御時、早良太子、春宮を拝せらるる時、其の事を祈請せむが為めに、諷《ふ》誦《じゅ》を諸寺に行はる。

とあり、廃太子を免れるために諸寺に諷誦を行わせようとしたように書いている。しかし、『古事談』は「廃せらるる」を「拝せらるる」と記しており、立太子祈願のための諷誦と誤解しているので、この所伝そのものの信憑性が疑われる。

白業がもたらす果報

白業とは、よい果報をもたらす善の行為をさす（『仏教語大辞典』、『日本国語大辞典』）。『性《しょう》霊集《りょうしゅう》』巻七、「知識《ちしき》の華厳会《けごんえ》の為の願文《がんもん》」には、弘仁十一年（八二〇）の華厳経八十巻の書写と法会について、「斯《こ》の白業を以て、四恩《しおん》に答へ奉らむ」とあるが、このときの白業は四恩（父母・国王・衆生《しゅじょう》・三宝《さんぽう》の恩）に報いるためのものであった。『類聚三代格《るいじゅさんだいきゃく》』巻二、寛平《かんぴょう》二年（八九〇）十一月二十三日官符《かんぷ》には、仁和寺《にんなじ》に年分度者《ねんぶんどしゃ》二人を置くことについて、「精舎を山陵に建立し、白業を聖霊に廻らし奉る」と述べている。ここにみえる「聖霊」

は光孝天皇をさす。以上の二例は、父母・国王などのために写経・法会・造寺を行うことを「白業を廻らす」と称していることに注意したい。よい果報とは白業を命じた本人ではなく、広く父母・国王などにもたらされる果報のことであった。

他者のための白業

したがって、早良親王が事件をうけて諸寺に白業を修めさせようとしたのは、みずからの保身のためではなく、広く国家や第三者に果報をもたらすためであったと考えられる。殺害された種継や高官を失った桓武、さらには実行犯として検挙された継人・竹良らのために、白業を修めさせた可能性があろう。そう考えて大過ないとすると、早良が諸寺に白業を修めさせたことをもって、早良有罪論の根拠とすることはできない。早良の要請を容れて白業を修した善珠が、早良に讐を絶ち、怨を結ぶなかれと諭すと、早良は「みずから忍辱の衣を披り、逆鱗の怒を怕れず」と答えた。早良は種継事件に直接関与していないにもかかわらず、桓武の大きな怒りを招き、廃太子を命じられたことに大きな不満をもっていたが（森田悌「早良親王」）、かつて僧侶であった経験を踏まえて、広い視野から白業を修めさせたのであろう。これに対して、善珠は前世の宿業論を説いて、早良に忍辱の衣を披ることを勧め、早良もこれを受け容れたのである。

四　連座者と事件の背景

種継事件に連座した人々

『続日本紀』『日本紀略』などにもとづいて、種継事件に連座した者の姓名・官職・処分などを一覧にすると、表2のようになる。

これをみると、首悪とされ斬刑に処せられたのは、大伴継人・大伴竹良・大伴真麻呂・大伴夫子・（大伴？）湊麻呂・佐伯高成・多治比浜人らであり、多治比浜人を除けば、大伴氏と佐伯氏で占められている。春宮大夫の大伴家持が「宜しく大伴・佐伯両氏に唱へて、以て種継を除くべし」（『日本紀略』延暦四年〈七八五〉九月二十四日条）と謀ったとされるように、大伴・佐伯の両氏、とりわけ大伴氏が中心となって種継を暗殺したようにみえる。守旧派の大伴氏が反種継の立場で暴発したとされるゆえんである。

春宮坊の官人

一方、連座した者の肩書をみると、大伴家持が春宮大夫、紀白麻呂が春宮亮、佐伯高成が春宮少進、多治比浜人が春宮主書首、林稲麻呂が春宮学士・造東大寺司次官であった。また、紀白麻呂は宝亀十年（七七九）十一月に造東大寺司次官《ぞうとうだいじし》に任命され（『続日本紀』）、同年十二月には造東大寺司次官として、治葛《やかつ》を親王禅師所に充てる文書に署名しており

表2　藤原種継暗殺事件の連座者一覧

名　前	身分・官職	処　罰
早良親王	皇太子	流淡路
大伴家持	中納言・春宮大夫・陸奥按察使・鎮守府将軍	除名
五百枝王	右兵衛督・侍従・越前守	流伊予
藤原雄依	大蔵卿	流隠岐
紀白麻呂	春宮亮	〃
林稲麻呂	春宮学士・造東大寺司次官・備前介	流伊豆
和気広世		禁錮
吉備泉		左降佐渡権守
大伴永主	右京亮	流隠岐
大伴国道		流佐渡
大伴継人	左少弁	斬（首悪）
大伴竹良	右衛門大尉	〃
大伴真麻呂	主税頭	〃
佐伯高成	春宮少進	〃
大伴夫子	大和大掾	〃
(大伴？)湊麻呂		〃
多治比浜人	春宮主書首	〃
伯耆桴麻呂	近衛	斬（射手）
牡鹿木積麻呂	中衛	〃

〔補注〕和気広世の連座は『日本後紀』延暦18年２月21日条による．吉備泉の連座は推定（『続日本紀』延暦４年10月２日条参照）．大伴永主は大伴家持の子．大伴国道は大伴継人の子（『日本三代実録』貞観８年９月22日条参照）．大伴竹良の官職は『日本三代実録』前掲条による．

（『大日本古文書』四、一九九頁）、大伴夫子は天応元年（七八一）八月と同二年二月に造寺司少判《はん》官《がん》をつとめていた（『平安遺文《へいあんいぶん》』八、四二七八号、『大日本古文書』四、二〇四頁）。事件の関係者には早良親王の春宮坊の官人が多く、またその多くは造東大寺司の官人であった経歴をもつ者であった。東大寺時代からの側近が早良の春宮坊に横すべりし、その多くが事件に連座したといわれるのも当然といわねばならない。

早良親王の侍従

ただし、実行指揮者とみられる大伴継人が左少弁、同じく大伴竹良が右衛門大尉《うえもんのだいじょう》で、いずれも春宮坊の官人ではない点が注意される。この点に関しては、「両処記文」の記載が参考になろう。

延暦十一〔四〕年を以て、長岡京を造るの門〔間〕、面〔図〕らざるの外《ほか》、御従右近衛将監《うこのえのしょうげん》大伴竹良・牛〔牡〕鹿木積等、君主を横坐せむと犯せる所に依り、……

ここでは、大伴竹良と牡鹿木積（麻呂）が早良親王の「御従」と記されている。『続日本紀』天平十二年（七四〇）十一月五日条は、藤原広嗣《ひろつぐ》の従者を「菅成《すがなり》以下の従人已上《いじょう》、及び僧二人」、「広嗣の従三田兄人《みたのえひと》等二十余人」などと表現する。また『続日本後紀《しょくにほんこうき》』は承和の変に連座した皇太子恒貞《つねさだ》親王の関係者を、「坊司及び侍者・帯刀《たてわき》等」（承和九年〈八四二〉七月二十三日条）、「坊司《ぼうし》幷びに品官《ほんかん》の佐官以上、及び侍人《じじん》・蔵人《くろうど》・諸近仕者等」（同月二十六日条）などと記している。早良親王の御従とは広嗣の従人・従や恒貞親王の侍者・侍人に類するものであろう。大伴竹良と牡鹿木積（麻呂）は親王の近くに仕える従者であったと考えられる。

実行犯・大伴継人

大伴継人については、『日本三代実録《にほんさんだいじつろく》』貞観《じょうがん》八年（八六六）九月二十二日条に、

> 祖継人、官は従五位下左少弁と為る。延暦四年、皇太子の為に右衛門大尉大伴竹良と謀り、中納言兼式部卿藤原朝臣種継を射殺す。

とあり、「皇太子の為に」大伴竹良と謀って種継を射殺したと伝えられている。大伴継人も大伴竹良と同じく早良親王と特別な関係にあったことが推測できる。『元亨釈書《げんこうしゃくしょ》』桓武天皇十六年（七九六）条に「太子の党人、種継を射《う》ち、燭下《しょくか》に斃《たふ》る」とあるように、藤原種継は早良皇太子の党人によって殺害されたというのがより真実に近いのであろう。

早良の地位を脅かす種継

早良親王と藤原種継の関係が良好でなかったことは、『日本後紀』弘仁元年（八一〇）九月十日条に、種継暗殺事件の関係記事のことを、崇道天皇と藤原種継の「好《よ》からざるの事」と表現していることからもわかる。『元亨釈書』にも「初め早良太子、黄門侍郎《こうもんじろう》藤種継と郤《すきま》有り」とみえている。桓武の寵臣であった種継は桓武の意向をくんで、同じ式家《しきけ》出身の皇后乙牟漏が生んだ安殿親王に期待を寄せたはずで、皇太弟早良親王とは対

立する姿勢を示したと考えられる。諸氏の説くように、早良親王の皇太弟としての地位は、藤原種継の台頭と安殿親王の成長によって、このころには著しく脅かされていたのである。『日本紀略』延暦四年九月二十八日条に、「「藤原朝臣在らば安からず。此の人を掃ひ退けむ」と。皇太子に掃ひ退けむと云ふ。仍《すなわ》ち許し訖んぬ」とあるように、暗殺の首謀者たちは種継の存在を大きな脅威と感じ、これを除くことを決意したのである。

事件の主謀者

以上を要するに、種継暗殺事件に関与して処罰されたのは、早良親王の春宮坊に仕える大伴氏らの勢力であったが、事件の主謀者として中心的な役割をはたしたのは、早良親王の従者である大伴竹良や大伴継人らであった。桓武天皇の意向を背景に、安殿親王の立太子に向けて動きを強める種継の存在が、皇太弟早良親王の地位を脅かすものとみて、大伴継人らは暗殺を決行したと思われるのである。事件の背景にはやはり皇位継承をめぐる早良親王と安殿親王の対立があったとみるのが自然であろう。その意味では、春宮坊帯刀伴健岑《とものこわみね》らの動きを巧みに利用して、藤原良房《よしふさ》らが皇太子恒貞親王の廃立をはかった、いわゆる承和の変と同様の背景が想定されるのである。

早良は暗殺に関与したか

早良親王の事件への関与については、『日本紀略』延暦四年九月二十四日条が「因《より》て皇太子に啓《もう》し、遂に其の事を行ふ」と述べる。前述のように同月二十八日条では、さらに親王が種継暗殺に許可を与えたと記されている。しかし、実行犯への尋問には拷問をともなったであろうことを思うと、これらは早良を廃太子に追い込むための口実として、朝廷側が強要した自白である可能性が高い。そこで注目されるのが、前掲した「両処記文」に、親王が「図らざるの外」御従大伴竹良らの犯行に連座したとあることである。「図らざるの外」とは思いがけずという意味であろうから、大安寺周辺においては、種継暗殺は親王の意図ではなかったという見方が伝えられていたことがわかる。のちに桓武天皇が『続日本紀』中の種継事件の記述から、早良親王の関与を記した箇所を削除させたという事実は、桓武の朝廷が正式に早良有罪論を撤回したことを示すものであろう。早良が無実の罪で誅せられた六名の筆頭として御霊会《ごりょうえ》で祀られたこと（『日本三代実録』貞観五年五月二十日条）を考え合わせると、早良親王が種継暗殺事件に直接関与した可能性はきわめて低いと思われるのである。

　以上のように、種継暗殺事件は皇位継承問題を背景に、危機感をもった早良親王の従者らが、脅威と感じた種継を除いたものであったが、これ以外にも副次的な要因が存在したことが考えられる。そのことを考えるために、事件に連座した人物の経歴などを洗い直すことにしたい。

五百枝王

事件に連座した五百枝王は、父が施基《しき》親王の曽孫の市原《いちはら》王、母が桓武天皇の姉の能登《のと》内親王で、桓武や早良の甥にあたる人物である。父系をたどれば五世王《ごせいおう》であるが、桓武が即位した天応元年に、母系をたどり二世王《にせいおう》とみなすことが許された（『日本後紀』大同元年五月四日条）。宝亀年中に山部《やまべ》親王が重病に陥ったとき、五百枝王は紀勝長《かつなが》・津《つ》（のち菅《すが》野《の》）真道《のまみち》・紀木津雄《こつお》とともに四天王《してんのう》像を造って、回復の祈誓《きせい》を行った（『性霊集』巻七、菅平《かんぺい》章事《しょうじ》の為の願文）。天応元年から桓武天皇の侍従《じじゅう》となり、事件当時は、従四位上で右兵衛督・侍従・越前守《えちぜんのかみ》の要職をつとめていた。前述したように、『万葉集《まんようしゅう》』所収和歌の配列から、市原王ら施基親王系諸王《しょおう》は大伴家持・藤原八束《やつか》（真楯《またて》）らと深い親交があったことがうかがわれるので、五百枝王もそうした輪の中に入っていたことが想定できる。

木本好信氏は、桓武の姉能登内親王の遺子であり、二世王でもあった五百枝王は、有力な皇位継承者であり、安殿親王の地位を危うくする存在であったため、事件に連座して配流されたと論じている（木本好信「藤原種継の暗殺事件と五百枝王」、同『藤原種継』）。しかし、桓武が即位し、早良が立太子《りったいし》した段階で、皇位は和《やまと》（高野《たかの》）新笠《のにいがさ》の子孫によって継承されるという方向性が確認されていたと考えられるので、桓武の甥である五百枝王はそれほど有力な皇位継承者であるとは認めがたい。安殿親王が警戒すべき対抗馬は兄弟の伊予・神野《かみの》・大伴の各親王であったとみる方がよく、それはその後の歴史が証明している通りである。

藤原雄依

同じく事件に連座した北家《ほっけ》の藤原雄依は、母が式家良継《よしつぐ》の娘で乙牟漏の姉妹であったため、桓武皇后乙牟漏の甥にあたる。佐藤宗諄氏によると、参議に昇る藤原氏の数が激減したこの時期にあって、藤原雄依は種継の次に参議たりうる最有力の人物であった（佐藤宗諄「藤原種継暗殺事件以後」）。ただし注意すべきは、雄依が宝亀九年二月十八日に光仁天皇の侍従に任命されていることである（『続日本紀』）。同時期に侍従になっているのは藤原浜成《はまなり》・藤原鷹取《たかとり》・石川弥奈支麻呂《みなきまろ》で、藤原魚名《うおな》が内臣《ないしん》（のちに忠臣《ちゅうしん》）をつとめていたが、浜成・鷹取や魚名は延暦元年に左遷されている。前述のように、即位直後の桓武が内臣や侍従が政治を主導する体制を精算し、光仁の近臣を排除していったことを想起すると（鷺森浩幸「奈良時代の侍従」）、光仁の侍従であった雄依が左遷された背景にも、同様の理由が存在した可能性が高い。

早良親王派の幅広い人脈

このように桓武や乙牟漏の親族筋にもあたり、種継に対抗しうる有力貴族であった五百枝王や藤原雄依も、事件に連座して処罰されているのであり、早良親王派の勢力が幅広い人脈を擁していたことを物語っている。また、『日本後紀』延暦十八年二月二十一

日条の和気清麻呂《わけのきよまろ》薨伝《こうでん》に、

六男三女有り。長子広世《ひろよ》は起家して文章生《もんじょうせい》に補せらる。延暦四年、事に坐して禁《きん》錮《こ》せらるるも、特に恩詔を降して、少判事《はんじ》に除す。

とあるので、和気清麻呂の長子広世が種継事件に連座し、禁錮に処せられたが、桓武の恩詔によって赦免されていたことがわかる。父の清麻呂は摂津大夫《せっつのだいぶ》として長岡遷都を側面から援助したといわれ、広世自身もこののち延暦十三年には平安京の造宮使《ぞうぐうし》判官となっている（『掌中歴《しょうちゅうれき》』）。長岡京造営と関わりの深い和気清麻呂の長子広世も早良親王の勢力に加わっていたのである。和気広世の存在は、早良派が長岡遷都に反対したとする見方への有力な反証となろう。

さらに、吉備真備《きびのまきび》の子泉《いずみ》も、事件の直後に佐渡権守《さどごんのかみ》に左降されている（『続日本紀』延暦四年十月二日条）。吉備泉と事件との直接的な関わりは不明であるが、泉は延暦二十四年三月に五百枝王・藤原雄依らとともに、罪を免じて入京を許されているので、種継事件に関わって左降された可能性が高い。吉備泉は宝亀九年から延暦元年まで造東大寺司長官をつとめており、早良親王との接点が存在する。また、天応元年十二月の光仁天皇の葬儀では、大伴家持とともに山作司《さんさくし》をつとめている。このほか、『続日本後紀』承和九年十月十七日条の菅原清公《すがわらのきよとも》の薨伝に、「延暦三年、詔して東宮に陪《ばい》せしむ」とあるので、清公が文章生となる以前に、東宮の早良親王に陪従《ばいじゅう》していたことがわかる（鷺森浩幸「早良親王・桓武天皇と僧・文人」）。清公は延暦の遣唐使《けんとうし》の一員として入唐し、帰国後は『凌雲《りょううん》集《しゅう》』以下の勅撰三詩集《ちょくせんさんししゅう》の撰者となったほか、弘仁年間の唐風化政策を推進したことでも有名である（西本昌弘「「唐風文化」から「国風文化」へ」）。

早良派の政治的位置

このようにみてくると、早良親王の周辺には、春宮坊を固める大伴・佐伯両氏のほか、桓武や乙牟漏の親族筋にあたり、種継に対抗しうる有力貴族であった五百枝王・藤原雄依や、長岡遷都に協力した和気清麻呂の長子広世、造東大寺司長官の経歴を有する吉備泉、のちに嵯峨朝の唐風化政策を推進した菅原清公など、幅広く多彩な人材が集まっていたことがわかる。次代を担う皇太子たる早良親王のもとに、さまざまな人材が集うことは当然のことといってよい。大伴氏との関係のみをもって、早良親王派を守旧派とみなし、藤原氏に対抗する動きをしたとみなすのは妥当ではなかろう。

家持の死の影響

そもそも大伴氏、とくに大伴家持については、藤原氏との密接なつながりが指摘されている。家持の娘は南家《なんけ》の藤原継縄《つぐただ》に嫁している。また、大伴家持は藤原良継や佐伯今《いま》毛人《えみし》らとともに藤原仲麻呂《なかまろ》の暗殺計画を進めたが、計画が露見すると良継が主犯の責を負って処罰された（『続日本紀』宝亀八年九月十八日条）。家持は政治的に良継につながる人物であったから、良継の娘である乙牟漏やその子の安殿親王の立場にも理解を示していたであろう。佐伯今毛人が乙牟漏の皇后宮大夫《こうごうぐうだいぶ》に任じているのも、良継との関係によるものと想定できる。その意味では、大伴家持を媒介として、早良親王と安殿親王との間にそれなりの安定が保たれていたが、家持の死後に早良の地位が不安定になり、種継暗殺事件が起こったといえるかもしれない（鷺森浩幸「大伴氏」）。

桓武の政権掌握

以上を要するに、早良親王の周辺には、春宮坊を固める大伴・佐伯両氏のほか、桓武天皇の親族筋にあたる五百枝王・藤原雄依、和気広世・吉備泉・菅原是公など多彩な人材が集まっており、皇太子を支える体制が作られていた。しかし、大伴家持の死を契機に、それまで保たれていた安定が崩れ、早良の従者である大伴継人・竹良らが脅威を感じていた種継を排除したため、桓武はこの機会をとらえて、早良を廃太子に追い込み、早良の周囲にいた多くの人材を罪に問うた。桓武は政治的実権を握るために、延暦元年に光仁の近臣であった藤原浜成や魚名を失脚させていたが、このときも同様の経歴をもつ藤原雄依を左遷させ、さらに権力を盤石なものとしたのである。その意味では、これまでの研究史のうち、(4)皇位継承問題対立説を前提としたうえで、(1)大伴継人らの暴発説を採用するのが妥当であり、早良の関与については間接的なものであったと判断すべきであろうと思う。

安殿親王の立太子

延暦四年十月八日、桓武天皇は山科陵《やましなのみささぎ》・田原山陵《たわらのやまのみささぎ》・後佐保山陵《のちのさほやまのみささぎ》に使者を派遣して、早良親王の皇太子を廃することを報告した。山科陵は天智天皇陵、田原山陵は施基親王陵、後佐保山陵は光仁天皇陵である（吉川真司「後佐保山陵」）。光仁は崩御《ほうぎょ》後ひとまず聖武天皇らが眠る佐保山中に葬られたので、その山陵は後佐保山陵と称されたが、その後、改葬の準備が進められ、前述したように、延暦五年十月に施基親王陵に近い田《た》原東陵《わらのひがしのみささぎ》に改葬された。早良の廃太子は桓武や早良からみて直系にあたる三代の山陵に報告する必要があったのである。そして、早良廃太子から一ヵ月半後の十一月二十五日、桓武は長子の安殿親王を新たな皇太子に立てた。安殿親王はときに十二歳であった。藤原種継暗殺事件の背景には、皇太子早良親王と安殿親王の皇位継承をめぐる対立があったと考えられるが、早良親王の側近たちの暴発により、安殿親王の立太子が実現することになったのである。

春宮坊の人事

同日、大納言《だいなごん》の藤原継縄が皇太子傅《こうたいしふ》、参議の紀古佐美《こさみ》が春宮大夫、安倍広津麻呂《あべのひろつまろ》が春宮亮となり、大外記《だいげき》の朝原道永《あさはらのみちなが》と左兵衛佐《さひょうえのすけ》の津（のち菅野）真道が東宮学士となった。

桓武は安殿親王の春宮坊に腹心の継縄や古佐美を配して、若い皇太子を支えようとしたのである。長岡京の発掘調査では、東一坊大路の宮城に面する道路側溝から、「延暦十年」「春宮坊」などと書いた木簡が出土しているので、長岡宮内裏（東宮）の北東近くに春宮坊が存在したと考えられている（國下多美樹「長岡宮の構造と独自性」）。前述したように、早良親王の春宮坊は朝堂院《ちょうどういん》の東南方に想定されているが、安殿親王の春宮坊の位置はこれとは大きく異なって、内裏の背後に置かれており、あたかも桓武に庇護されるような立地をとっている。安殿親王は延暦七年正月十五日に十五歳で元服《げんぶく》の日を迎え、大納言の藤原継縄、中納言の紀船守《ふなもり》の二人から冠《かんむり》を加えられた。新皇太子は父桓武とその側近に守られ、また東宮学士から薫陶《くんとう》を受けながら、帝王学を学んでいったのであろう。しかし、元服から二年後の延暦九年には体に不調をきたすようになり、早良親王の祟りが疑われるようになるのである。

第五　早良親王の慰霊

一　慰霊行事の展開

桓武天皇の生母や后妃の死

藤原種継《ふじわらのたねつぐ》暗殺事件により早良親王が死を賜ってから三年後の延暦《えんりやく》七年（七八八）五月、桓武《かんむ》夫人《ふじん》であった藤原旅子《りょし》が三十歳で薨《こう》じた。旅子は桓武擁立に功績のあった百川《ももかわ》の娘で、延暦初年に後宮《こうきゅう》に入り、同五年に夫人となった。同年には大伴《おおとも》親王を生んでいる。延暦八年十二月二十八日には桓武の生母で皇太夫人《こうたいぶにん》であった高野新笠《たかののにいがさ》が崩じた。新笠は翌年正月十五日、長岡京《ながおかきょう》北方の大枝山陵《おおえのみささぎ》に葬られ、皇太后《こうたいごう》を追号《ついごう》された。新笠の悲報からまもない延暦九年閏《うるう》三月十日には、皇后《こうごう》の藤原乙牟漏《おとむろ》が危篤になり、二〇〇人を出家させて回復を祈ったが、その甲斐なく、その日に三十一歳の若さで崩御《ほうぎょ》した。乙牟漏は皇太子時代の桓武と結婚して、安殿《あて》親王・神野《かみの》親王・高志《こし》内親王を生み、延暦二年四月に皇后に立てられていた。乙牟漏は閏三月二十八日にやはり長岡京北方の長岡山《ながおかのみさ》陵《さぎ》に葬られた。ついで七月には坂上又子《さかのうえのまたこ》が卒した。又子は坂上苅田麻呂《かりたまろ》の娘で、やはり桓武の皇太子時代に選ばれて入内し、高津内親王《たかつないしんのう》を儲けていた。

飢饉と疫病

このように延暦七年以降、桓武の生母や后妃があいついで世を去ったことは、桓武やその周辺の人々に不審の念を抱かせたことであろう。とくに同八年から九年にかけて生母の新笠と皇后の乙牟漏を失ったことは、桓武に大きな打撃を与えたものと思われる。これに加えて延暦九年には、三月から諸国で飢饉《ききん》があったが、五月以降に雨が降らず、旱害《かんがい》の被害が広がり、八月には九州で八万八千余人が飢えに苦しんだ。秋から冬にかけては、京畿内で三十歳以下の男女が多く豌豆瘡《もがさ》（疱瘡《ほうそう》）を発症し、諸国にも一部波及した（『続日本紀《しょくにほんぎ》』）。有名な天平《てんぴょう》七～九年（七三五～七三七）の疱瘡流行以来、半世紀ぶりの疫病《えきびょう》流行であった（『類聚符宣抄《るいじゅふせんしょう》』巻三、皰瘡事《ほうそうのこと》）。こうした騒然とした情勢のなかで、九月には皇太子安殿親王が病床につき、京下の七寺で読経《どきょう》が行われた。このころから世間では、早良親王の御霊《ごりょう》の祟りが噂されたのであろう（大江篤「早良親王の「祟」と「怨霊」」）。この年に朝廷は淡路国《あわじのくに》に命じて、早良親王に守冢一烟《しゅちょういちえん》を充て、近在の郡司《ぐんじ》にその管理を行わせている（『類聚国史《るいじゅこくし》』巻二十五、延暦十一年六月十七日条）。

早良の怨霊

安殿親王の病気はなかなか全快しなかったようで、延暦十年十月二十七日には、親王みずから伊勢神宮《いせじんぐう》に向かい、十一月十一日に帰京した。翌十一年六月五日には、皇太子の病気のため、畿内の有力神社に奉幣《ほうべい》を行ったが、六月十日に神祇官《じんぎかん》が皇太子の病気についてト《うらな》うと（大江篤「早良親王の「祟」と「怨霊」」、崇道《すどう》天皇（早良親王）の祟りが原因であると出たため、朝廷は諸陵頭《しょりようのかみ》の調使王《つきおう》らを淡路国に派遣して、早良の霊に謝し奉《しゃたてまつ》った。六月十七日には、去る延暦九年に淡路国に早良親王墓の管理を命じたが、十分に守衛しなかったために、祟りを引き起こしたのであるとして、今後は冢下《ちょうか》に隍《こう》（堀）を設け、早良の墓を清潔に保つように厳命した。

長岡京から平安京へ

藤原種継の暗殺後も長岡京の造営事業は継続された。正式な太政官《だいじょうかん》政務の場である太政官院（朝堂院《ちょうどういん》）は、延暦五年七月にようやく完成し、百官がはじめて朝座《ちょうざ》に就いた。延暦七年九月に桓武天皇は、水陸の便がよいので都を長岡に遷したが、宮室はいまだに完成せず、造営工事が多すぎるので、百姓《ひゃくせい》は徴発に苦しんでいると歎いている。延暦八年二月には、桓武の内裏《だいり》が西宮《さいぐう》から東宮《とうぐう》に移された。短期間に二つの内裏を造営するのも、民衆に負担をかけたことであろう。延暦八年から九年にかけては、生母の新笠や皇后の乙牟漏が亡くなり、皇太子の安殿親王も発病したため、早良親王の祟りが疑われはじめた時期である。延暦十一年には、安殿の病は早良の祟りが原因であるとト定《ぼくじょう》された。

和気清麻呂《わけのきよまろ》の薨伝《こうでん》（『日本後紀《にほんこうき》』延暦十八年二月二十一日条）には、

長岡の新都は十年たってもまだ完成せず、その費用は莫大なものになっている。清麻呂は密かに上奏して、遊猟《ゆうりょう》に出かけることを口実に、天皇に葛野《かどの》の地を視察させ、さらに上都（平安京《へいあんきょう》）に遷都させた。

造営計画の破綻

とある。清麻呂は長岡京の造営がはかばかしく進まないのをみて、天皇に葛野の地への遷都を勧めたという。造営準備が整わない段階で、変化に富んだ地形の向日《むこう》丘陵に遷都したために、長岡京の造営計画には無理が出てきたのである（網伸也「平安京造営過程に関する総合的考察」）。桓武は延暦十一年の正月・五月・九月・閏十一月の四度、葛野川《かどのがわ》（桂川《かつらがわ》）やその近くの登勒野《とろの》へ遊猟に出かけているが、これが遊猟に名を借りた桓武による葛野の地の視察だったのであろう。翌十二年正月十五日、遷都のため藤原小黒麻呂《おぐろまろ》・紀古佐《きのこさ》美《み》らを葛野郡宇太《うだ》村に派遣して、地相を観察させ、同月二十一日には長岡宮を壊すために、天皇は長岡京の左京北辺付近に急造した東院《とういん》に遷居している。こうして葛野川と鴨《かも》川《がわ》に挟まれた平野に新たな王都が造営され、桓武は延暦十三年十月に新京へ移った。平安遷都である。

早良の死と遷都

桓武がこのように長岡京を捨て、平安京への遷都を急いだ背景には、早良親王の怨霊の影響があると考えられてきた。喜田貞吉は、延暦十一年が平安遷都の議の起こった年であることに注意し、和気清麻呂が早良親王の幽魂を慰めるために、早良と対立した種継の事業を破棄して、平安京へ遷都することを思い立ったとする（喜田貞吉『帝都』）。また北山茂夫氏は、あいつぐ皇室の凶事は早良の怨霊の祟りであるとみた桓武は、早良は長岡京で自害したのだから、新しい清浄の地に移るほかないと考え、心の平安を求めるために平安京に遷都したと論じた（北山茂夫『日本の歴史四　平安京』）。

長岡京廃都の主要因は宮都の構造的な問題や地形上の制約に求められるから、早良親王の怨霊問題を過度に強調するのは適当ではないと思うが、早良の祟りがはじめて卜定された延暦十一年に遷都への動きがはじまり、翌年には桓武みずから長岡宮内裏を離れているのは、早良の死と関わる長岡宮の内裏や春宮坊《とうぐうぼう》、右京《うきょう》の乙訓寺《おとくにでら》などとできるだけ離れた地に住むことを望んだからではないか。その意味では、長岡廃都や平安遷都と早良の怨霊とを結びつける旧説にも一定の意味はあるように思う。長岡遷都の翌年に起こった藤原種継暗殺事件で寵臣種継と早良親王を失った桓武は、事件の後遺症に長く悩まされ、結局は種継が造営を主担した長岡京をも失ってしまうことになるのである。

善珠による早良慰霊

その後、興福寺《こうふくじ》僧の善珠《ぜんじゅ》が早良の祟りを鎮め、安殿親王の病を治すために、朝廷に求められて修法《しゅほう》を行うことになる。『扶桑略記《ふそうりゃっき》』延暦十六年正月十六日条には、次のように記されている。

興福寺の善珠を僧正《そうじょう》に任ず。皇太子病悩《びょうのう》の間、般若《はんにゃ》の験《げん》を施し、仍《よ》りて抽賞《ちゅうしょう》せらる。

……其の後、親王の亡霊、しばしば皇太子を悩ます。善珠法師《ほっし》、請《こい》に応じ、乃《すなわ》ち祈《き》請《しょう》して云《い》はく、親王、都を出るの日、篤く遺教《いきょう》を蒙《こうむ》る。乞ふ、少僧の言を用ゐ、悩乱の苦を致すこと勿《なか》れと。即《すなわ》ち般若を転読し、无相《むそう》の理《ことわり》を説く。此《こ》の言未だ行はざるに、其《そ》の病立ちどころに除かる。茲《これ》に因《よ》りて昇進し、遂に僧正を拝す。人となり忠を致し、自ずから其の位を得るなり。已上国史。

皇太子の治癒

前述のように、善珠は早良親王が廃太子されんとするとき、早良に讐《しゅう》を絶ち、怨を結ぶなかれと諭した興福寺僧であった。早良の最期に深く関わった僧侶であったために、安殿親王が早良の亡霊に悩まされたときに、それを除く人物として現れてきたのである。善珠は皇太子を悩ます早良の亡霊に対して、早良が都を出る日にその遺教を聞き届けた（白業《びゃくごう》を修《しゅう》した）ので、私の言葉にしたがって、悩み乱す苦悩をもたらすことなかれと訴えた。そして般若経《はんにゃきょう》を転読し、無相《むそう》の理を説いたところ、皇太子の病は立ちどころに除かれたので、その功績によって僧正に任命されたというのである。「已上《いじょう》国史」と注記されていることから、この記事は正史からの引用である可能性が高い。『日本後紀』延暦十六年正月十四日条には、善珠を僧正、等定《とうじょう》を大僧都《だいそうず》、施暁《せぎょう》を少僧都《しょうそうず》に任じたとある。善珠はこれ以前に僧綱《そうごう》に任命されたことがないので、安殿の病気を治した功績によって、僧正に直任されたことになる。

般若経と鎮魂

善珠は般若経を転読し、無相の理を説くことによって、早良の亡霊を鎮めたのであるが、般若経は空《くう》＝無相の思想を説くものであった。空＝無相の理とは、善と悪、悟りと迷いというような区別に囚われることなく、執着を離れた境地に達すれば、行いはおのずから善に合致し、そこに対立を残さないという思想である（中村元ほか「解題」）。般若（空＝無相の理）の解釈をめぐっては、識《しき》（智《ち》）を介在させる法相宗《ほっそうしゅう》と、介在させない三論《さんろん》宗《しゅう》・華厳宗《けごんしゅう》とでは大きな相違があったが（山口益「無着世親の瑜伽唯識」）、善珠は法相宗の立場から般若の理を述べ、執着を離れるべきことを説いたのであろう。『扶桑略記』延暦十六年四月二十一日条は、善珠がこの日に七十五歳で卒すると、皇太子は善珠の形像を図して、秋篠寺《あきしのでら》に置いたと書いている。ここにも「已上国史」という注記があるので、正史の記載を伝えるものであろう。善珠の死後、安殿親王は善珠の肖像を描かせて秋篠寺に安置し、善珠がなお生けるがごとく、早良の亡霊から我が身を守ってくれるように祈請したのである（直木孝次郎「秋篠寺と善珠僧正」、須田春子「早良親王御霊と秋篠寺」）。

延暦十六年五月十九日には、恠異（怪異）があったため、禁中《きんちゅう》と東宮において金剛《こんごう》般若経が転読された。このため翌二十日には、僧二人を淡路国に派遣し、転読《てんどく》・悔過《けか》し、崇道天皇（早良親王）の霊に謝した。善珠が般若経を転読して、早良の亡霊を鎮めたことを契機に、怪異に対しては、金剛般若経などの般若系の経典を転読することが定着していったことがわかる。延暦十八年二月十五日には、春宮亮《とうぐうのすけ》の大伴是成《これなり》と伝燈大法師《でんとうだいほうし》の泰信《たいしん》を淡路国に派遣し、幣帛《へいはく》をもたらして崇道天皇（早良親王）の霊に謝した。

本格化する慰霊

延暦十九年になると、早良親王と井上《いのうえ》内親王の慰霊が本格化することになった。井上内親王は光仁《こうにん》天皇の皇后であったが、宝亀三年（七七二）三月に光仁を呪詛《じゅそ》したとして皇后を廃された。その後、子の他戸《おさべ》親王とともに大和国宇智郡に幽閉され、宝亀六年四月に母子同日に亡くなった。延暦十九年七月二十三日に桓武は、朕《ちん》思うところありとして、故皇太子の早良親王を崇道天皇と追称し、故廃后の井上内親王を追復して皇后と称し、その墓は並びに山陵と呼ぶように命じた。また、春宮亮の大伴是成に陰陽師《おんみようじ》・衆僧《しゅそう》をひきいて淡路国に向かわせ、崇道天皇陵（早良親王墓）に鎮謝《ちんしゃ》させた。ここにいたって、早良親王は「故皇太子」と呼ばれただけではなく、天皇号を追贈され、あわせて光仁の皇后であった井上内親王にも、皇后号が追贈されることになったのである。そして、二人の墓は山陵に格上げされた。早良親王と井上内親王の名誉回復が同時並行的に行われたことが注目される。二十六日には、淡路国津名《つな》郡の戸二烟《こにえん》を指定して、崇道天皇陵を守らせ、大和《やまと》国宇智《うち》郡の戸一烟を指定して、井上皇后陵を守らせることとした。後述するように、淡路国にあった崇道天皇陵の確かな位置は不明であるが、陵戸《りょうこ》が津名郡に置かれているので、山陵も津名郡にあったことは疑いないところであろう。二十八日には、少納言《しょうなごん》の称城《しょうぎ》王（あるいは稲城《いなぎ》王か）を派遣して、天皇号追尊《ついそん》のことを崇道天皇陵に告げ、葛井《ふじい》王を派遣して、皇后号復位のことを井上皇后陵に告げさせた。

桓武の病

延暦二十三年の年末から桓武天皇の健康状態はにわかに悪化し、予断を許さないようになった。ときに桓武は六十八歳である。十二月二十五日には、桓武の病気のため、平《へい》城京《じょうきょう》の七大寺《しちだいじ》に綿五六〇斤《きん》を支給して誦経《ずきょう》させた。翌延暦二十四年の元日朝賀《がんじつちょうが》は、聖体不予《せいたいふよ》のため廃朝《はいちょう》とされた。正月十四日には容態が急変したのであろう、明け方に桓武は皇太子を急ぎ召したが、なかなか参上しない。さらに藤原緒嗣《おつぐ》に呼びにいかせて、

慰霊に尽力する桓武

ようやく参内した皇太子を枕元に召し、長々と指示を伝えた。その後桓武は、右大臣《うだいじん》の神王《みわ》に命じて、菅野真道《すがののまみち》と秋篠安人《あきしののやすひと》を参議《さんぎ》に昇任させ、大法師勝虞《しょうぐ》を召して、鷹と犬の放却を託した。遊猟好きの桓武が鷹と犬の解放を命じたのであるから、その死期を悟って、皇太子や大臣に後事を託すとともに、善行を積もうとしたのであろう。側近の官人はみな涙を流したという。同時に桓武は、崇道天皇のために淡路国に寺を建てることを命じた。また、諸国の国衙《こくが》に国内諸寺の塔の修理を命じている。

最期を覚悟した桓武であったが、その後、容体は持ち直したようで、さらに崇道天皇の慰霊に力を入れることになる。二月六日には、僧一五〇人を宮中・春宮坊《とうぐうぼう》に招いて大般若経を読ませた。また、一小倉を霊安寺《りょうあんじ》に造り、稲三〇束を収めるとともに、別に調綿《ちょうめん》一五〇斤、庸綿《ようめん》一五〇斤を収めて、神霊の怨魂《えんこん》を慰めることを命じた。ここにみえる霊安寺は、井上内親王の慰霊寺院であった霊安寺のことと思われるが、この記事を『類聚国史』は巻二十五、追号天皇の崇道天皇の項に引用しているので、この前月に淡路国に建てられた早良のための寺院であると考えてよいだろう。『大日本史《だいにほんし》』巻八十八が「霊安寺を淡路に創《はじ》め、小倉を造る」と書いているのをはじめとして、霊安寺は淡路国の寺であったとみる論者が多い（直木孝次郎「社会の変動」、林陸朗「早良親王」、牛山佳幸「早

良親王御霊その後」、池田裕英「崇道天皇陵」、山﨑雅稔「貞観五年神泉苑御霊会の政治史的考察」）。

五百枝王の帰還

これより先の延暦二十一年六月、伊予《いよ》国に配流されていた五百枝《いおえ》王は、府下（伊予国府《こくふ》近傍）に居住することを許されたが、延暦二十四年三月になると、五百枝王は吉備泉《きびのいずみ》・藤原浄岡《きよおか》・山上船守《やまのうえのふなもり》らとともに罪を免じられ、入京を許されている。

諸国の小倉と稲三〇束

ついで延暦二十四年四月五日には、諸国に命じて、崇道天皇のために小倉を建て、正税《しょうぜい》四〇束を納めさせた。あわせて崇道天皇を国忌《こき》・奉幣の列に預からしめている。怨霊に謝すためであるという（『日本後紀』）。『類聚三代格《るいじゅさんだいきゃく》』巻十二、承和《じょうわ》九年（八四二）二月二十五日官符《かんぷ》所引の延暦二十四年四月四日官符によると、崇道天皇のために諸国に正《しょう》倉《そう》を造れという勅命《ちょくめい》を受けて、国司《こくし》の掾《じょう》以上一人がそのことを担当し、郡別に倉を造り、稲四〇束を納めさせた。倉の規模などは収納物数に准じ、経費は正税を用いることとした。桓武の勅命により、諸国の各郡に設けられた正倉群内に、早良親王のために稲四〇束を納める小倉一棟が建てられ、国司一人が担当して管理することとなったのである。この小倉の意味については、のちに詳しく検討することにしたい。

国忌と奉幣

崇道天皇を国忌・奉幣の列に預からせるとは、早良親王の忌日《きじつ》に毎年ゆかりの寺院で法会《ほうえ》を行わせ、毎年十二月に崇道天皇陵に特別の品々を捧げることを命じたことを意味する。国忌と奉幣（別貢幣）はときの天皇にとって特別の存在である直系近親のため、毎年寺院と山陵とで行われた追善と慰霊の行事であったが、早良親王はこの二つの重要な行事の対象とされたのである。諸国正倉中への小倉の設置とともに、早良への慰霊を将来にわたって継続しようという桓武の意思をうかがわせるものである。早良に対する国忌・奉幣のその後の変遷については後述する。

桓武天皇の危篤

延暦二十四年四月六日、桓武は皇太子以下参議以上を召し、後事を託した。四月十日には、近衛大将《このえだいしょう》の藤原内麻呂《うちまろ》と近衛中将《ちゅうじょう》の藤原縄主《ただぬし》に命じて、兵仗殿《ひょうじょうでん》の鎰《かぎ》（鍵）を東宮に渡した。兵仗殿とは内裏内にあった内兵庫《ないひょうご》、具体的には内裏脇殿の春興殿《しゅんこうでん》や安《あん》福殿《ふくでん》をさすのであろう。春興殿・安福殿には甲冑が収納され、戸口に鍵がかけられていた（吉田歓「内裏の脇殿」）。近年、長岡宮の内裏（東宮）跡の発掘調査で、のちの春興殿に相当する位置から鉄甲の小札《こざね》が出土している（梅本康広「長岡宮内裏収蔵の小札甲」）。その鍵を皇太子に託すことで、桓武は天皇権力の一部を委譲したのである。

改葬崇道天皇司

四月十日には改葬崇道天皇司を任命している。早良親王の墓は淡路国にあり、山陵に格上げされたのちには、その近傍に寺院（霊安寺）も建てられていたが、ここにいたって桓武は大和国に改葬することとし、改葬のための官司を立ち上げたのである。六月には遣唐使《けんとうし》の第一船が帰国し、大使の藤原葛野麻呂《かどのまろ》が帰国報告を行った。七月一日に大使が節刀《せっとう》を返上したあと、七月二十七日には「唐国《とうこく》の物《もの》」（唐皇帝からの下賜品）を山科陵《やましなのみささぎ》（天智《てんじ》天皇陵）・後田原陵《のちのたわらのみささぎ》（光仁天皇陵）・崇道天皇陵の三陵に献上した。このときまでに早良親王は大和国に改葬されていたのであろう。

一切経の書写

十月二十五日には、崇道天皇のために一切経《いっさいきょう》を書写した。写経にしたがった書生《しょしょう》には、功績にしたがって叙位《じょい》と得度《とくど》が認められた。『元亨釈書《げんこうしゃくしょ》』には「道を慕ふ者は得度、余は叙位」とあるので、仏道入門を志す人には、崇道のための写経によって得度が許されたのである。大和にも早良を慰霊するための寺院を建立する計画があり、そこに止住する僧侶を創出する役割を果たしたのであろう。十月二十八日からは、平安宮の内裏前《ぜん》殿《でん》（のちの紫宸殿《ししんでん》）において三日間の読経が行われた。

桓武の病気回復を祈る

なお、東大寺文書として伝わる延暦二十四年九月二十四日付けの内侍宣《ないしせん》（『平安遺文《へいあんいぶん》』八、四三一八号）によると、太上天皇《だじょうてんのう》御霊のために、奈良七大寺の衆僧に九月二十六日から十月三日まで七日間の読経が命じられ、東大寺に内舎人《うどねり》安倍広主《あべのひろぬし》が派遣されて名香《めいこう》をもたらしている。この太上天皇御霊を早良親王御霊のこととみなし、早良親王のために南《なん》都《と》七大寺で読経が行われたとみる意見もあるが（牛山佳幸「早良親王御霊その後」、横内裕人「現

死の床で罪を許す

存唯一の宣旨」）、ここにみえる太上天皇は、桓武朝における直近の太上天皇という意味で、光仁天皇をさすと考えるべきであろう（中野渡俊治「平安時代初期の太上天皇」）。桓武はこの時期、唐で密教《みっきょう》を受法して帰国した最澄《さいちょう》を招き、内裏殿上《てんじょう》でたびたび修法を行わせたほか、桓武の身代わりとして修円《しゅえん》・勤操《ごんぞう》らに高雄山寺《たかおさんじ》や野寺西野《のでらのせいや》などで灌頂《かんじょう》を受法させた。この修法や灌頂受法は桓武の病気回復を祈る意味があったと思われる（薗田香融「最澄とその思想」、西本昌弘「迎空海使としての遣唐判官高階遠成」）。光仁天皇御霊への読経も含めて、あらゆる手段によって桓武の回復を祈願しようとしたのであろう。

桓武天皇の病状は重篤な状態を続けながらも、延暦二十四年の年末まではなんとか持ちこたえた。翌延暦二十五年の元日朝賀は聖体不予のため廃朝となった。この間、尚縫《ぬいとののかみ》の五百井《いおい》女王は桓武の病気平癒を祈って、薬師《やくし》仏像を造り、法華経《ほけきょう》を書写していたが、二月二十三日にその事業が完了したので、僧二一人を招いて、平安宮の内裏前殿で斎会《さいえ》が催され、百官が参会したという。五百井女王は種継暗殺事件に連座《れんざ》した五百枝王の姉であり、桓武・早良の姪にあたる人物である。三月中旬には桓武はいよいよ危篤に陥ったようで、三月十五日には意識が薄れるなか、五百枝王を枕元に呼び寄せた。五百枝王は前年三月に罪を許され、入京を許されていた。

そして十六日には、五百枝王を本位の従四位上に復し、氷上川継《ひかみのかわつぐ》・藤原清岡《きよおか》（浄岡）を本位の従五位下《じゅごいのげ》に復した。そして崩御当日の十七日には、次のような措置が命じられた。延暦四年のことにより配流された人々について、すでにこれ以前に無罪放免としていたが、今また思うところがあり、死者・生者を問わず、本位に叙することとし、大《おお》伴家持《とものやかもち》は従三位《じゅさんみ》に、藤原小依《およリ》（雄依）は従四位下に、大伴継人《つぐひと》・紀白麻呂《しろまろ》は正五位上に、大伴真麻呂・大伴永主《ながぬし》は従五位下に、林稲麻呂《はやしのいなまろ》は外従五位下にそれぞれ復することとした。藤原種継事件において首悪《しゅあく》（主犯）とされた大伴継人・大伴真麻呂らはいうまでもなく、連座して配流された五百枝王・藤原雄依らがみな罪を許され、本位に復されたのである。桓武が死を前にして甥の五百枝王をまず召し、五百枝王の復位を皮切りとして、主犯・連座者の位階《いかい》を元に戻していったのは、親族である甥の五百枝王に厳しい刑を科したことを後悔し、そのことに対する謝罪をまず優先したということであろう。

桓武の死

その意味では、同母弟の早良親王を死に追いやったことに、桓武が痛恨の思いを抱いていたことは想像にかたくない。最後に桓武は、崇道天皇のために諸国の国分寺僧が春秋二仲月《しゅんじゅうにちゅうげつ》（二月・八月）の七日間、金剛般若経を読むことを命じたあと、しばらくして内裏の寝殿《しんでん》において七〇年の生涯を閉じた。『類聚三代格』巻三、延暦二十五年三月

十七日官符には、

　応《まさ》に五畿内七道《しちどう》諸国をして、金剛般若経を転読せしむべき事

右、右大臣の宣《せん》を被《こおむ》るに偁《い》はく、勅《ちょく》を奉《うけたまわ》るに、崇道天皇の奉為《おんため》に永く件《くだん》の経を読ましめよ者《てへり》。宜《よろ》しく便《すなは》ち国分僧をして春秋二仲月に別に七日、心を存して読み奉《たてまつ》り、経幷《なら》びに僧の数は朝集使《ちょうしゅうし》に附《ふ》して言上せしむべし。其の布施《ふせ》は、三宝《さんぼう》は調綿十屯、衆僧は各調布《ちょうふ》一端。自今以後《じこんいご》、立てて恒例と為《な》せ。

とあり、諸国国分寺における崇道天皇のための読経について、より詳しい内容が記されている。これによると、国分寺における崇道天皇のための読経は「永く」「心を存して」行われるべきものであった。また、読み上げられた経典数と僧数とは朝集使が報告することになっていた。崇道の御霊を慰めるための読経が、桓武の死後も長く確実に行われるような手立てが講じられていたのである。読経のための三宝布施料と衆僧布施料も定められているが、布施料の詳細については後述したい。

　このように、桓武天皇は藤原種継事件の主犯や連座者に復権の措置を講じ、早良親王に対しては永く諸国国分寺で慰霊の行事を執り行うよう命じてから亡くなった。死の間際まで事件の処置や実弟への仕打ちを気にかけ、後悔の念にさいなまれていた可能性が

ある。事件後にここまでの名誉回復と慰霊行事が行われるのは異例であり、種継暗殺事件の特殊性をうかがせるものといえよう。

平城天皇による慰霊

三月十七日に桓武が崩御すると、皇位の象徴である璽《じ》と剣《けん》を納めた櫃《ひつ》は皇太子安殿親王のもとに移された。先帝の死後、ただちに剣璽を新帝の御在所《ございしょ》に移す、いわゆる剣璽《けんじ》渡御《とぎょ》の史上最初の例である。この日、東宮の寝殿上に血が降り注いだとあるのは、何を意味するのか不明であるが、新天皇の治世の行く末に暗い影を投げかけているようである。こうして五月十八日に安殿親王が即位して平城《へいぜい》天皇となり、その日に延暦から大同《だいどう》への改元が行われた。

平城天皇はその年の冬、早良親王のために八嶋寺《やしまでら》を創建した。『元亨釈書』には、延暦二十五年（大同元年）の冬、「山階《やましな》」地に八嶋寺を建て、天下に勅《ちょく》して、州租《しゅうそ》を分け、別倉に入れ、八嶋寺に運び納めたとある。また、毎年度者《どしゃ》一人を置き、崇道天皇に薦めたとも記す。『水鏡《みずかがみ》』にも、「今年（大同元年）崇道天皇ノ御為《おんため》ニ山城国《やましろ》ヤマシナニ八嶋寺ヲ建給テ、諸国ノ正税ノ上分《じょうぶん》ヲ奉テ祈リ鎮メ奉給キ」とある。ただし、「両処記文」には、「大同元年を以て、山陵地に伽藍《がらん》を建立し、八嶋寺と号す。勅《ちょく》して利稲《りとう》三千束を施《せ》入《にゅう》し、大和国より下行す」とあるので、『元亨釈書』などが「山階」地に創建したとするのは誤りで、正しくは「山陵」地に創建されたのである。また、諸国正税の上分を八嶋寺に運び納めたように記すのもおそらく誤解で（牛山佳幸「早良親王御霊その後」）、「両所記文」が記すように、八嶋寺には大和国の正税三〇〇〇束が施入されたのであった。早良親王は前年七月までに大和国に改葬されていたが、平城天皇は改葬地の近傍に「陵《りょう》寺《じ》」として八嶋寺を創建したのである（西山良平「〈陵寺〉の誕生」）。

大同二年八月十四日には、大和・山城二国に八嶋陵《やしまのみささぎ》・河上陵《かわかみのみささぎ》（平城天皇贈皇后藤原帯子《たいし》陵）・柏原陵《かしわばらのみささぎ》（桓武天皇陵）の兆域《ちょういき》を定めさせた。とくに八嶋陵と河上陵の四至内《ししない》には百姓の田地があるので、代替地として乗田《じょうでん》を与えることとした（『類聚国史』巻三十六）。この三陵は桓武死去前後に定められたものなので、平城天皇即位後にその整備がはかられたのであろう。平城朝には父と叔父と正妻の陵墓《りょうぼ》がもっとも尊重されたことを示すものである。

嵯峨天皇による慰霊

平城天皇は約四年間皇位にあったが、大同四年四月、去年より体調が万全でなく、政務も怠りがちであるため、譲位《じょうい》して静養したいと述べ、皇太弟《こうたいてい》の神野親王に譲位した。嵯峨《さが》天皇である。平城上皇《じょうこう》は転地療法のため、各地に宮地を探索させ、結局は十二月に平城宮《へいじょうきゅう》に幸した。この前後から嵯峨天皇が病床につくようになり、大同五年の七月から八月にかけては重篤に陥った。七月十三日には天皇不予のため、川原寺《かわらでら》と長岡寺に使者を遣わして誦経を行わせた。長岡寺は早良親王が幽閉された乙訓寺をさすのであろう（西本昌弘「川原寺の古代史と伽藍・仏像」）。同月二十七日には崇道天皇のために一〇〇人、伊予《いよ》親王のために一〇人、藤原吉子《きつし》のために二〇人の僧を得度させ、二十九日には崇道天皇のために川原寺で法華経一部を書写させた。

嵯峨天皇の病状が悪化したさいに、早良親王・伊予親王・藤原吉子らの祟りが疑われたのであろう。早良や伊予・吉子のために得度が行われ、彼らが幽閉された、あるいは最後を迎えた乙訓寺や川原寺において、誦経や写経が実施されたのである。早良親王が死を賜った桓武朝から二代を隔てても、早良の怨霊は天皇の身体に影響を与えるとみなされたのであった。川原寺において崇道天皇のために写経が行われているのは、早良の御霊が乙訓寺だけではなく、伊予や吉子の慰霊の場にも浸透しつつあることを示唆するであろう。

弘仁《こうにん》五年（八一四）八月十八日には、大和国の八嶋寺で一茎に一八穂を付けた嘉禾《かか》が見つかった（『日本後紀』）。延喜治部省式《えんぎじぶしょうしき》の祥瑞《しょうずい》条には、嘉禾が下瑞《かずい》として掲げられており、一茎に数穂を繁り連ねるなど珍しい稲穂が、天皇の治世をほめる祥瑞の一つとみなされていた。八嶋寺から祥瑞が出現したとされているのは、嵯峨天皇が崇道天皇の影響力を重視していたあらわれと思われる。

二　陵墓と寺院

淡路国の早良親王墓

早良親王は淀川《よどがわ》中流の高瀬橋の頭《ほとり》で亡くなったが、その遺体は淡路に送られて葬られた（『日本紀略《にほんきりゃく》』）。「両所記文」は淡路の海辺に葬り奉ったと書いている。延暦九年（七九〇）以降、早良親王墓には守冢を置き、堀を設けるなど、手厚い管理が行われた。この早良親王墓は淡路国のどこに営まれたのであろうか。

前述したように、延暦十九年七月二十六日、淡路国津名郡に崇道天皇陵の守戸《しゅこ》二烟が設定されているから、崇道天皇陵自体も津名郡にあったものと思われる。元禄《げんろく》元年（一六八八）序の碧湛《へきたん》『淡国通記《たんこくつうき》』は、津名郡郡家荘《ぐんげのしょう》の北村《きたむら》と下川井《しもかわい》村の境の高島《たかしま》というところに、松を数株植えたところがあり、口碑《こうひ》の所伝に廃帝《はいてい》（淳仁《じゅんにん》天皇）陵《りょう》というと述べる。享保《きょうほう》十五年（一七三〇）の仲野安雄《なかのやすお》『淡路常磐草《あわじときわぐさ》』は、廃帝の淡路陵《あわじのみささぎ》は延喜《えんぎ》諸陵寮式《しょりょうりょうしき》に三原《みはら》郡にありと記すので、郡家郷の下川井にある高島（松の生えた円山）は廃帝陵ではなく、

陵墓の伝承

高島の森

崇道天皇の山陵であることは疑いないと説いた。文政《ぶんせい》八年（一八二五）の藤井容信・彰民《あきたみ》『淡路草《あわじぐさ》』は、下川井村に崇道天皇陵があると述べ、山陵の辺より先年、壺を数々掘り出したことを、図入りで紹介している。天保《てんぽう》三年（一八三二）の渡辺月亭《わたなべげってい》『淡路堅磐草《あわじかきわぐさ》』や、安政《あんせい》四年（一八五七）の小西友直《こにしともなお》・錦江《きんこう》『味《あわ》地草《じぐさ》』も、下川井村の高島を崇道天皇陵とし、嘉永《かえい》四年（一八五一）の暁鐘成《あかつきのかねなり》『淡路名《あわじめい》所図会《しょずえ》』も『淡路常磐草』にしたがっている。

以上のように、近世の淡路国の地誌《ちし》類では、『淡路常磐草』以降、郡家郷下川井村（現在の淡路市下河合《しもかわい》）の高島の円丘を崇道天皇陵にあてる意見が通説化するようになっ

天王の森

た。これが明治《めいじ》以降も継承されて、淡路における崇道天皇陵は下川井（下河合）の高島の森であるという見方が定着した（吉田東伍『大日本地名辞書』、上野竹次郎『山陵』、新見貫次「奈良時代の政治」）。ただし、『淡国通記』が記すように、近世前期には、高島の森は廃帝陵であると言い伝えられていたから、地元ではこうした伝承が根強く残ったようで、ここを淳仁天皇陵とする意見と早良親王墓とする意見の間で、昭和三十年代半ばから同四十年代にかけて激しい論争が行われた（濱岡きみ子「古代の伝承地」）。

一方で崇道天皇陵の比定地には、下河合の高島の森とともに、北淡町仁井《にい》（現在の淡路市仁井）の天王の森があることも紹介されている（池田裕英「崇道天皇陵」、日本歴史地名大系、角川日本地名大辞典）。天王の森説の発端になったと思われるのが、明治三十一年（一八九八）に仁井村の宮本清吉らが兵庫県知事を通して宮内省《くないしょう》に上申した「古陵御取調願《こりょうおとりしらべねがい》」である。宮本らは、津名郡仁井村の天王宮は往昔より天王の森と唱え、近郷の口碑に早良親王の御陵所なりといい、近辺の田畑の字にも早良の池があり、由緒の深遠なる霊地と思われるので、遺跡を発掘して事実を解明してほしいと願い出たのである。これに対して、宮内省ではすでに大和国八嶋陵に崇道天皇陵を治定しているので、詮議に及ばずと結論づけた（宮内庁宮内公文書館所蔵「淡路国津名郡仁井村崇道天皇陵ニツキ上申」）。

霊安寺建立

延暦二十四年正月には、崇道天皇のために淡路国に寺院を建立することが命じられた。霊安寺と呼ばれたこの寺院は、山陵の近くに営まれたであろうから、この寺院の位置を探ることも、崇道天皇陵の場所を求める手がかりとなる。『淡国通記』は津名郡久野々《くのの》村の常隆寺《じょうりゅうじ》を廃帝（淳仁天皇）の御願寺《ごがんじ》としたが、『淡路常磐草』は郡家郷の早良陵は久野々村に近いから、常隆寺は崇道天皇のために淡路に創建した寺であろうとした。一方、『淡路草』は久野々村の常隆寺、郡家中《ぐんげなか》村の妙京寺《みょうきょうじ》などが、早良のために創建された寺であるとし、この見方が『淡路堅磐草』や『淡路名所図会』などに継承された。妙京

郡家の場所

妙　京　寺

寺はもと妙暁寺《みょうぎょうじ》と称し、下河合の高島の森の南斜面に津名郡司が建立したと伝えられる。永正《えいしょう》十八年（一五二一）に第七世日慈《にちじ》が現在地の郡家中村に移転させた。第十八世日威《にちい》は妙京寺は廃帝配流の行在所《あんざいしょ》で、高島の森は廃帝陵であるとして、尊号《そんごう》使用許可の運動を起こしたが、高島の森は早良親王陵であるのに、不埒なことをいうと非難され、享保三年（一七一八）に寺を追放されたという（角川日本地名大辞典）。

淡路国の津名郡家《ぐうけ》（郡衙《ぐんが》）は、郡家の地名が残る現在の淡路市郡家《ぐんげ》にあった可能性が高い。一九九九年、郡家長谷《ながたに》遺跡より七世紀末から八世紀前半にかけての掘立柱《ほったてばしら》建物跡《たてものあと》が発見され、円面硯《えんめんけん》の破片も出土したことから、ここが津名郡衙の有力な候補地とされるにいたった（浦上雅史「淡路における官衙」）。二〇〇九年には郡家長谷遺跡の西側の老《ろう》ノ内《うち》遺跡から、計画的に配置された平安時代の建物群が検出されたが、かつて緑釉陶器《りょくゆう》が出土していたことも確認され（兵庫県埋蔵文化財調査部編『淡路市老ノ内遺跡』）、この付近が津名郡衙域である可能性をさらに高めた。高島の森の南面した突端すぐ下の台地にあった妙暁寺跡では、昭和三十年代後半に奈良時代の須恵器《すえき》・土師器《はじき》・瓦片などが採集されており（濱岡きみ子「古代の伝承地」）、ここに古代寺院が存在したことを思わせる。

早良親王墓は前述のように津名郡にあったと考えられ、近在の郡司がその警衛を担当する役割を負っていた。したがって、早良親王墓は津名郡衙の近くに存在した可能性が高く、早良を慰霊する寺も墓の近傍に建立されたと思われる。墓は墓誌などが出土しないと被葬者を確定できず、寺名も墨書土器《ぼくしょどき》などが出土しないと判明しないが、津名郡衙に近接するという点からみて、下河合の高島の森の方が、仁井の天王の森よりは早良親王墓である可能性が高く、高島の森に隣接する妙暁寺の方が常隆寺よりは、早良のための慰霊寺院である確率が高いといえるだろう。牛山佳幸氏は、早良の旧墓を高島の森に、早良のための寺を妙暁寺に比定している（牛山佳幸「早良親王御霊その後」）。今後さらに知見が深まることを期待したい。

大和への改葬

延喜諸陵寮式の陵墓歴名《れきみょう》には、近陵《きんりょう》の一つとして、

八嶋陵、（崇道天皇、大和国添上郡に在り。兆域東西五町、南北四町、守戸二烟。）

があげられている。八嶋陵は大和国の添上郡《そうのかみ》にあり、兆域は東西五町、南北四町で、守戸二烟が配されていたという。『帝王編年記《ていおうへんねんき》』延暦十九年七月条は「八嶋寺」が「添上郡古市《ふるいち》の南」にあったと記すが、八嶋寺は八嶋陵の近傍に建てられた陵寺であったと思われるので、八嶋陵も「古市の南」にあったと考えてよい。前述したように、大和国添上郡の今木庄《いまきのしょう》（奈良市古市町）は和乙継《やまとのおとつぐ》の本拠地なので、乙継の娘であった和新笠はこの地で山部《やまべ》王や早良王を生み育てたことと思われる。八嶋陵は早良親王が生まれ育った今木庄のすぐ南に位置しており、桓武は早良の山陵を淡路から故郷の大和へ、しかも生まれ故郷の地の近傍に移すことで、その霊を慰めようとしたのであろう。

江戸期の位置比定

この八嶋陵はいつしかその所在が分からなくなったが、江戸時代の陵墓探索・修陵事業のなかで、現在の八嶋陵（奈良市八島町今里）の場所に治定されるようになった。幕末には現在の陵地に崇道天皇社が建てられていた。嘉永七年刊の津久井清影《つくいきよかげ》『聖蹟図志《せいせきずし》』は、「大和国八嶋村崇道天皇廟社之図」を掲げて、「古市ヨリ半里許《ばかり》南ニ存《あり》」と書き、森の

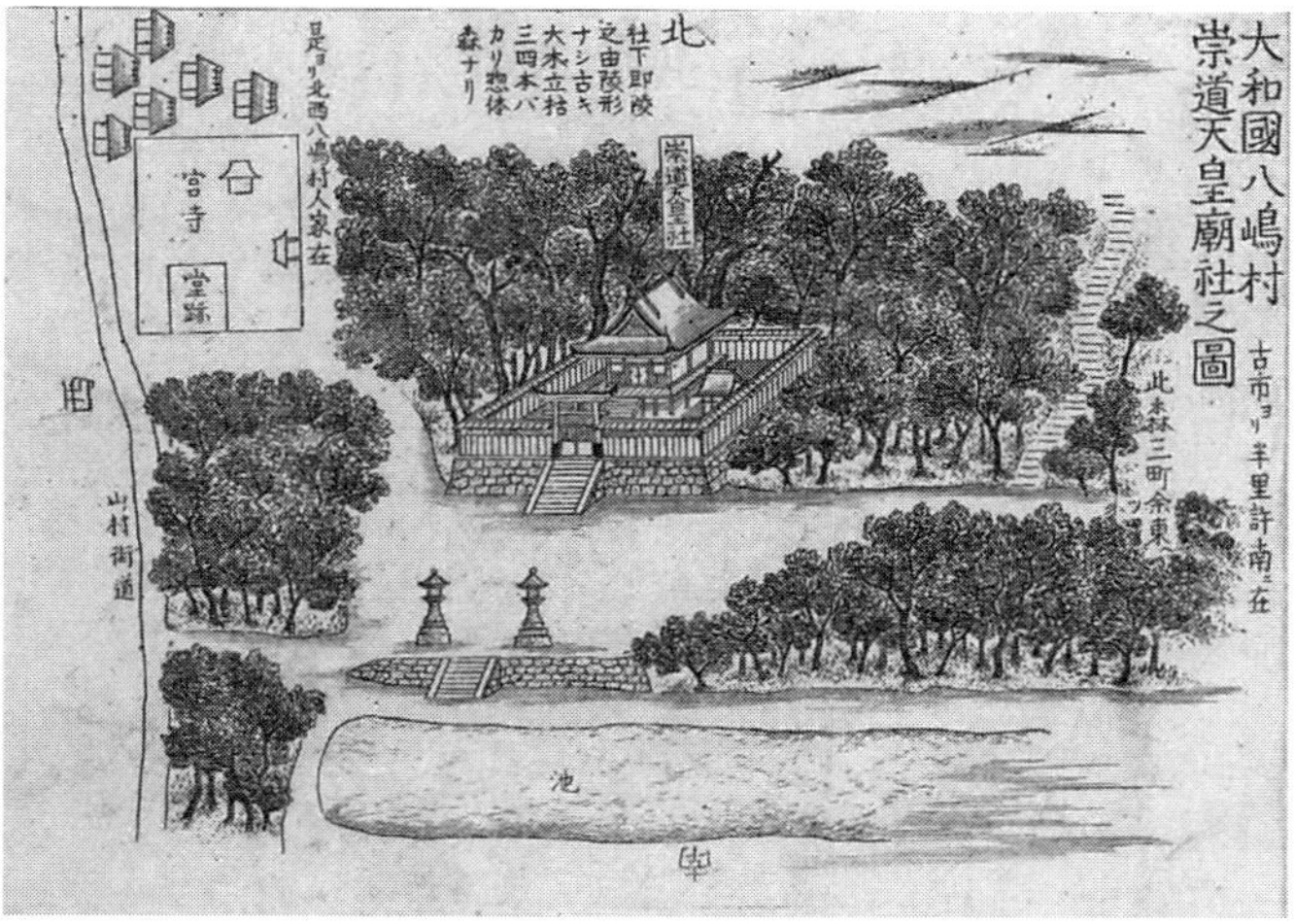

『聖蹟図志』大和国八嶋村崇道天皇廟社之図（早稲田大学図書館所蔵）

なかに「崇道天皇社」、その前に池を描き、社《やしろ》の下がすなわち陵であり、陵の形はなく、惣体《そうたい》は森であると記している。また、安政四年成立の谷森善臣《たにもりよしおみ》『藺笠《いがさ》のしづく』（勤王文庫本をもとに、一部、宮内庁書陵部所蔵の自筆稿本『藺笠のしづく』〈谷―一三九〉によって校訂を加えた）には、

八嶋陵は、この古市より十二町ばかり南のかたにて、崇道天皇御霊社と申すがすなはち御廟にて、別に築立たる山陵は侍《はべ》らず。此社の内に祭れるところ、古き御輿二基にておはします。その一基は空輿《からこし》、一基は御太刀と御弓と納《い》り侍るとぞ。

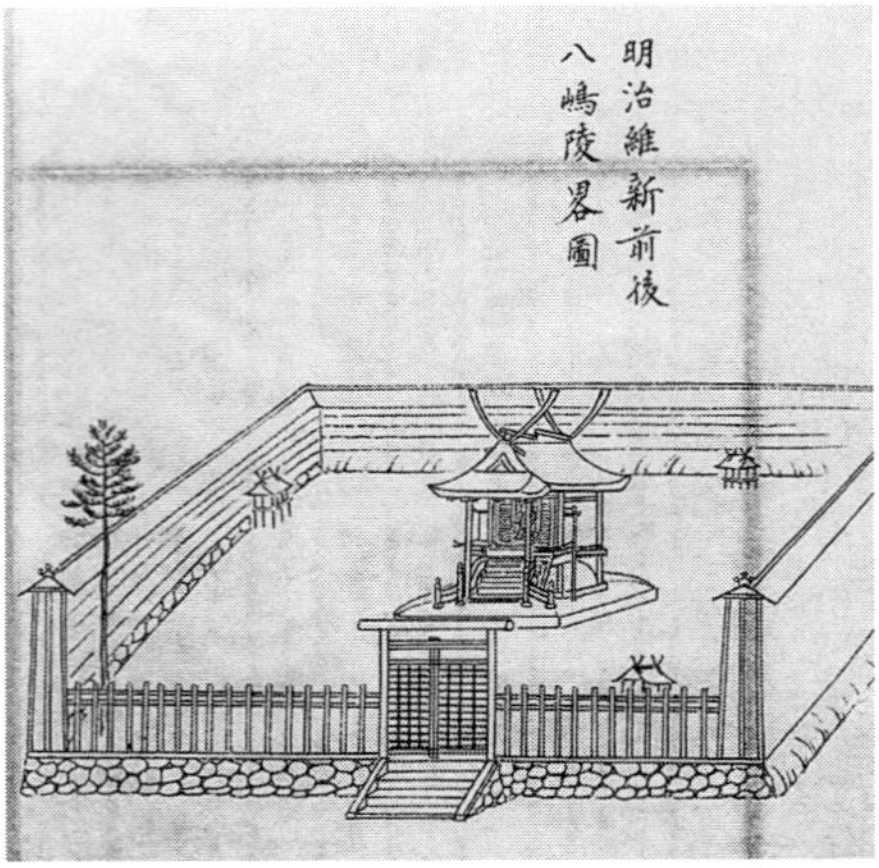

明治維新期八嶋陵図（宮内庁宮内公文書館所蔵）

とあり、やはり古市の南に崇道天皇社があり、築き立てた山陵は存在せず、社殿のなかに空の輿と太刀と弓を納めた輿とがあったとしている。

このような状態にあった八嶋村の崇道天皇社の地が陵地として決定され、文久《ぶんきゅう》三年（一八六三）に津藩《つはん》の藤堂高猷《とうどうたかゆき》が修陵を申請し、慶応《けいおう》元年（一八六五）に修陵が完了した（上野竹次郎『山陵』、池田裕英「崇道天皇陵」）。修陵によって整備された八嶋陵は、以前からあった崇道天皇社の社殿を残し、その周囲を玉垣《たまがき》で囲ったものであったと思われる。宮内庁宮内公文書館所蔵の「崇道天皇八島陵考証」という史料は、昭和三年（一九二八）四月二十日付けで臨時宮内省御用掛《ごようがかり》の外崎覚《とのさきさとる》が作成したものであるが、そこには「明治維新前後八嶋陵略図」が掲出されており、一つの小祠を玉垣で囲んだ御陵が描かれている。

明治期の再整備

この「崇道天皇八島陵考証」には、「大橋長憙《おおはしながよし》考案」という八嶋陵の考証が引用されているが、この大橋考案と外﨑の考証によると、明治十九年に以下のような再整備が行われたという。すなわち幕末以来の社殿が破損したさいに、地元から下げ渡しの希望が出されたので、明治十九年に社殿を八島村へ下げ渡したところ、社殿の床下から宝珠形《ほうじゅ》の石塔のようなものを据え、石で囲んだ区画が発見された。ここが真陵であることを確信し、社殿を撤去した跡地を平坦にならして、その中央に宝珠形の石塔をすえ、周囲を石組みと砂によって整備したのである。上野竹次郎は「陵ハ円墳《えんぷん》ニシテ南面ス」と述べているので、その後また円墳に整える改修が行われたようである。現在の陵墓地形図をみても、八嶋陵の中央部が円墳に整備されていることがわかり（宮内庁書陵部陵墓課編『陵墓地形図集成』）、『陵墓要覧《りょうぼようらん》』で

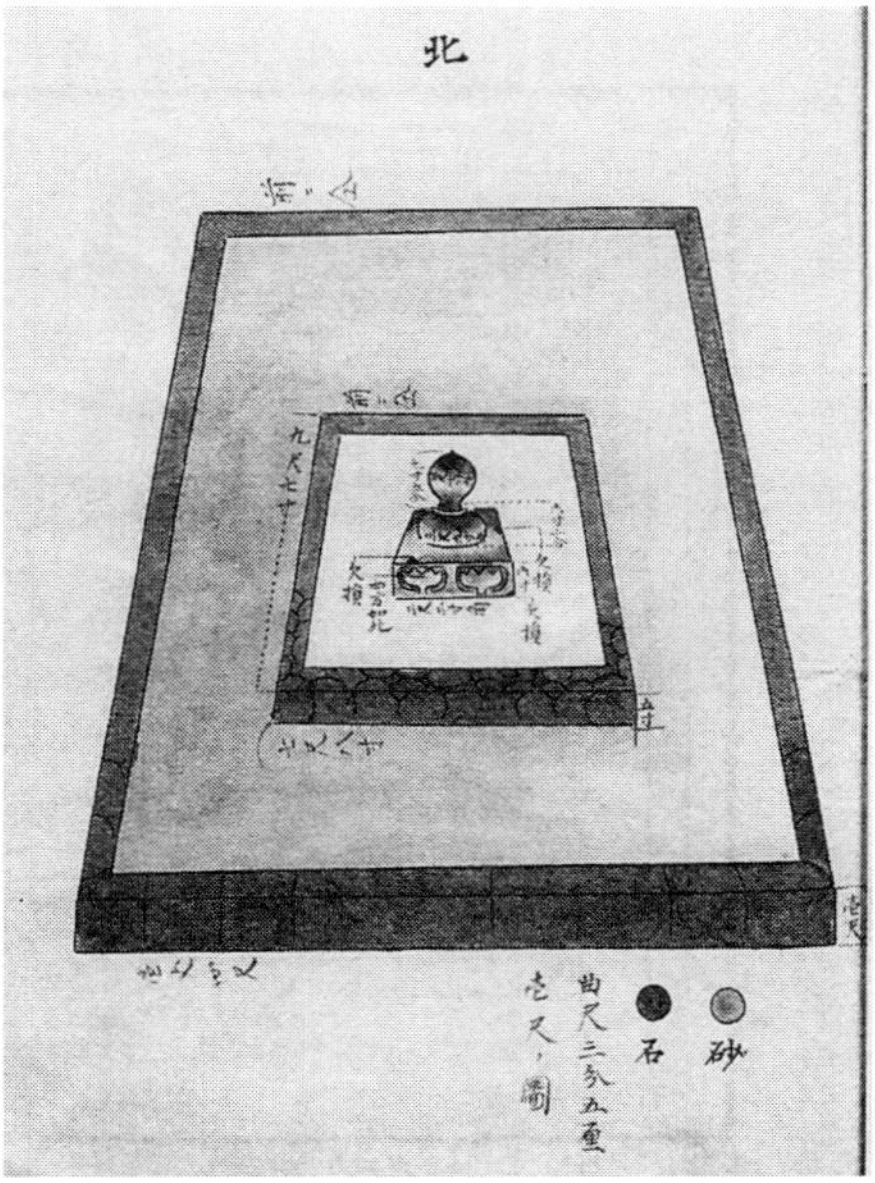

明治19年八嶋陵再整備図（宮内庁宮内公文書館所蔵）

も「円丘」と記されている。

奈良県立図書情報館所蔵の公文書「明治三十四年添上郡郷村社神社祭神由緒書《さいじんゆいしょがき》」によると、明治十八年十一月二十五日に地元から宮内大臣《くないだいじん》への上願《じょうがん》が行われ、翌十九年一月二十日に許可されると、「崇道天王社」の本殿・小祠・付属物品などが嶋田《しまだ》神社へ移転されたという。現在、嶋田神社の本殿前などに立つ「崇道天王社」と刻まれた石灯籠は、このときに移されたものであろう。付記された「古老伝説」は、往古は毎年旧暦八月十四日・十五日に例祭が行われていたと伝えるが、後述するように、この日次は中世の薩摩《さつま》国分寺で崇道天皇に関わる御霊会《ごりょうえ》が行われていた日次と一致している。

嶋田神社の石灯籠

現在の八嶋陵は幕末の崇道天皇社の場所に造られたもので、幕末には社殿を残した整備が行われたが、明治十九年に社殿を撤去したのち、発見された石塔と石の囲いを用いて再整備が行われた。その後、さらに円墳に整えられたが、これが本来の形状でないことは明らかである。ただし、幕末にはここに崇道天皇社があったこと、その社殿の下から宝珠形の石塔をともなう区画が発見されたことは、この地が古くから早良親王に関わる祭祀の対象であったことを示唆しており、八嶋陵の中世以降における痕跡を残した場所として注目すべきではなかろうか。

改葬はいつか

『日本後紀』によると、改葬崇道天皇司が任命されたのは延暦二十四年四月のことであり、同年七月までに淡路国から大和国に改葬されたであろうことは前述した通りである。ところが『水鏡』には、延暦十七年三月に勅使《ちょくし》を淡路国へ遣して、早良親王の骨を迎え、大和国八嶋陵に納めたとあり、二度までは失敗するが、三度目に派遣された五百枝王が無事に渡し奉ったと伝えられている。同様の話は『帝王編年記』にもみえ、こちらでは延暦十九年七月に遣使して八嶋寺に納めたとされる。また、「両所記文」にも延暦十七年に五百枝王が勅使として霊骨を迎え奉ったとある。『水鏡』は『扶桑略記』を抄出して書かれたものなので（平田俊春「水鏡の成立と扶桑略記」）、これらは平安時代後期に流布していた伝承と考えられるが、赦免されて入京する以前の五百枝王が勅使とされていたり、延暦二十四年に淡路から改葬されたはずの八嶋陵に遺骨を納めたとしたり、大同元年（八〇六）創建の八嶋寺に納骨したとするなど、不審な点が多く、信用することはできない。

一方、『和漢三才図会《わかんさんさいずえ》』巻七十三、大和・八嶋陵には、「日本後紀云はく」として、『水鏡』の記事と同趣の漢文史料が引用されている。ただし、これは真本『日本後紀』の逸文《いつぶん》ではなく、後撰本『日本後紀』の記事を書き抜いたものと考えられる。国立公文書館所蔵の後撰本『日本後紀』（函号一三七―一一八、一三七―一〇九など）をみると、延暦十七年三月条に『和漢三才図会』所引文と同文が載せられており、そこに引かれた「日本後紀」が後撰本からの引用であることが確認できる。『扶桑略記』あるいは『水鏡』を素材とした後撰本『日本後紀』の記事をもとに、近世には延暦十七年改葬説が正史の記載であるように誤解されていったのであろう（坪之内徹「早良親王関係資料の整理」）。

八嶋寺の建立

八嶋寺は早良親王の冥福を祈るための寺院で、前述のように、大同元年の冬に八嶋陵の地に建立された。八嶋寺における崇道天皇のための修法については、以下のように、「両処記文」に詳しく記されている。

・大同元年に山陵地に伽藍を建立して、八嶋寺と号す。勅して利稲三〇〇〇束を施入し、大和国より下行する。

・ときに崇道天皇の弟子実敏《じつびん》が別当職《べっとう》となり、寺家の務めを勤行し、聖霊を祈鎮《きちん》した。
・浄行沙弥《しゃみ》一〇人を八嶋寺に住まわせ、毎年一人を得度・受戒《じゅかい》させ、（崇道天皇にちなんで）道の字を僧名に付けた。
・崇道天皇の弟子の末胤《まついん》で、諸寺にある者は、競って八嶋寺の別当を望むようになった。
・ときに（大安寺《だいあんじ》）御院《ごいん》常住の胤《いん》である慶寿律師《きょうじゅりっし》は、寛平《かんぴょう》五年（八九三）に具注勘文《ぐちゅうかんもん》をもって公家に言上し、それ以降は、八嶋山陵寺《さんりょうじ》は永く（大安寺）崇道天皇御院が摂領することとなった。これにより、他寺の僧が別当を望むことは絶えてなくなった。
・専寺（大安寺）御院の住僧・門徒は師資相承《ししそうしょう》し、御院両所別当を兼任した。
・毎年十月十七日、昼は山陵寺において、崇道天皇の周忌御斎会《しゅうきごさいえ》を奉修し、僧二五口を請じた。本院の住僧をその請僧とし、勅施入の利稲をもって、その布施・供養料に宛て、夜は本院において、念仏と御誦経を奉修した。

延喜主税寮《しゅぜいりょう》式上には、大和国正税のなかに「国分寺料一万束」「八嶋寺料一万束」などがあげられている。この一万束を出挙《すいこ》すると利稲三〇〇〇束が得られるので、「両処記文」のいう大和国から下行された利稲三〇〇〇束と合致する。この利稲が早良親王のための法会の布施・供養料に充てられたのである。八嶋寺に対して大和国分寺と同額の正税が準備されていたことが注意される。

八嶋寺の初代別当には崇道天皇の弟子実敏が任命され、以後は諸寺在住の崇道の弟子僧が別当を競望したが、寛平五年に大安寺御院の慶寿が朝廷に上言して以来、八嶋寺（八嶋山陵寺）は大安寺御院の摂領下に置かれたという。以後、大安寺が崇道天皇に関わる二つの遺跡＝御院両所（大安寺御院・八嶋山陵寺）を支配することになるのである。「両所記文」の末尾には、

承保《じょうほ》三年丙辰十二月十八日夜、宝殿一宇、三重宝塔一基焼失し了《おわ》んぬ。

とあるが、承保三年（一〇七六）に焼失した宝殿と三重塔は、本院とも称される大安寺御院に建てられていたものであろう。

慰霊の三重塔

『権記《ごんき》』長保《ちょうほう》三年（一〇〇一）三月十八日条によると、崇道天皇の大安寺御在所の修理が指示されており、同年五月十九日条には、大安寺東院の崇道天皇廟において千巻金剛般若経を転読すべしとある。ここにみえる崇道天皇大安寺御在所と大安寺東院崇道天皇廟は同じ施設で、早良親王が住んだ大安寺東院に御在所とも廟とも呼ばれる施設が造られていたのであろう。その施設は宝殿と三重塔であったと思われ、十一世紀初頭に修理され

たが、十一世紀後半には焼亡するにいたったのである。

『類聚三代格』巻十四、弘仁七年（八一六）十月二十三日官符に、霊安寺は構作して年久しいが、いまだ説法を修さないので、正税四〇〇〇束を毎年出挙して、その息利を春秋悔過と修理の料に充てよとある。この霊安寺は井上内親王のために大和国宇智《うち》郡に建立された寺院と考えられ、延喜主税寮式上の大和国正税のなかに「霊安寺料四千束」がみえる。五條《ごじょう》市霊安寺町の霊安寺跡から一九六三年・六四年に三重塔跡と推定される遺構が検出され、心礎周辺から響銅鋺《きょうどうわん》・高士弾琴鏡《こうしだんきんきょう》・瑞花双鳳八稜鏡《ずいかそうほうはちりょうきょう》・蔓草双鳥八花鏡《つるくさそうちょうはちかきょう》・開元通宝《かいげんつうほう》・万年通宝《まんねんつうほう》・隆平永宝《りゅうへいえいほう》などが出土した（小島俊次「霊安寺塔跡の調査」）。これらの出土遺物は霊安寺創建時のものと思われるので、早良親王や井上内親王の冥福を祈るための寺院は、当初から三重塔を擁していたとみてよいのではなかろうか。

八嶋寺の跡地

谷森善臣『蘭笠のしづく』は北浦定政《きたうらさだまさ》からの伝聞として、崇道天皇御霊社の北方、八嶋村との境の藤原村の田地に、「大門」などの字が残っていることを書いている。谷森は『山陵廻《さんりょうめぐり》之《の》日記』（奈良県教育会編『改訂大和志料』上巻所引）においては、「八島村……崇道天皇の社の西傍に八嶋寺といふ小庵あれとも、古の八島寺の跡は藤原村の田の字に大門、堂ノ前なといふ名残りたるわたりなりとぞ」と述べている。津久井清影『聖蹟図志』は、「大和国八嶋村崇道天皇廟社之図」の中央に崇道天皇社を描き、その西傍に「宮寺」を書き込んでいる。「宮寺」は東辺に門を開き、内部に堂と堂跡をもつように描かれている。この「宮寺」が崇道天皇社の西傍にあった近世の八嶋寺なのであろう。『奈良市史』社寺編によると、近世の八嶋寺は崇道天皇陵の西北にあり、寺地は東西二三・六メートル、南北四一・五メートル余で、明治八年に廃寺となった。この八嶋寺跡には井戸やいくらかの石が残っているという（奈良市史編集審議会編『奈良市史』社寺編）。崇道天皇陵の位置が本来のものであるとすると、古代の八嶋寺は山陵の北方に営まれたが、これが廃絶したのち、山陵の西傍に八嶋寺の小庵が再興され、明治八年まで存続したということになる。

三　諸国正倉の稲倉と国分寺読経

国忌・奉幣の変遷

前述したように、延暦二十四年（八〇五）四月五日、重篤に陥っていた桓武天皇は、怨霊に謝すという目的で、諸国に命じて崇道天皇のために小倉を建て、正税四〇束を納めさせた。あわせて崇道天皇を国忌・奉幣の列に預からしめている。国忌・奉幣の意味については前述した通りであるが、ここでは崇道天皇の国忌と奉幣のその後の変遷について述べておきたい。

国忌とは先帝の崩日《ほうじつ》をさし（養老《ようろう》儀制令《ぎせいりょう》）、毎年この日には政務を廃して、先帝ゆかりの寺院で法会が営まれた。のちにはその対象範囲が広まり、即位天皇以外に追尊天皇や皇太后・皇后の忌日も国忌に入れられ、その数が次第に増加していったため、政務の執行に影響するようになった。このため桓武天皇は延暦十年に傍系となった先帝などの国忌を廃止した（中村一郎「国忌の廃置について」）。このとき奈良時代に尊重された天武《てんむ》天皇の国忌を除き、天智天皇を始祖とする天智系直系皇統を中心とする国忌が残された（堀裕「平安初期の天皇権威と国忌」、二星祐哉「桓武朝における天智系皇統意識の成立」）。

奉幣と改葬の連動

一方の奉幣とは、毎年十二月に陵墓に奉幣する荷前《のさき》のことで、荷前には当年の調の初穂《はつお》を朝廷が管理する全陵墓に奉る常幣《じょうへい》と、ときの天皇の近親祖先の陵墓に常幣とは別に特別の品々を奉る別貢幣《べっこうへい》とがあった。この別貢幣に預かる山陵を近陵というが、国忌の対象者と近陵の被葬者とはほとんど一致した。

延暦二十四年四月に崇道天皇を国忌・奉幣の列に預からせているのは、崇道天皇の忌日法会と山陵を桓武天皇の近親祖先のそれと同等に扱うことを宣言したものであるから、奉幣とは常幣ではなく別貢幣を意味すると考えねばならない。この直後の四月十日に改葬崇道天皇司が任命されているのは、崇道天皇陵が別貢幣の対象となったため、淡路国から大和国への改葬を急がせたことを示している。この年の十二月には他の近陵と並んで、崇道天皇陵にも別貢幣が献上されたことであろう。

天皇の代替わりと国忌の停止

国忌や近陵はときの天皇の近親祖先を対象としているため、代替わりによって近親祖先が変化すると、国忌と近陵もそれに対応して入れ替えが行われた。崇道天皇の国忌がどの寺院で行われ、いつ停止されたのかは不明であったが、『新撰年中行事《しんせんねんじゅうぎょうじ》』十月十七日条に、

（十月）十七日、国忌事、大安寺、崇道天皇、今案、止《とど》む、天長元年十月十日官符、去る九月二十七日論奏に依りて止む。但し同年十二月十四日官符、十陵に列し、荷前に預らしむ。

と記されていることから、崇道天皇の十月十七日国忌は、早良親王と関わりの深かった大安寺で行われ、天長《てんちょう》元年（八二四）九月二十七日の論奏《ろんそう》を受けて、同年十月十日官符によって停止されたことが判明した（西本昌弘「東山御文庫所蔵の二冊本『年中行事』について」）。前述のように、同様のことは『大鏡《おおかがみ》』上、師尹《もろまさ》の裏書《うらがき》にも記されている。『新撰年中行事』によると、同日に高野《たかの》天皇（称徳《しょうとく》天皇）の国忌も停止されている。ただし、同年十二月十

四日官符は崇道天皇陵を十陵《じゅうりょう》に列し、荷前に預かることを命じているので、崇道天皇は国忌の対象者ではなくなったが、その山陵は近陵のまま留め置かれ、別貢幣の対象陵として残されたのである。天長元年七月七日に平城上皇が崩御したため、平城天皇と贈后藤原旅子の忌日が国忌に編入されたため、崇道天皇の国忌と高野天皇の国忌が除かれたものと考えられる。

近陵として残る

このように少なくとも天長元年には、国忌と近陵はいずれも一〇件前後に整えられていたと思われるが、崇道天皇の山陵が近陵として残されたため、国忌は九件、近陵は一〇件とするのが定数となったのであろう。『延喜式』では次のように国忌九件と近陵一〇件が明記されている。

〔国忌〕天智天皇・光仁天皇・桓武天皇・藤原乙牟漏・仁明《にんみょう》天皇・文徳《もんとく》天皇・藤原沢子《たくし》・光孝《こうこう》天皇・藤原胤子《いんし》（治部省式）

〔近陵〕天智天皇山科陵・光仁天皇田原東陵《たわらのひがしのみささぎ》・桓武天皇柏原陵・藤原乙牟漏高畠陵《たかばたけのみささぎ》・仁明天皇深草陵《ふかくさのみささぎ》・文徳天皇田邑陵《たむらのみささぎ》・崇道天皇八嶋陵・藤原沢子中尾陵《なかおのみささぎ》・光孝天皇後田邑陵《のちのたむらのみささぎ》・藤原胤子小野陵《おののみささぎ》（諸陵寮式）

このように、崇道天皇の国忌は天長元年に除かれながらも、その山陵はその後も近陵として据え置かれ、別貢幣の対象となっていた。近陵である点において、崇道天皇の山陵は兄である桓武天皇の山陵と同列に扱われているのである。このような特別扱いを受けるのは早良親王以外に見当たらず、桓武天皇が早良に対する強い慰霊の意思を言い残していたことを示唆しよう。

周忌御斎会

崇道天皇の大安寺における国忌は天長元年に停止されたが、これ以降も大安寺や八嶋寺では、毎年十月十七日に崇道天皇の周忌御斎会が挙行されていた。「両所記文」によると、十月十七日の昼は山陵寺（八嶋寺）において、崇道天皇の周忌御斎会を奉修し、夜は大安寺崇道天皇御院において念仏ならびに御読経を奉修した。この斎会では八嶋寺に勅施入された利稲三〇〇〇束が布施・供養料に充てられている。延喜主税式上には大和国正税中に八嶋寺料一万束がみえている。崇道天皇の国忌は朝廷の国忌からは除かれたが、天長元年以降も大和国衙が財源を負担する周忌法会が大安寺や八嶋寺において行われていたのであった。

なお堀裕氏は、崇道天皇の大安寺国忌は天長元年に停止されたのち、実質的に平安京の西寺《さいじ》御霊堂に移され、忌日法会が営まれた可能性があると述べるが（堀裕「平安初期の天皇権威と国忌」）、崇道の忌日法会は天長元年以降も大安寺や八嶋寺で行われていたから、西寺御霊堂は上出雲《かみいずも》御霊堂などと同じく(『類聚符宣抄』巻三、天徳《てんとく》二年〈九五八〉五月十七日官宣旨《かんせんじ》)、崇道天皇を含めた複数の御霊を祀る施設と考えるべきであろう。

諸国正倉中の小倉

前述したように、重病に陥った桓武天皇は、延暦二十四年四月五日に怨霊に謝すため、諸国に命じて崇道天皇のために小倉を建て、正税四〇束を納めさせた。それから三十七年後の承和九年(八四二)二月二十五日、朝廷は崇道天皇の倉に損失があれば、修造を加えるように命じた(『類聚三代格』巻十二、承和九年二月二十五日官符)。また『権記』長保三年(一〇〇一)三月十八日条によると、諸国にある崇道天皇の御稲倉《みしねのくら》などの修填について、国司に懈怠《けたい》することのないように命令が出された。十一世紀初頭にも諸国に崇道天皇のための御稲を収納した倉があり、修理が命じられていることがわかる。

実態のない御倉

さらに、仁治《にんじ》二年(一二四一)六月一日の筑後《ちくご》国交替実録帳《こうたいじつろくちょう》(『鎌倉遺文《かまくらいぶん》』巻八、五八七六号。実は筑後国検交替使実録帳《けんこうたいしじつろくちょう》)には、

一、国府院雑舎幷びに諸郡正倉官舎無実・破損の事

無実

国府院

政所《まんどころ》丸木倉一宇　　中門《ちゆうもん》鳥居一基

（中略）

〔諸〕□郡

生葉郡《いくは》

正倉院《しようそういん》

崇道天皇御倉《みくら》一宇

西二屋一宇五間

前帳に云はく、無実者《てへり》。今検ずるに前に同じ。

〔竹〕□野郡

正〔倉脱カ〕院

崇道天皇御倉一宇

東三屋一宇

（中略）

以前、大治《だいじ》元年以後、延応《えんおう》元年以往、年年神社・仏寺・資財・雑物・官舎の無実・破損、例に依りて勘録し、言上すること件《くだん》の如し。謹んで解《げ》す。

仁治二年六月一日

とあり、筑後国府の雑舎と諸郡の正倉・官舎などのうち、無実のもの（実体のないもの）や破損したものが書き上げられているが、そのなかに生葉郡の崇道天皇御倉一宇と竹野《たかの》郡の崇道天皇御倉一宇が含まれている。この文書は大宰府《だざいふ》から派遣された検交替使が、筑後国内の社寺や官舎の実情について、大治元年（一一二六）から延応元年（一二三九）までの変化などを勘録したもので（『大日本史料《だいにほんしりょう》』五編之十三、吉岡眞之「検交替使帳の基礎的考察」）、基本的には平安末期の状況を示すものと考えられる。筑後国の生葉郡と竹野郡の正倉には、すでに実体を失っているとはいえ、それぞれ一宇ずつ崇道天皇御倉が存在していたのであり、平安中期ごろには諸国各郡の正倉のなかに崇道天皇御倉が一宇ずつあったことが類推されるのである（牛山佳幸「早良親王御霊その後」）。

小倉の用途

それでは、諸国各郡の正倉中の崇道天皇御倉一宇に収納された稲四〇束の用途は何であったのか。諸国に崇道天皇のための小倉を建てることを命じてから約一年後の延暦二十五年三月十七日、桓武は死の床のなかで、諸国国分寺において二月・八月の七日間、崇道天皇のために金剛般若経を転読することを命じた。諸国正倉中に崇道のために蓄えられた稲は、当然この国分寺における転読との関係が考えられるが、牛山佳幸氏は小倉設置の方が先である以上、両者を安易に結びつけるのは躊躇されると述べ、そもそも郡ごとに四〇束では、毎年の行事等の費用としては（少額で）無理であろうと論じた。そして、『大鏡』上、師尹に、

……代はじまりて後、春宮の御位とりさげられ給へる事は、九代ばかりにやなりぬらん。なかに法師春宮おはしましけるこそ、うせ給て後に贈太上天皇と申て、六十よこくにいはひすへられ給へれば、大やけもしろしめして、官物《かんもつ》のはつをさきに奉らせ給めり。……

とある記事に注目し、「六十よこくにいはひすへられ」を崇道天皇御倉の設置に該当する記事と解釈できるとすれば、御倉には初穂を納めさせたものであるらしいと説いた。

また、「両所記文」に、

……五幾〔畿〕七道諸国諸郡、各々別倉に、毎年正税稲の上分を積み置く。郡別四十一束。是則《これすなわ》ち崇道天皇の奉為《おんため》に、積み納むる所の御稲のみ。……

とあることから、崇道天皇のためという名目で、毎年正税の初穂を別置して積み立てることによって、崇道天皇の御霊を慰撫《いぶ》したとも推考されるのであり、「積み置く」という行為そのものに意味があったと解釈するのも一考であると論じている（牛山佳幸「早良

親王御霊その後」)。

こうした牛山説を受けて大津透氏は、中世における「上分」という負担は、神仏に捧げる初尾を意味するという網野善彦氏の研究（網野善彦「百姓」）に依拠しながら、『大鏡』にみえる「官物のはつを」は荷前をさすとも解しうるが、「六十よこくにいはひすへられ」とあることから、正税の初穂（新穀）を奉っていると解すべきという。そして、早良親王に天皇号を追尊するにあたり、つまり天皇と同じ扱いにするために、諸国郡にあまねく、わずか四〇束を納める小倉を建てたのであり、天皇とは全国の郡に正倉が建てられ、稲が納められることと不可分の存在であったと結論づけた（大津透「クラとカギ」）。長谷部将司氏も、神としての崇道天皇の倉と天皇のための正倉が並列することを強調している（長谷部将司「「崇道天皇」の成立と展開」）。

供養料のゆくえ

崇道天皇の小倉に収納された稲四〇束は初穂の意味をもつとみた牛山・大津両氏の説は卓見であろう。しかし、小倉に稲を積み置くことだけで、崇道の御霊の慰撫がなされたとは考えにくい。網野善彦氏が指摘するように、「上分」とは神仏に捧げられた初尾・初穂としての「税」であり、聖なる収納空間＝御蔵に納め置かれるだけではなく、神仏のための供神物・供祭物として使用されたからである（網野善彦「百姓」）。『大鏡』は早良親王が没後に「贈太上天皇」として「六十よこくにいはひすへられ」たとするが、早良は崇道天皇を追号されたものの、太上天皇号は贈られていない。また、「いはひすへ」たのは朝廷であるとは述べておらず、そのあとに「大やけもしろしめして」官物の初尾を奉ったとあるので、「大やけ」（朝廷）の行為は官物の初尾を奉ったことのみで、贈太上天皇と称して諸国に奉斎したのは、民間の動きであったとみるべきであろう。

牛山氏は、郡ごとに稲四〇束の収納では、一国規模としても、毎年の行事などの費用としては無理であろうと述べ、大津氏もわずか四〇束を納める小倉は、経済的にはほとんど意味がないと説く。しかし、一束の穎《えい》を叩けば、一斗の穀《こく》を得、これを舂《つ》けば五升《しょう》の米（舂米《しょうまい》・玄米）を得るので、四〇束あれば二〇〇升の米を手にすることができる。これだけあれば、法会の供養料としては十分な量となろう。天平の正税帳《しょうぜいちょう》をみると、各国の正月斎会供養料は五〇束前後の支出が見込まれている（山里純一「仏教関係費」）。また、延喜民部《みんぶ》式下によると、東大寺大仏の一季供養料稲は一一〇束、法隆寺《ほうりゅうじ》・弘福寺《ぐふくじ》の仏供養は四一束四把で、並びに大和国の官田《かんでん》稲を財源に、季別に寺家に送り入れよとある。四〇束の稲はけっして微少な額ではなく、斎会の供養料としては十分な量であったということができよう。

延暦二十四年正月十四日、崇道天皇のために淡路国に寺が建立された。二月六日には霊安寺に一小倉を造り、稲三〇束を納めるとともに、別に調綿一五〇斤、庸綿一五〇斤を納めて、神霊の怨魂を慰めた。この霊安寺が淡路国に建てられた早良のための寺であろうことは、前述した通りである。ここにみえる霊安寺小倉の稲三〇束も、淡路国における早良親王斎会のための供養料として置かれたものとみなせよう。別に収納された調綿一五〇斤、庸綿一五〇斤は、後述するように、早良斎会のための布施料であったと考えられる。この二ヵ月後に諸国の正倉に崇道のための小倉を設け、稲四〇束を納めさせたのは、霊安寺の小倉に稲三〇束を納めた措置を全国化するもので、やはり諸国において崇道のための斎会を毎年挙行するための財源として、一年前から蓄えはじめたものとみるのが穏当であろう。

中世の崇道社

牛山佳幸氏は、中世荘園のなかに崇道天皇社が祀られていることに注目した。

①備後《びんご》国大田荘《おおたのしょう》の荘域に「宗道社」なる神社が存在した。
②安芸《あき》国三入荘《みりのしょう》の荘内諸社の一つに「崇道天皇」がみえる。
③安芸国沼田荘《ぬたのしょう》の仏神田のなかに「崇道天王一反」がみえる。
④安芸国吉田荘《よしだのしょう》の清神社《すがじんじゃ》の棟札《むなふだ》四枚に「祇園崇道」とある。

⑤播磨《はりま》国小宅荘《おやけのしょう》の絵図に「崇導社」が記されている。
⑥備中《びっちゅう》国小田《おだ》郡《ぐん》小田郷に明治初年まで惣導《そうどう》神社が存在した。

このうち②は「堀内鎮守」とも記されるので、地頭館《じとうやかた》に鎮座した「崇道天皇」社であった。④は吉田町の郡山《こおりやま》の南麓に鎮座しているので、高宮《たかみや》郡衙に近い場所かと思われる。⑤の絵図では「崇導社」の北方に「郡山免」なる記載があるので、ここは揖保《いぼ》郡衙の近くなのであろう。⑥の近くには郡前《こおりまえ》・郡上《こおりかみ》・郡脇《こおりわき》の字名が残り、惣導《そうどう》神社の南約三〇〇㍍《メートル》にはかつて郡神社が存在した。このようにソウドウ社の位置と古代郡衙想定地の間には密接な関係が認められるので、崇道社とは諸国の正倉中に建てられた崇道のための小倉が廃絶した跡に成立した神社とみてよいと、牛山氏は結論づけている。牛山説は魅力的であり、古代郡衙の正倉中に置かれた崇道天皇御倉が崇道社となった可能性は少なくないであろう。

ただし近年の研究によると、播磨国揖保郡の郡衙はたつの市揖西《いっさい》町小郡の小神廃寺《おがみはいじ》周辺に求められている（吉本昌弘「古代播磨国の郡衙」）。古代山陽道《さんようどう》に沿う小神廃寺は七世紀後半に創建された大規模寺院で、その南方の小神芦原《あしはら》遺跡と小神辻《つじ》の堂《どう》遺跡では八～九世紀の掘立柱建物群が多数検出されており、揖保郡衙に関連する遺跡とされている（岸本道昭「七世紀の地域社会と領域支配」)。この小神廃寺は小宅《おやけ》神社の西北約二・二キロとやや離れた場所にあたる。したがって、小宅神社の近くにあった崇導社は揖保郡衙にごく近接するとはいえない。

小倉跡と崇道社の関連

また松田朋子氏は、『作陽誌《さくようし》』の加茂《かも》神社の項に「素盞嗚命《すさのおのみこと》を惣道と称すること神道者流の伝ふる処なり」とあることや、岡山県や広島県の崇道神社にスサノヲを祭神とするものが多いことを指摘しつつ、崇道社の様態は多岐にわたっているので、全体として崇道天皇小倉の跡に崇道社が建立されたとする説は疑問であると述べた(松田朋子「山陽地方における崇道(そうどう)社の信仰をめぐって」)。中国地方に多く残る崇道社の由縁については、複雑な様相が認められるようなので、今後とも検討を続ける必要があろう。

金剛般若経読経

延暦二十五年三月十七日、桓武は死の床にあって、崇道天皇のために永く諸国の国分寺僧が春秋二仲月の七日間、心をこめて金剛般若経を転読することを命じ、その布施料として三宝には調綿一〇屯、衆僧には各調布一端を準備させた。奈良時代から平安時代前期にかけて、祟りや物の怪に直面した場合、僧侶による読経が行われたが、その経典名を調べると、大般若経九回、金剛般若経八回、法華経五回となり、この三経が群を抜いて多く用いられている。「除難護国は般若とくに尊し」(最澄『顕戒論《けんかいろん》』中)、「般若の力、不可思議」（『続日本後紀《しょくにほんこうき》』承和二年四月三日条）などとあるように、般若系経典の呪術力が、祟りや物の怪に対して法験を発揮したのである（田村圓澄「神仏関係の一考察」）。

金剛般若経の正式名は能断金剛般若波羅蜜多経《のうだんこんごうはんにゃはらみたきょう》であり、金剛石（ダイヤモンド）のようによく切れるというところから、一切の疑いや執着を断ち切るという意味を示すようになった。善と悪、さとりと迷いというような区別に囚われることなかれ、囚われることがなくなった境地に達すれば、行いはおのずから善に合致し、そこに対立を残さないというのである（中村元ほか「解題」）。空の思想を説く般若経典をもっとも重んじたのは三論宗で、執着を離れることを主眼とした（池田源太「日本密教の成立と南都仏教」）。早良親王は良《ろう》弁《べん》から華厳一乗《けごんいちじょう》を伝授されたが、大安寺東院に住んで三論宗とも近い立場にあり、前述したように、東大寺僧の玄覚《げんかく》を遣唐請益《しょうやく》僧として入唐《にっとう》させ、三論の法灯を継がせた。

延暦九年以降、早良親王の怨魂が皇太子安殿親王を悩ませると、善珠が早良の霊に悩乱の苦を致すことなかれと語り、般若を転読して、無相の理を説いたところ、安殿親王の病は除かれたという。善珠は般若経典の主旨を踏まえて、執着を離れることを早良に説いたのである。桓武は自身の死に臨んで、善珠が早良の霊に対して行ったことを、全国規模で毎年春と秋に行うことを命じたのであろう。こうして諸国国分寺における毎年

弘仁式の規定

二月・八月の金剛般若経読経が開始されたのである。

弘仁主税式には、

凡《およ》そ諸国春秋二仲月各一七日、金光明寺《こんこうみょうじ》に於て部内の衆僧を請ひ、金剛般若経を転読せよ。其の布施は三宝は綿十屯、僧は各布一端。但し供養は本寺の物を用ゐよ。若《も》し国分寺無く、及び部内に物無くんば、並びに正税を用ゐよ。

とあり、諸国国分寺における春秋二仲月の金剛般若経転読が定められている。その期日は崇道天皇のための金剛般若経転読と同じであるが、弘仁式では崇道天皇のための転読であることを明示していない。弘仁主税式のこの条文は同文が延喜主税式上にも継承されており、延喜主税式下の正税帳の書式を定めたところにも、正月八日〜十四日転読最《さい》勝王経《しょうおうきょう》に準じる行事として、「転読金剛般若経」が例示されている。

しかし延喜主税式上には、壱岐《いき》嶋嶋分寺の法会布施・供養料稲は大宰府管内諸国の正税を充当すべしとあり、そこに具体的な法会と料稲として「崇道天皇春秋読経料八百束」が掲げられている。『延喜式』には諸国国分寺における毎年春秋の崇道天皇読経の一端が定められていたことがわかる。また保安《ほあん》元年（一一二〇）の摂津《せっつ》国正税帳案（『平安遺文』十、補四五号）には、(A)「春秋二仲月於金光明寺転読金剛般若経」に並んで、(B)「奉為崇道天皇春秋二季転読金剛般若経」が掲出されており、平安後期の摂津国においても、通常の金剛般若経会と並んで崇道天皇のための金剛般若経会が、いずれも春秋の同日に国分寺で挙行されるように記されていたのである。この事実は何を意味するのか理解に苦しむが、延暦二十五年以降、諸国国分寺において二月・八月の七日間、金剛般若経を転読することは、年中行事として定着していったが、すでに弘仁年間にはその行事が必ずしも崇道天皇のための転読とは限らないようになっていたのではなかろうか。

法会の簡素化

摂津国正税帳案は儀式のために作られた形式的な文書で、実質をともなわないものとされるが（田中稔「儀礼のために作られた文書」）、後述するように、時代や地域によっては、崇道天皇のための転読も根強く行われていたので、この史料が二つの金剛般若経転読を併記している背景には、それなりの歴史的経緯が存在するのであろう。

摂津国正税帳案によれば、(A)の布施料は三〇〇束（三一〇束の誤りか）計上されており、実際に三宝布施が綿一〇屯（三〇束）、衆僧布施が僧尼三五口で調布三五段（二八〇束）、合わせて三一〇束が支出された。一方、(B)の布施料は一四八〇束計上されているが、実際には三宝布施が綿二〇屯（六〇束）、衆僧布施が僧四四口で調布三五段（三五二束）、合わせて四一二束が支出されたにすぎなかった。(A)(B)とも三〇〇〜四〇〇束程度の布施料で法

表３　摂津国正税帳案正税支出法会の用途別一覧

(A)春秋二仲月於金光明寺転読金剛般若経布施料　穀穎300（310ヵ）束

三宝布施	綿10屯		直穎30束	計 310束
衆僧布施	調布35段	口別１段	直穎280束	
僧尼35口（講読２口，衆僧20口，尼10口，呪願・唄・散花各１口）				

(B)奉為崇道天皇春秋二季転読金剛般若経布施料　穎1480束

三宝布施	綿20屯		直稲60束	計 412束
衆僧布施	調布44段	口別１段	直稲352束	
僧44口（講師２口，読師２口，僧40口）				

(C)正月八日～十四日七箇日国分寺転読最勝王経悔過布施料　穎1797束

三宝布施	糸30勾		直稲180束	
僧尼布施	絁33疋 綿33屯 調布６段	口別１疋 口別１屯 口別２段	直穎990束 直穎99束 直穎528束	計 直稲1617束
僧尼33口（講読２口，聴衆20口，尼10口，定座沙弥・従沙弥２口）				

(D)正月八日～十四日於国庁行吉祥悔過七僧料　穎1138束２把８分

布施料	絁７疋 綿７屯 調布14段	口別１疋 口別１屯 口別２段	直穎210束 直穎21束 直穎112束	小計 穎378束
法服料	絁21疋 綿14屯	各３疋 各２屯	穎630束 穎42束	小計 穎672束
灯明油	７升		直穎35束	
供養料	飯料米 饘粥米 雑餅米 塩菜料	２斗８升 ５升６合 ５斗６升 大豆・小豆・醤・酢・味醤・海藻・塩など	穎５束６把 穎１束２把 穎11束２把 32束３把８分	小計 穎52束８分

会が挙行されているのであり、延喜主税式上にみえた壱岐嶋嶋分寺における崇道天皇春秋読経料の八〇〇束と比べると、それぞれ約半分の規模に縮小されているようにみえる。このような事実を勘案すると、平安中期以降には諸国国分寺における金剛般若経転読では、春に(A)、秋に(B)、もしくは春に(B)、秋に(A)を行うなど、柔軟で簡素化した法会が行われていた可能性が高いように思われる。

布施料と供養料

保安元年の摂津国正税帳案には、摂津国の正税を支出する法会として、(A)(B)も含めると、次の六つが掲げられている。

(A)春秋二仲月於金光明寺転読金剛般若経
(B)奉為崇道天皇春秋二季転読金剛般若経
(C)正月八日～十四日於国分寺転読最勝王経悔過
(D)正月八日～十四日於国庁行吉祥《きっしょう》悔過《けか》
(E)七月十五日金光明寺安居《あんご》講説最勝王経
(F)修従十二月十九日三箇日夜仏名懺悔《さんげ》

このうち(D)(E)(F)には布施料と供養料があげられ、(A)(B)(C)には布施料のみが掲げられている。(D)(E)については、延喜主税式上に布施料・供養料とも正税を用いることが定められており、そのため摂津国正税帳案でも両方が記載されているのであろう。一方の(A)(C)については、延喜主税式上に「但し供養は本寺の物を用ゐよ」「但し供養は寺の物を用ゐよ」とあるので、(A)(C)の供養料は国分寺の稲を用いたことがわかる。摂津国正税帳案をみると、(D)や(E)の供養料は、飯・饘《かゆ》・雑餅米・大豆・小豆・油・醤・酢・味醤・海藻・塩などからなっていた。供養料は斎会供養料とも称されているので（延喜大膳《だいぜん》式下、延喜造酒司《ぞうしゅし》式）、読経終了後の斎会に用いる食事のための費用に充てられたのであろう。

古代インドの布施は祭祀に対する謝礼であるのに対して、供養は神や賓客《ひんきゃく》に対して自己を従者としてへりくだり、歓待・敬礼するという側面をもつ（小山典勇「布施と供養」）。また、『仏説盂蘭盆経《ぶっせつうらぼんきょう》』は夏《げ》安居終了日の斎会の意義について、国王・太子以下、万民・庶人《しょじん》が七月十五日に僧に百味飲食を供養すれば、現在父母の寿命をのばし、病を除き、苦悩も消すなどの功徳があると述べている（古市晃「四月・七月斎会の史的意義」）。供養料とは斎会のさいに僧尼に提供する食事料であり、国王から庶民にいたるまでの謝罪の意と敬意を表明するものであったといえよう。こうした供養料を(D)(E)(F)の法会では諸国の正税から出し、(A)(C)の法会では国分寺料から捻出したのである。(B)の法会については『延喜式』に記載がないが、(A)(C)と同様、正税からは出されていないので、正税以外にその財源が求められたと考えられる。

そして、その財源が崇道天皇のために諸国正倉の小倉に納められた稲四〇束だったのであろう。前述したように、四〇束の稲はけっして少量ではない。摂津国正税帳案では、(D)於国庁行吉祥悔過の供養料は五二束余でああった。一郡の小倉に四〇束を貯えれば、摂津国の一三郡では、五二〇束になる。一国に二郡の対馬《つしま》・志摩《しま》などの国でも、春秋の崇道法会の供養料は準備できたであろう。そのような目で、延暦二十五年三月十七日の措置を読み直すとどうなるであろうか。この日、桓武は崇道天皇のために永く春秋二仲月に金剛般若経を読むこととし、その布施は三宝には調綿一〇屯、衆僧にはそれぞれ調布一端を給うこととした。ここにみえる三宝布施の調綿一〇屯、衆僧布施の調布一端は、延喜主税式上や摂津国正税帳案にみえる二つの金剛般若経転読時の布施料と合致している（正税帳案の崇道天皇読経は春秋二季分を合計しているとみる）。このように、延暦二十五年条が布施料しか明示していないのは、供養料については前年に崇道天皇のために設けた諸国正倉中の小倉の稲を用いることを想定したからであると思われる。

そのように考えて大過ないとすると、崇道のために建てられた小倉の稲四〇束は、たんに貯え置くことに意味があったのではなく、この稲を供養料として用いることで、毎年二月・八月に行われる崇道のための金剛般若経会の斎会料とし、国王から庶人にいたるまでの敬意と謝罪の意をあらわすために創設されたものといえよう。崇道のために貯えられた小倉の稲四〇束と、崇道のために毎年国分寺で行われた金剛般若経読経とは、相互に深く関係するものとして案出され、崇道天皇の御霊に対する謝罪の意と敬意を込めて、列島規模で慰霊の行事を永く行うために制度化されたものであった。

中世の崇道天皇供養

牛山佳幸氏の研究により、中世においても諸国で崇道天皇のための読経が行われていたことが明らかにされた（牛山佳幸「早良親王御霊その後」）。薩摩の国分寺文書のうち、弘安《こうあん》七年（一二八四）十一月の「天満宮・国分寺恒例神事次第《しんじしだい》」（山口隼正「薩摩国分寺文書」、『鎌倉遺文』二十、一五三七〇号）には、

（二月）八日　尼寺薬師講、僧膳寺役。并講堂崇導天王御読経、御供料庁役。

（中略）

（八月）八日　講堂、崇導天皇御読経、仏供庁役、饗膳薩摩郡内是枝名役。……

とあり、二月八日と八月八日に薩摩国分寺の講堂で「崇導天王」（崇道天皇）御読経が行われ、両月の御供料《ごくりょう》（仏供《ぶつぐ》）は庁役、八月の饗膳は薩摩郡内の是枝名《これえだみょう》役であったと記されている。この文書には、正月八日の講堂吉祥御願始《ごがんはじめ》、七月十五日の講堂御斎会など、

西国で続く諸国法会

古代に遡る護国法会も書き込まれており、こうした護国法会が中世の国分寺でも根強く催行されていたことがわかる。

また、伊予の国分寺文書のうち、応永《おうえい》十九年（一四一二）三月の「霊乗上人言上状《りょうじょうしょうにんごんじょうじょう》」の関連文書である「年中行事」（愛媛県『愛媛県史』資料編、古代・中世）にも、

　年中行事

（中略）

二月八日

国分〔寺脱カ〕崇道天皇御読経、　料田拝志郷得益内二丁五反。

庁より官人を立つ。

（中略）

八月八日

国分寺崇道天王御読経如〔始、如カ〕、始二月。国分寺修理料幷びに布施稲万八千九百七十八束七把五分、官米二升法。

とあり、伊予国分寺でも二月八日と八月八日に国分寺崇道天皇御読経が行われ、庁より官人を立てるとある。この「年中行事」には、正月八日の国庁吉祥悔過、七月十五日の

安居終事などもみえ、中世の国分寺や国庁において古代以来の護国法会が挙行されていたことが確認できる。

古代以来のこのような護国法会は、中世においても多くの国分寺でおおむね行われていたと推測されるが、崇道天皇御読経の場合、淡路国が属する南海道《なんかいどう》とその近くの西海道《さいかいどう》で営まれていたようで、地域色があった可能性がある（追塩千尋「中世後期国分寺の実態」）。牛山佳幸氏はこれら以外に、天正《てんしょう》十六年（一五八八）の『長宗我部地検帳《ちょうそがべちけんちょう》』によると、土佐《とさ》国分寺境内に崇道天皇社が鎮守として祀られており、これは近世末期まで存在したことが絵図によって判明することを指摘している（牛山佳幸「早良親王御霊その後」）。一部地域に限られていたかもしれないが、崇道天皇のための春秋読経は中世まで長く行われたのであり、桓武天皇の望んだ末長い慰霊が実現していたことが注目される。

怨霊の成立

第六　御霊信仰と早良親王

一　御霊前史

政治的敗残者の霊がこの世に影響を及ぼし、社会不安を巻き起こすという考え方は、奈良時代の天平《てんぴょう》年間から存在した。『続日本紀《しょくにほんぎ》』天平十八年（七四六）六月十八日条の玄昉《げんぼう》卒伝《そつでん》によると、玄昉は天平十七年に筑紫《つくし》観世音寺《かんぜおんじ》に移され、翌年のこの日に死去したが、世間では「藤原広嗣《ふじわらのひろつぐ》の霊の為に害せらる」と噂されたという。宝亀《ほうき》六年（七七五）十月二日条の吉備真備《きびのまきび》薨伝《こうでん》には、玄昉と真備を討つことを名分に挙兵した藤原広嗣は、敗北して誅に伏したが、その「逆魂」が息《やす》まなかったため、真備は天平勝宝《てんぴょうしょうほう》二年（七五〇）に筑《ちく》前守《ぜんのかみ》に左降されたとある。『類聚三代格《るいじゅさんだいきゃく》』巻三、承和《じょうわ》二年（八三五）八月十五日官符《かんぷ》は、去る天平十七年十月十二日謄勅符《とうちょくふ》によって、肥前国《ひぜんのくに》松浦《まつら》郡の弥勒知識寺《みろくちしきじ》に僧二〇口を置き、水田二〇町を施入《せにゅう》したことを記したのち、承和二年に僧五人を常住させ、寺院を修治し、兼ねて「遊霊を救ふ」ことを祈らせたとする。藤原広嗣の霊は対立した玄昉や吉備真備に害を与えたと、世間において噂が広まり、広嗣が討たれた肥前国松浦郡には弥勒知識寺が創建されて、その鎮魂が行われたので、朝廷もここに僧を置き、水田を施入するなどして協力したことがわかる（長洋一「藤原広嗣の怨霊覚書」）。この藤原広嗣の「逆魂」「遊霊」は、政治的敗残者の霊が社会的恐怖の対象となった最初の例として注目されてきた（肥後和男「平安時代における怨霊の思想」、高取正男「御霊会の成立と初期平安京の住民」）。

天平勝宝九歳（七五七）七月四日、橘《たちばなの》奈良麻呂《ならまろ》の変に連座して道祖王《ふなどおう》・黄文《きぶみ》王らが杖《じょう》下《か》に死んだのち、孝謙《こうけん》天皇は「民間或は亡魂に仮託して、浮言紛紜《ふげんふんうん》として、郷邑《きょうゆう》を擾《じょう》乱《らん》する者有らば」断罪すると勅《ちょく》した（『続日本紀』同年七月八日条）。藤原広嗣の例も含めて、非業の死を遂げた死者の「亡魂」があたかも現世で活動するように、民間で「浮言」されたため、朝廷が対策を講じたことが確認できる（柴田博子「怨霊思想成立の前提」）。これ以前の天平九年十月、安宿《あすかべ》王・黄文王ら長屋《ながや》王の子女五名に異例の叙位《じょい》が行われたが、天平七年から九年にかけて流行した疱瘡《ほうそう》（天然痘《てんねんとう》）により、藤原四子があいついで亡くなるなど大きな被害が発生したため、当時の人々がこれを長屋王の祟りと考え、その霊を慰めるためにこの叙位が行われたとみる説がある（寺崎保広「「若翁」木簡小考」）。ただし、朝廷は長屋王自身には慰霊を行っていないので、この叙位を長屋王の祟りの鎮圧とみるのは困難とする見方もある（柴田博子「怨霊思想成立の前提」）。いずれにしても、天平年間から民間では政争に敗れた人の霊が社会に負の影響を与えることを恐れ、噂に上げるとともに、死者の鎮魂を行い、朝廷もこれに一部援助を行っていたことが確認できるのである。

平安期の怨霊の慰霊

朝廷が怨霊の働きを認知し、積極的に対策を講じはじめるのは、光仁《こうにん》天皇・桓武《かんむ》天皇の時代であり、まずは淳仁《じゅんにん》廃帝への措置が行われた。淳仁廃帝は天平宝字《てんぴょうほうじ》八年（七六四）十月に淡路《あわじ》国の配所に送られて、一院《いちいん》に幽閉された。天平神護《てんぴょうじんご》元年（七六五）十月、淳仁は配所からの逃亡を図ったが捕らえられ、翌日院中で亡くなった。宝亀三年八月十八日、光仁は使者を派遣して淳仁を淡路に改葬し、現地の僧六〇口を招いて斎会《さいえ》を催した。また現地の浄行者《じょうぎょうしゃ》二名を得度《とくど》させて、墓の近くに住まわせて功徳《くどく》を修めさせた。ついで宝亀九年三月には、淡路親王（淳仁）の墓を山陵《さんりょう》に格上げし、その生母であった当麻山《たいまのやま》背《しろ》の墓を御墓《みはか》と称し、近傍の百姓《ひゃくせい》一戸に守らせた。

次に光仁は井上《いのうえ》内親王への対策を行う。宝亀三年に皇后《こうごう》の地位を追われた井上は、その後、子の他戸《おさべ》親王とともに大和《やまと》国宇智《うち》郡に幽閉され、宝亀六年四月に母子同日に亡くなった。『元亨釈書《げんこうしゃくしょ》』巻二十三によると、宝亀七年十二月、井上廃皇后と佗戸（他戸）

皇子の母子霊の祟りを攘《はら》うため、国分寺《こくぶんじ》で金剛般若《こんごうはんにゃ》（経の読経）を行ったという。『続日本紀』では、宝亀八年十二月二十五日に皇太子山部《やまべ》親王（のちの桓武天皇）が病気になったため、同月二十八日に井上内親王を改葬し、その墳を御墓と称し、守冢《しゅちょう》一烟《いちえん》を置いた。その後、桓武天皇は延暦《えんりゃく》十九年（八〇〇）七月、早良親王を崇道《すどう》天皇と追称すると同時に、井上内親王に皇后の称号を復し、その墓を山陵と称することを許した。

怨霊思想と天人相関

光仁や桓武は淳仁天皇への直接の加害者ではなかったから、淳仁への対応は個人的な謝罪ではなく、より一般的な思想的背景によるものであった。光仁朝以降、王権が政争の敗北者に対応しはじめるのは、亡き先帝や功臣が現世の朝廷を加護したり、災禍を与える存在になると認識されはじめたからであり、柴田博子氏はこうした死者観の変容が怨霊思想の成立するための前提条件であるという。天皇の病気を含む災異は失政を譴責する天に起因し、失政は民を苦しめ、神を怒らせて、それらの怨気《えんき》が天を感応させる。したがって、幽魂を含めた苦の解消が焦眉《しょうび》の課題になるというのである（柴田博子「怨霊思想成立の前提」）。怨霊の発生とその慰霊に関するこうした指摘は、儒教的な天人相関思想にもとづく説明ということができよう。

怨霊への慰霊

怨霊に対して謝罪し、その名誉を回復するとともに、天皇と同等の資格を与えるようになるのは、早良親王の場合が最初である。桓武天皇はその死に臨み、早良親王の名誉を完全に回復し、崇道天皇という追号《ついごう》を贈り、その墓を山陵と称するとともに、国忌《こき》・別貢幣《べっこうへい》の例に預からせた。また、諸国諸郡の正倉《しょうそう》中に崇道天皇のための小倉を建て、稲四〇束を納めさせ、諸国国分寺で永く二月・八月に七日間、金剛般若経を転読させることとした。こうした措置が列島規模で早良の慰霊を未来永劫に継続していくことを企図したものであることは、前述した通りである。

最澄による御霊慰撫

この時期に遣唐使《けんとうし》の一員として入唐し、天台《てんだい》や密教《みっきょう》を学んで帰国した最澄《さいちょう》や空海《くうかい》も、その後、早良親王などの慰霊に関与することになる。最澄は鎮護国家《ちんごこっか》と民衆布教の手段として、護国三部経といわれた法華経《ほけきょう》・金光明経《こんこうみょうきょう》・仁王般若経《にんのうはんにゃきょう》を長講する（長期間にわたって講説する）ことを重んじ、そのさいの願文《がんもん》や法会《ほうえ》の次第をまとめており、これを総称して三部長講会式《えしき》という。具体的には以下の四種の史料をさすが、ここに早良親王をはじめとする御霊慰撫《ごりょういぶ》のことが語られている（櫻木潤「最澄撰「三部長講会式」にみえる御霊」）。

(a)「長講法華経先分発願文」（弘仁《こうにん》三年〈八一二〉四月五日）

我が日本国、開闢《かいびゃく》より以来、登遐《とうか》せる諸尊霊、幷せて崇道天王、代代大臣等、文武諸百官、妙なる浄土に往生し、早く無上の果を成さむが為に。阿弥陀仏《あみだぶつ》。桓武天皇、法華宗《ほっけしゅう》を建立し、一切経《いっさいきょう》を書写し、出家律呂《りつりょ》を調へ、法華経を長講し、伝燈の諸功徳、恒《つね》に日本国を護り、法喜《ほうき》窮尽《きゅうじん》することなからんが為に。阿弥陀仏。

……

(b)「長講法華経後分略願文」（弘仁三年四月五日）

願はくは、崇道天王、吉野《よしの》・淡路《あわじ》等、横夭《おうよう》皇子の霊、親王及び夫人、伯伴成子《はくばんせいし》等、一切中夭《ちゅうよう》の霊、東夷《とうい》諸将軍、及び曹諸将軍、一切横死の霊、及び兇奴《きょうど》等を以《もっ》て、結怨横死の者、西戎《せいじゅう》諸将軍、及び曹諸将軍、一切横死の霊、及び隼人《はやと》等を以て、結怨横死の者、……永く業道《ごうどう》の患ひを離れ、法華経に帰依し、日本国を衛護し、

(c)「長講金光明経会式」（弘仁四年六月）

一切皇霊等、開闢已還諸尊霊、上宮太子《じょうぐうたいし》御霊等、……吉野大后御霊等、崇道天皇御霊等、伊予《いよ》親王御霊等、藤原夫人御霊等、藤原仲成《なかなり》御霊等、藤原内侍《ないし》御霊等、……結恨横死の古今霊、乃至《ないし》一切神霊等を資益《しやく》し、永く八難を離れて天上に生まれ、随意諸仏刹《ぶっさつ》に往生し、妙法を聴聞して無上を悟り、道を得て日本国に還り来たり、昼夜守護して恒に離れず、……

(d)「長講仁王般若経会式」（弘仁四年六月七日）

(c)と同文

(a)では、崇道天王（天皇）以下の諸尊霊が浄土に往生することを祈るために、桓武が法華宗（天台宗）を建立したことを述べる。(b)では、崇道天王（天皇）以下の霊が業道の患いを離れ、法華経に帰依して、日本国を衛護することを願い、(c)(d)では、吉野大后（井上内親王）・崇道天皇以下の御霊が仏刹に往生し、日本国を守護せんことを述べている。いずれも法華経や金光明経・仁王般若経の長講によって御霊を慰め、浄土に往生させることで、日本国を守護する存在となることを祈願している。(a)(b)では崇道天王が御霊の冒頭にあげられ、(c)(d)でも崇道天皇が上宮太子・吉野大后に次ぐ三番目に掲げられており、御霊の代表格として扱われていることが注目される。怨霊がさまざまな災害や疫病を引き起こすのは、彼らが業道を離脱しえず、苦悩しているからであると考えられた。このため怨霊の究極的な救済、成等正覚《じょうとうしょうがく》を祈ることが求められたのである（田村圓澄「神宮寺と神前読経と物の怪」）。

徳をもって怨に報いる

その後、弘仁九年三月から四月にかけて、旱害《かんがい》による不作が広がったが、このとき最澄は藤原冬嗣《ふゆつぐ》からの要請を受けて、四月二十六日から二十八日までの三日間、金光明経・仁王般若経・法華経の三部長講を行った。このとき最澄が作った願文一編と敬白《けいはく》三編が『伝述一心戒文《でんじゅついっしんかいもん》』巻上に伝えられているが、願文には大日本国開闢以来一切国主の御霊、延暦以前一切皇霊、平崩怨薨王霊などが永く三界を出で、皆悉《かいしつ》成仏させるため、法華経を長講すると述べられており、その内容は前述した三部長講会式と大同小異のものであった（薗田香融「最澄の山林主義」）。また、二つ目の敬白には、諦めて般若の甚深法を聴け、一切は空《くう》である、実体のないものに対する執着を絶て、怨をもって怨に報いれば、怨は止まず、徳をもって怨に報いれば、怨はたちまちに尽きると、怨霊救済の論理が語られている。災害や疫病を特定の死霊や神祇の怨恨に帰因すると考える場合、それらに空や無相《むそう》の理《ことわり》を悟らせることによって、離苦得楽をはかり、除災除病を実現するという論理が、古代仏教では一般的に行われていたのである（八重樫直比古「空と勝義の孝」）。

怨に怨をもってすることなく、怨に徳（忍辱《にんにく》）をもってすべきことは、『法句経《ほっくぎょう》』『出《しゅつ》曜経《ようぎょう》』『四分律《しぶんりつ》』などに記されており、長寿王物語としてよく知られている。『老子《ろうし》』六十三章に「怨に報ゆるに徳を以てす」とあるように、これは孔子《こうし》・老子以前の中国の古い格言でもあった。新羅《しらぎ》僧の梵網経《ぼんもうきょう》注釈にも同様の言葉がみえ、七世紀半ばの義寂《ぎじゃく》『梵網経《ぼんもうきょう》菩薩《ぼさつ》戒本疏《かいほんしょ》』に「徳を以て怨に報ゆ」、八世紀半ばの太賢《たいげん》『梵網経古跡記《ぼんもうきょうこしゃくき》』に「怨を以て怨に報ゆるは忍行《にんぎょう》に違ふ」などとある。善珠《ぜんじゅ》の『梵網経略抄《りゃくしょう》』は太賢

『梵網経古跡記』の引き写しであり、最澄の弘仁九年の敬白も同様の内容をもつ（八重樫直比古「空と勝義の孝」）。善珠は早良親王の要請を容れて白業《びゃくごう》を修したさいに、「讐《しゅう》を絶ち、更に怨を結ぶこと勿《なか》れ」と諭し、また御霊となった早良には般若を転読し、無相の理を説いたが、これらはいずれも仏教思想上の伝統的言辞であり、仏教的聖人への道として説かれていたものである。善珠や最澄はこうした伝統的な仏教教義を踏まえながら、早良親王以下の怨霊を慰撫するための修法《すほう》を行っていたのである。

空海による御霊慰撫

一方、空海も御霊の慰撫に関わっていた。弘仁二年十一月九日、空海は右大臣《うだいじん》藤原内《うち》麻呂《まろ》の宣《せん》によって、高雄山寺《たかおさんじ》から乙訓寺《おとくにでら》に移り、乙訓寺を別当《べっとう》して、永く修造に預かるように命じられた（『高野大師御広伝《こうやだいしごこうでん》』）。空海は乙訓寺に多年修理の手が加えられていないため、雨漏りがひどく、築地《ついじ》も破れているので、修理の費用を給付されたいと、僧都《そうず》和尚（少僧都《しょうそうず》の永忠《えいちゅう》か）に依頼している（『高野雑筆集《こうやざっぴつしゅう》』下）。空海は約一年間乙訓寺に居住して、翌年十月二十九日に高雄山寺に帰っている（『伝教大師消息』弘仁三年十一月五日付け泰範《たいはん》宛て最澄書状）。乙訓寺は早良親王が幽閉され、のちに非業の死を遂げた場所であったから、空海がこの寺に入ったのは、早良親王の怨霊鎮魂のためであったと考えられる（松長有慶『空海　無限を生きる』、高木訷元『空海　生涯とその周辺』）。

その後、嵯峨《さが》天皇が伊予親王と藤原吉子《きつし》を追善するために、釈迦牟尼《しやかむに》像・観世音菩薩《かんぜおんぼさつ》像と曼荼羅《まんだら》などを造立し、法会を営んだが、そのさいの願文を空海が作り、「焭魂《けいこん》を抜き翊《たす》けむ」（聖霊を救済せん）と述べている（『性霊集《しょうりょうしゅう》』巻六）、この法会は弘仁十年三月ごろに開かれたとされる（櫻木潤「嵯峨・淳和朝の「御霊」慰撫」）。また、淳和《じゅんな》天皇は天長《てんちょう》四年（八二七）正月五日、一代限りで墾田《こんでん》一〇町を橘寺《たちばなでら》に施入して、春秋悔過《しゅんじゅうけか》料とし、綿三〇〇屯で川原寺《かわらでら》において誦経《ずきょう》を行わせた（『類聚国史《るいじゅこくし》』巻百八十二）。このとき淳和は薬師三尊《やくしさんぞん》像と金字法華経を造写し、空海らを招いて四日間、法華経の講説を行わせ、伊予親王の「焭《けい》霊《れい》を洗はむ」とした（『性霊集』巻六）。伊予親王母子が死を迎えた川原寺で慰霊の法会が開かれ、空海らが講説を行い、その財源が近くの橘寺に施入されたのである。淳和は弘《ぐ》福寺《ふくじ》（川原寺）の修治を空海に委ねているので（『御遺告《ごゆいごう》』）、その後、川原寺における毎年の春秋悔過も空海が取り仕切ったものと思われる（西本昌弘「川原寺の古代史と伽藍・仏像」）。伊予親王のために毎年春秋の悔過が川原寺で行われるというのは、諸国国分寺における崇道天皇読経の場合と類似しており、川原寺周辺では一代限りとはいえ、伊予親王母子に対する慰霊の行事が恒例化したことが注目されよう。

御霊会の前身

以上のように、最澄や空海も早良親王らの御霊慰撫に関わっていた。とくに最澄が、

(c)「長講金光明経会式」や(d)「長講仁王般若経会式」において、吉野大后・崇道天皇・伊予親王・藤原夫人・藤原仲成らの御霊の慰撫につとめているのは、貞観《じょうがん》五年（八六三）の御霊会《ごりょうえ》の先蹤《せんしょう》をなすものとして重要であるが（櫻木潤「最澄撰「三部長講会式」にみえる御霊」）、空海が関わった川原寺における伊予親王の慰霊法会も、大和国南部に伊予親王の慰霊行事を一時定着させるなど、一定の役割を果したものと思われる。

二　神泉苑御霊会

御霊会の記事

早良親王が非業の死を遂げてから七八年後の貞観五年（八六三）五月、平安京の神泉苑《しんせんえん》において御霊会が催され、崇道天皇以下六座の御霊を慰めるため、さまざまな行事が繰り広げられた。『日本三代実録《にほんさんだいじつろく》』貞観五年五月二十日条にみえる御霊会の記事を、その内容によって分けながら掲げると、以下のようになる。

①神泉苑に於て御霊会を修す。勅して左近衛中将《さこのえちゅうじょう》従四位下《じゅしいのげ》藤原朝臣《あそん》基経《もとつね》、左近衛権《ごんの》中将従四位下兼内蔵頭《くらのかみ》藤原朝臣常行《つねゆき》等を遣して、会の事を監せしむ。王公卿士赴き集まりて共に観る。霊座六前、几筵《きえん》を設け施し、花果を盛り陳《なら》べ、恭敬薫修《くぎょうくんじゅ》

す。

②律師《りっし》慧達《えたつ》を延《まね》きて講師と為し、金光明経一部、般若心経《はんにゃしんぎょう》六巻を演説せしむ。

③雅楽寮《うたりょう》の伶人《れいじん》に命じて楽を作《な》し、帝の近侍児童及び良家の稚子《ちし》を以て舞人《まいびと》と為す。大唐《だいとう》・高麗《こま》更に出でて舞う。雑伎《ざつぎ》・散楽《さんがく》競ひて其《そ》の能を尽くす。此《こ》の日宣旨《せんじ》して、苑の四門を開き、都邑《とゆう》の人の出入・縦観《しょうかん》を聴《ゆる》す。

④所謂《いわゆる》御霊とは、崇道天皇・伊予親王・藤原夫人、及び観察使《かんさつし》・橘逸勢《たちばなのはやなり》・文室宮田麻呂《ふんやのみやたまろ》等是《これ》なり。並びに事に坐《ざ》して誅せられ、冤魂厲《えんこんれい》と成る。近代以来、疫病繁く発《おこ》り、死亡甚だ衆《おお》し。天下以為《おもえ》らく、此の災ひ、御霊の生《な》す所なりと。京畿《けいき》より始めて、外国に爰及《およ》ぶまで、夏天・秋節に至る毎《ごと》に、御霊会を修し、往々断たず。或《ある》は仏を礼し経を説き、或は歌ひ且つ舞ふ。童貫《どうがん》の子をして靚粧《せいそう》して馳射《ちしゃ》し、膂力《りょりょく》の士袒裼《たんせき》して相撲《すまい》し、騎射《うまゆみ》芸を呈し、走馬勝ちを争ひ、倡優《しょうゆう》の嫚戯《まんぎ》、逓《かわるがわる》相誇り競はしむ。聚《あつま》りて観る者、塡咽《てんえつ》せざる莫《な》し。遐邇《かじ》因循《いんじゅん》して、漸《ようや》く風俗と成る。

⑤今茲《こんじ》の春の初め、咳逆《がいぎゃく》疫と成り、百姓多く斃《たふ》る。朝廷祈りを為し、是《ここ》に至りて乃《すなわ》ち此《こ》の会を修す。以て宿禱を賽《むく》ゆるなり。

まず①は、平安京の神泉苑において御霊会が行われたことを述べる。清和《せいわ》天皇の勅を受け、藤原基経と藤原常行が派遣されて、御霊会のことを取り仕切った。京中の王公卿士が集まって観覧した。霊座は六前用意され、机と筵《むしろ》を設けて、花果を盛り並べ、うやうやしく修法を行ったという。②は僧による読経のことを述べ、律師の慧達が講師となり、金光明経一部と般若心経六巻が講説されたという。③は御霊会のさいの芸能について述べる。雅楽寮の伶人（楽人《がくにん》）が楽を演奏するなか、清和天皇に近侍する児童や良家の少年が舞人となる。さらに大唐舞や高麗舞が行われ、雑伎や散楽もその芸能を競った。この日宣旨により、神泉苑の四門を開き、京都周辺の人々が出入して参観することを許した。

開催の背景

④は今回の御霊会開催にいたる前提を述べたものである。いわゆる御霊とは崇道天皇・伊予親王・藤原夫人（藤原吉子）・観察使（藤原仲成）・橘逸勢・文室宮田麻呂らをさす。事件に連座して殺されたが、冤魂（無実の罪で亡くなった人の魂）は厲（鬼《おに》）となり、ちかごろ疫病《えきびょう》をしばしば発生させ、甚大な死者を出した。諸国の人々は、この災いは御霊が起こしたものであると考えた。京畿よりはじめて、外国に及ぶまで、夏天・秋節にいたるごとに、御霊会を修し、中断させなかった。あるいは仏を礼し経を説き、あるいは歌いまた舞った。少年に化粧させて馳射させ、力持ちの者に上着を脱いで相撲させ、騎

射・走馬・倡優の嫚戯など、代わる代わる芸能を競わせた。集まり観覧する者はひしめきあっていた。遠くも近くも習慣となり、ようやく風俗となっている。

最後に⑤は、朝廷が御霊会を開催した理由を述べたもので、今年の春先から、咳逆《がいぎやく》が流行して疫病となり、百姓が多く倒れたため、朝廷は祈禱を行ったが、ここにいたって御霊会を修したのであるという。

咳病の流行

たしかに貞観四年の冬から五年の春にかけて、京都や諸国では咳逆が流行していた。『日本三代実録』によると、貞観五年正月二十一日、天下が咳病を患ったため、内宴《ないえん》が停止され、清和天皇の住まいである雅院《がいん》で七日間の修法が行われた。正月二十七日条には、去年の冬末より今月にいたるまで、京および全国で咳逆が流行して、死者が甚大な数に上ったため、御在所および建礼門《けんれいもん》・朱雀門《すざくもん》で大祓《おおはらえ》が行われ、災疫を攘ったとある。三月四日には、今春は咳嗽《がいそう》が流行し、病死する者が多かったという理由で、七道《しちどう》諸国の名神《みょうじん》に班幣《はんぺい》が行われた。四月三日には、伯耆《ほうき》講師の賢永《けんえい》が、疫病頻発・死者増大を仏力で救うため、一万三千仏・観世音菩薩像を描き、一切経を写して国分寺に安置し、毎年一〇〇斛《こく》を出挙《すいこ》して灯明料《とうみょうりょう》とせんことを奏上して許された。五月二十日に行われた御霊会は、こうした東宮《とうぐう》雅院をはじめとする平安宮内や国分寺などで行われた祈禱行事ののちに、京や諸国で流行する咳逆を鎮めるために、平安京内の神泉苑で大規模に行われたものであった。

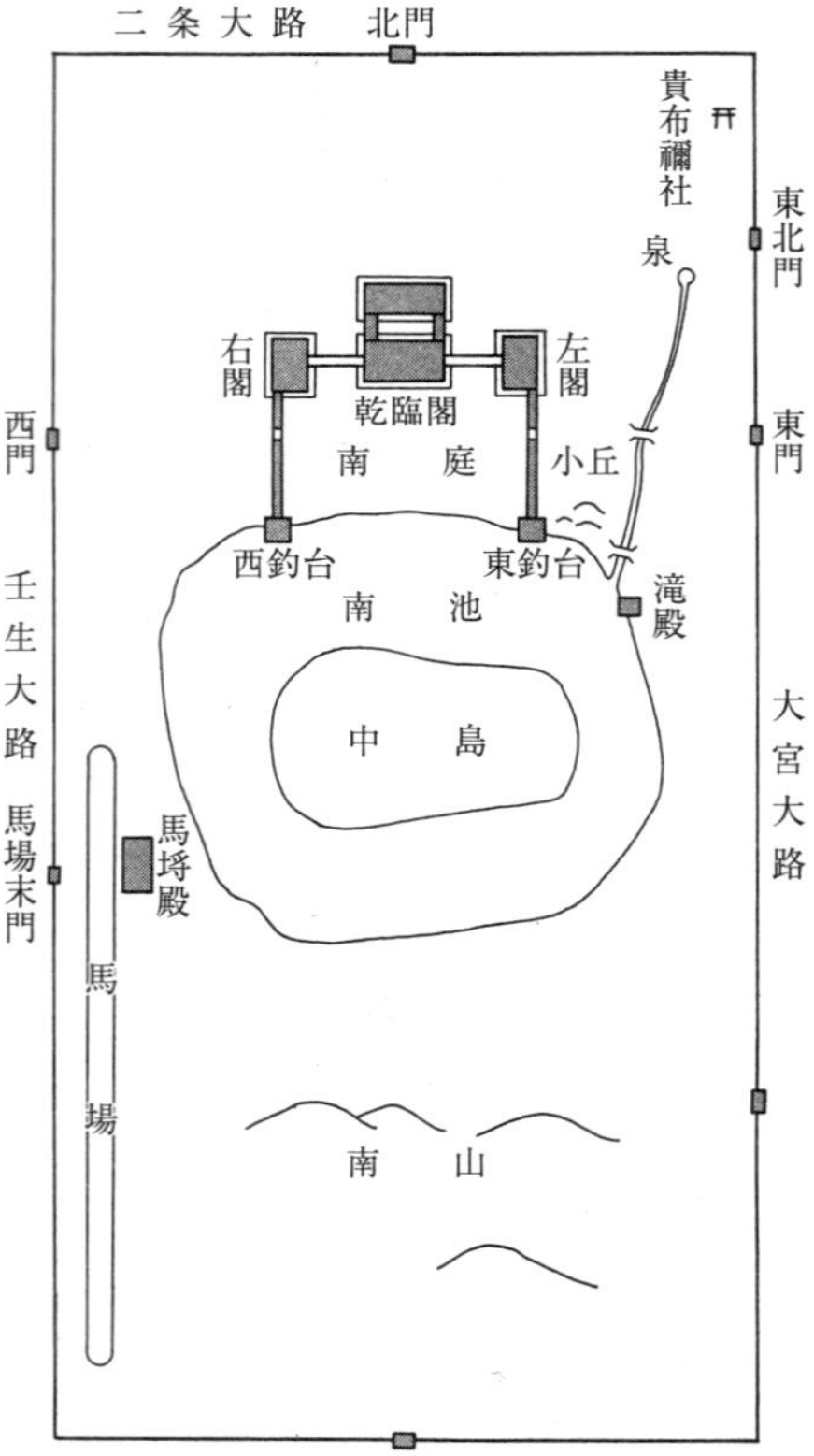

弘仁期の神泉苑復原図
（太田静六『寝殿造の研究』より）

その後の御霊会

神泉苑で行われた貞観五年の御霊会は、御霊会の初見記事としても有名である。この二日後、清和天皇は雅院に神泉苑御霊会の舞童を召し、その様子を見ている。雅楽寮が音楽を奏しているので、御霊会のさいの童舞《どうぶ》を御前で再現させたのであろう。貞観七年五月十三日には、四人の僧を神泉苑に招き、般若心経を読ませる一方で、六人の僧を七条大路の衢《ちまた》で朱雀《すざく》道（朱雀大路《おおじ》であろう）の東西に分配し、朝夕二回、般若心経を読ませた。夜には佐比寺《さいでら》僧の恵照《えしょう》が疫神祭《えきじんさい》を修して災疫を防いだ。このときはあらかじめ左右京《さうきょう》職《しき》が東西九ヵ条の男女から一人一銭を出させ、僧の布施・供養に充てた。京邑《きょうゆう》の人民が功徳を頼り、天行《てんぎょう》を免れるようにさせるためであったという。このように平安京内における防災の読経時に、左右京の住人から布施・供養を出させているのは興味深い。住民みずからが布施・供養を負担することで、仏力により天災を逃れんとする意識が存在したこと、あるいはそうした意識を朝廷が京内の住民に植えつけようとしていることを示唆する。貞観七年六月十四日には、京畿七道において人々が御霊会と称して私的に徒衆《としゅう》を集め、走馬や騎射を行うことを禁じた。小児が集まり戯れることは制限しないという。全国的に御霊会がさかんに催されていたことをうかがわせるとともに、京職や国衙《こくが》が関与しない御霊会は私的なものとして禁止される場合があったことが確認できよう。

御霊会はその後、祇園《ぎおん》御霊会、北野《きたの》御霊会などの名称で、平安京内の各寺社でさかんに行われ、中世都市京都を代表する祭祀として定着していった。このため、初期の御霊会研究においては、平安京の都市民と御霊会の結びつきが強調された。

肥後和男氏は、疫病を御霊の所為とする判断は、民衆の政治的批判力の発達にもとづくもので、平安京の都市的発達がそうした批判力を発現させたという（肥後和男「平安時代における怨霊の思想」）。高取正男氏は、平安前期における地方豪族や民衆の組織的流入によって、平安京の性格が変貌した結果、怨霊が彼らの間に受容されて、社会的畏怖の対象となり、平安京に御霊会が成立し、地方に波及したと論じる（高取正男「御霊会の成立と初期平安京の住民」）。井上満郎氏は、御霊信仰は市民階層や平安京の都市構造の変化にともなって発生したもので、外界（京外）から侵入して破壊する御霊を排除することが、御霊会の目的と内容であったとした（井上満郎「御霊信仰の成立と展開」）。藪田嘉一郎氏は、御霊信仰は『春秋左氏伝《しゅんじゅうさしでん》』に記す怨霊の故事に依拠したものであるが、これが平安京の都市生活のなかに興隆したことは事実であると指摘する（藪田嘉一郎「御霊信仰の成立と念仏」）。

平安京内では天延《てんえん》二年（九七四）以降、祇園御霊会が行われ、正暦《しょうりゃく》五年（九九四）に北野船《ふな》岡山《おかやま》御霊会、長保《ちょうほ》三年（一〇〇一）に紫野今宮《むらさきのいまみや》御霊会、長和《ちょうわ》四年（一〇一五）に出雲寺《いずもじ》御霊会がそれぞれ催された。平安時代中期以降のこうした御霊会を考える場合、平安京の都市民と祭祀との関わりを考えるのは当然のことであるが、貞観五年御霊会やそれ以前の諸国御霊会の背景を考えるさいには、平安京の都市民との関わりは中心的な課題とはならない。

政治史的意義

御霊会の研究のなかには、その背景に藤原良房《よしふさ》らの政治的意図を読み取るものがある。今市優子氏は、御霊は嵯峨天皇系・藤原冬嗣系の直系相続の途上で失脚させられた人々であることから、良房を中心とする朝廷が、疫病流行のさなかに、民間の疫神祭祀を取り入れて、失脚者を御霊として鎮魂する行事を主催したのであり、現在の朝廷の安定と正統性を主張する意図があったと説いた（今市優子「貞観五年御霊会の成立について」）。宮崎浩氏は、貞観五年の御霊会の真の目的は、北家《ほっけ》にまつわる怨霊を「御霊」と名づけ、彼らを疾病《しっぺい》沈静の名目で慰撫し、良房の精神的安堵を得、政治批判の高まりを防ぐことで、北家の繁栄を祈る政治的演出であったという（宮崎浩「貞観五年御霊会の政治史的考察」）。山﨑雅稔氏は、神泉苑御霊会は桓武以来の王統につきまとっていた怨霊を鎮め、疫病の流行を抑えることを通して、清和天皇の成人や良房の六十賀を準備するもので、清和―良房体制の政治的安定を企図したものであったと論じた（山﨑雅稔「貞観五年神泉苑御霊会の政治史的考察」）。

以上の議論は神泉苑御霊会の政治史的意義を探ったもので、貞観五年に朝廷が開催した意図を掘り下げて論じたものといえる。ただし、貞観五年に御霊会が開催される背景には、④に詳しく記されたような諸国における御霊会の存在がある。崇道天皇の御霊慰撫を考察する本書では、そうした貞観五年以前の諸国御霊会の様相を解明することが重要となるので、清和天皇や藤原良房にとっての御霊会開催の意義については、以上のような研究があることを紹介するにとどめたい。

三　諸国御霊会と早良親王

御霊会の起源

御霊会は本来、諸国の民衆によってはじめられた行事で、貞観五年（八六三）に神泉苑御霊会が開催される以前から行われていたものである。そのことは、前掲した『日本三代実録』の御霊会記事の④の部分に詳しく記されており、御霊会の研究史においても、早くから指摘されてきたところである。

長洋一氏は、朝廷が御霊会を行う以前に、民間においては早くから御霊会が行われていたと述べ（長洋一「貞観五年御霊会についての一試論」）、柴田實氏は、御霊会はもともと民間の習俗にもとづくものであったとし（柴田實「祇園御霊会」）、下出積與氏は、御霊会には朝廷の御霊会とすでに民間で行われてきている御霊会の二種類があるとする（下出積與「怨霊と民衆」）。今市優子氏は、貞観五年の官製御霊会が行われる以前に、八三〇年代には民間における御霊会が創始されていたと説き（今市優子「貞観五年御霊会の成立について」）、安井速氏も、中央における貞観五年御霊会以前に、承和年間に民間の御霊信仰が明確化していたとする（安井速「御霊信仰の成立」）。

また山中裕氏は、御霊会のはじまりは貞観五年五月であるが、すでにこのとき大変整った儀式がみられるので、この行事そのものはかなり古くから行われていたとみられると述べ（山中裕「儀礼としての御霊信仰」）、山﨑雅稔氏は、貞観五年の御霊会の記事からも明らかなように、民間ではすでに疫病のために御霊会を修していたと述べ（山﨑雅稔「貞観五年神泉苑御霊会の政治史的考察」）、笹岡弘隆氏は、春から秋にかけて御霊会を行うことが全国的な習俗として広く定着していたことを受けて、ついには朝廷が主催して御霊会を開催するにいたったと論じている（笹岡弘隆「御霊信仰に関する整理ノート」）。

諸国の御霊会

貞観五年の神泉苑御霊会以前に諸国で御霊会が行われていたことは、前掲した貞観五年五月条の④に詳しく記されていることで、多くの論者も指摘している通り疑問の余地はない。④の冒頭に「所謂御霊とは、崇道天皇・伊予親王・藤原夫人、及び観察使・橘逸勢・文室宮田麻呂等是なり」とあるのは、諸国において御霊として祀られた人々を網羅的に表現したものであろう。崇道天皇への祭祀は全国的なものであったろうが、伊予親王・藤原吉子への祭祀は大和国南部、橘逸勢への祭祀は遠江《とおとうみ》国、文室宮田麻呂への祭祀は伊豆《いず》国など、彼らの終焉の地を中心としたものであったのではないか。崇道・伊予・吉子ら冤罪で亡くなった人々の御霊は、厲（鬼）となって疫病を発生させ、多くの死者を出した。諸国の人々は、この災いは御霊が起こしたものであると考え、夏天・秋節にいたるごとに御霊会を修して、礼仏・読経し、種々の芸能を行った。諸国ではこれが慣例となり、風俗となっていたのである。

注意すべきは「始自京畿、爰及外国」の解釈である。「京畿より始めて、爰《ここ》に外国に及ぶ」と読み、「御霊会は京畿にはじまり、外国に波及した」と解釈するのが一般的であるが、「爰」には引く、及ぶの意味があるので、「爰及」は同義語を重ねたものとみるべきで、「京畿より始めて、外国に爰及《およ》ぶまで」と読み、「京畿はもちろん外国まで」の意味に解する笹岡弘隆氏説が妥当であろう（笹岡弘隆「御霊信仰に関する整理ノート」）。同様の例として、『日本三代実録』貞観九年三月十二日条に、清和天皇が皇太后藤原明子《めいし》のために常寧殿《じょうねいでん》で宴を催したさいに、宮僚（皇太后宮職《こうたいごうぐうしき》の職員）が「大夫《だいぶ》より始めて、舎人《とねり》に至るまで」饗禄を賜ったとあり、元慶《がんぎよう》二年（八七八）四月二十九日条に、百の高座を設けて仁王般若経会を行ったが、京師《けいし》では「御在所より始めて、聖神寺《しようじんじ》に至るまで三十二、畿内《きない》及び外国に六十八の高座が設置された」などとある。「～より始めて、～に至る（及ぶ）まで」は、事象の時間的継起を示すものではなく、事象の広がる範囲を示すものとみなければならない。要するに、貞観五年以前から諸国では疫災は御霊のしわざであると考え、毎年の夏から秋にかけて御霊会を修していたと理解してよいのである。

貞観五年以前の御霊会

貞観五年以前に諸国で行われた御霊会については、以下のような事例がその前提あるいは参考例として取り上げられている。

(i)『類聚国史』巻十一、弘仁九年（八一八）九月十日条
諸国で疫癘《えきれい》が流行したため、天下諸国で斎《さい》を設け僧を屈し、金光明寺《こんこうみようじ》で金剛般若波羅密経を五日間転読させた。

(ii)『日本紀略《にほんきりやく》』天長七年（八三〇）四月二十六日条
大宰府《だざいふ》管内と陸奥《むつ》・出羽《でわ》等国で疫癘が流行し、夭死者《ようししや》が多く出たため、五畿内七道諸国に命じて、精進僧に国分寺で三日間、金剛般若経を転読し、不祥を除かせた。

(iii)『続日本後紀《しよくにほんこうき》』承和四年（八三七）六月二十一日条

疫癘が起こり、疾苦者が多く出たため、五畿内七道諸国内の行者《ぎょうじゃ》に命じて、国分《こくぶん》僧寺《そうじ》で三日間、昼は金剛般若を読み、夜は薬師悔過《やくしけか》を行わせた。

(iv)『続日本後紀』承和六年閏《うるう》正月二十三日

諸国で疾疫が起こり、百姓が夭折したため、天下国分寺で七日間、般若を転読させ、僧医を派遣して治養《ちよう》させた。また郷邑に毎季疫神《えきじん》の敬祀《けいし》を命じた。

(v)『日本文徳天皇実録《にほんもんとくてんのうじつろく》』仁寿《にんじゅ》二年（八五二）十二月二十六日条

五畿内七道諸国に勅して、練行僧を請い、金剛般若経を読み、疫神を資《たす》けさせた。

今市優子氏は(iv)の事例などに注目しながら、九世紀前半には仏教儀礼を用いる疫神祭祀が郷邑にまで広められ、これが民間における御霊会の下地となったと論じている（今市優子「貞観五年御霊会の成立について」）。また、伊藤唯真氏は(i)(iv)の事例をあげながら、怨魂が祟りをなし疫病をもたらすという考え方は民間社会の発想であり、こうした民間の信仰を基盤に、官的発想のもとに特定の御霊を祀る神泉苑御霊会が整備されたと説く（伊藤唯真「神泉苑と御霊会」）。さらに山田雄司氏は、政治的失脚者を祀る御霊会は朝廷が執行した貞観御霊会に限定され、地方では疫神を祀り疫病を退散させるための御霊会という意識が強かったと述べる（山田雄司「怨霊研究序説」）。たしかに(i)〜(v)の事例は、諸国国分寺で読経により疫神を鎮める仏教儀礼が行われていたことを示すもので、これを地方における御霊会の先駆けと評価することは可能であろう。ただし、こうした仏教儀礼は朝廷の命令により諸国国分寺で挙行されたものであるから、民間の行事であることを強調しすぎるのは問題である。

諸国から平安京へ

ここで想起すべきは、延暦二十五年（八〇六）以来、崇道天皇のために諸国国分寺において毎年二月・八月の八日から十四日までの七日間、金剛般若経の転読が行われていたことである。そのさいの布施料は諸国の正税《しょうぜい》から支出されたが、供養料は諸国正倉中の小倉に毎年貯えられた稲四〇束から捻出されたと考えられる。貞観五年の神泉苑御霊会を遡ること五十七年も前から、毎年二月・八月の二度、崇道天皇の御霊を慰撫するため諸国国分寺において金剛般若経の転読が行われていたという事実は、諸国御霊会の濫《らん》觴《しょう》をなすものとしてもっと注目されてよい。追塩千尋氏が、国分寺における崇道天皇の御読経は、地方における御霊会といえると指摘する通りである（追塩千尋「中世後期国分寺の実態」）。前述したように、弘仁九年・天長七年・承和四年などには、疫病発生時に臨時の疫神祭祀が諸国で行われていたが、それ以前の延暦二十五年から毎年二度、諸国国分寺において疫神としての崇道天皇を慰撫する恒例行事が連綿と続けられていたのである。貞観五年の神泉苑御霊会で御霊六座の筆頭にあげられるのも崇道天皇であった。延暦二十五年から継続される崇道天皇のための諸国国分寺読経が中心となり、各地域において伊予親王・藤原吉子・橘逸勢・文室宮田麻呂らの霊座を加えた諸国御霊会が成立し、これを受ける形で、貞観五年に平安京において朝廷が神泉苑御霊会を開催したと考えられるのである。

前述したように、すでに天平年間から民間では政争に敗れた藤原広嗣らの霊が社会に害を与えることを恐れ、死者への鎮魂儀礼が行われており、朝廷もこれに一定の援助を行っていた。諸国御霊会が成立する下地には、こうした在地における御霊への畏怖があったが、延暦二十五年以降、諸国国分寺において毎年春秋に崇道天皇読経が行われるようになると、御霊の慰撫が全国に波及して年中行事化することとなり、主として諸国国分寺で行われる御霊会として定着していったものと思われる。

諸国御霊会と芸能

諸国で行われていた御霊会のことを伝える史料はきわめて少ないが、そのなかに次の二つの史料がある。ひとつは、十一世紀の農村生活をうかがわせる書状群である『高山《こうざん》寺《じ》本《ぼん》古《こ》往来《おうらい》』で（奥田勲「高山寺本古往来をめぐって」）、その第二十には、御霊会の試楽《しがく》に役を仰せつけられた巌松丸《いわまつまる》のために、装束《しょうぞく》用の革の借用を申し入れた書状が収められている。また第二十二には、今夜の国分寺の高名な猿楽《さるがく》では、結土《くぐつ》と蟾舞《ひきまい》が上演され、近辺の人々や遠郡の民も市をなして来集したとある。地方の御霊会において試楽が行われ、国分寺では猿楽が行われたことがわかる。五味文彦氏はこれらの古往来から、地方の国分寺を舞台にして行われた御霊会の芸能の様子がよくうかがわれるとし、九世紀にはじまった御霊会の発展した姿をそこに見出すことができると論じている（五味文彦「御霊信仰」）。

いまひとつは、十二世紀前半成立の『今昔物語集《こんじゃくものがたりしゅう》』巻二十八—七「近江国矢馳《おうみやばせ》の郡司の堂供養田楽《でんがく》の語」である。近江国（栗太郡《くりた》）矢馳の郡司の男が年来所願の仏堂を造営したので、その供養のために比叡山西塔《ひえいざんさいとう》の教円《きようえん》を招いた。教円は郡司の家に向かう道筋で、笛を吹き、高拍子《たかびようし》を突き、ささらを突き、杁《えぶり》を差して、田楽を行う人々と出会い、「今日はこの郷《さと》の御霊会にや有らん」と思ったという。近江国栗太郡の郡司邸の近くで人々が田楽を行っているのをみて、教円は郷の御霊会が行われていると判断したのである。小峯和明氏は、この説話から郷村の御霊会と田楽の深い結びつきを読み取り、講師の説教に続き、正統な雅楽《ががく》と〈もどき〉の散楽や雑芸が演じられ、さらには競馬《くらべうま》や相撲・射芸《しゃげい》が行われ、群衆の眼を奪ったと説いている（小峯和明「御霊信仰論」）。

以上の二つの史料は、十一世紀・十二世紀に行われていた諸国における御霊会の姿を断片的に伝えたものである。一方、十三世紀に下るものながら、薩摩《さつま》の国分寺関係史料には、崇道天皇のための読経と深く関わる形で御霊会が行われていたことを示す文書が含まれている。それは弘安《こうあん》七年（一二八四）の「天満宮・国分寺恒例神事次第」（山口隼正「薩摩国分寺文書」、『鎌倉遺文《かまくらいぶん》』巻二十、一五三七〇号）という史料である。

天満宮・国分寺恒例不退御神事次第

（中略）

二月分（中略）

八日　尼寺薬師講《やくしこう》、僧膳寺役。幷講堂崇導天王御読経、仏供料庁役。

十五日　御霊会御祭幷十七社御供、寺役、饗膳高城郡内若吉勤。饗膳宮里郷五十五前。在庁寺社所司三昧三方会向御神事。

十六日　泰平寺《たいへいじ》御霊会御祭幷十七社御供、高城郡内若吉役。饗膳諸郡郷院役。一国大営。

在庁《ざいちょう》・寺社所司《しょし》三昧《さんまい》、馬上供奉。三方《さんぼう》会向御神事、在舞楽《ぶがく》。

御霊会次第

高城《たき》郡、霊供米二升、騎兵一人、競馬一疋、相撲二人、廊一間、二立一前、次三十前、帯布一段。

薩摩郡、霊供米二升、騎兵一人、競馬一疋、相撲二人、廊一間、二立一前、次卅前。

入来院《いりき》、霊供米一升、騎兵一人、競馬一疋、相撲二人、楽所屋一宇、二立一前、次十二前。
祁答院《けどう》、霊供米二升、騎兵一人、競馬一疋、相撲二人、廊一間、二立一前、次十二前。
牛屎院《うしくそ》、霊供米二升、騎兵一人、競馬一疋、相撲二人、廊一間、二立一前、次三十前。

（中略）

鹿児嶋郡《かごしま》、霊供米二升、騎兵一人、競馬一疋、相撲二人、廊一間、鼓打一人、笛吹一人、拍子打一人、殖女一人、苗引一人、二立一前、次三十前。
谷山郡《たにやま》、霊供米二升、騎兵一人、競馬一疋、三立一前上料、相撲二人、廊一間、鼓打一人、拍子打一人、殖女一人、高足一人、帯布一段廻役、頓宮筵十一枚、饗膳二十五前。
給黎郡《きいれ》、霊供米一升、騎兵一人、競馬一疋、相撲二人。
指宿郡《いぶすき》、霊供米一升、騎兵一人、競馬一疋、相撲二人。

（中略）

御神事次第、十五・六両日如此。

薩摩国分寺では毎年二月八日に講堂で「崇導天王」（崇道天皇）御読経が行われ、その仏供料は在庁が負担した。古代には崇道天皇のための読経は二月・八月の各七日間行われていたので、中世の薩摩国分寺でも二月八日から十四日までの七日間が式日であったと思われる。そして、御読経が終了した翌日の二月十五日には国分寺で御霊会が行われ、その饗膳は高城郡内の若宮名《わかみやみょう》が勤仕《ごんじ》した。翌日の十六日には泰平寺で御霊会が行われ、饗膳は薩摩国内の諸郡・郷・院が負担したという。さらにそのあとに「御霊会次第」として、薩摩国内の高城郡・薩摩郡・鹿児嶋郡・谷山郡・給黎郡・指宿郡などの六郡、入来院・牛屎院などの七院、日置南郷《ひおきなんごう》・加世田別府《かせだべっぷ》などから出される「霊供米」以下、騎兵・競馬・相撲・鼓打・笛吹・拍子打・殖女《うえめ》・苗引《なえびき》などの数がそれぞれ書き上げられている。

一国をあげての大神事

二月八日から十四日までの七日間、薩摩国分寺において崇道天皇のための御読経が行われたのち、十五日に国分寺において、十六日には泰平寺において、それぞれ御霊会が催され、両日とも薩摩国内の諸郡・郷・院から霊供米が供えられるとともに、騎兵・競馬・相撲などの人員と馬が出され、谷山郡と鹿児島郡からは鼓打・笛吹・拍子打・殖女・苗引・高足など田楽の要員が出されたということになろう。崇道天皇のための国分寺御読経と連動する形で御霊会が開かれ、国内の諸郡・郷・院に霊供米や芸能の用途・要員が割り当てられ、薩摩一国の力をもって、国分寺や泰平寺の神事にあたっていたことが判明するのである（鹿児島県『鹿児島県史』第一巻）。

薩摩国分寺跡は薩摩川内市《さつませんだいし》国分寺町字大都《うど》・下台《しもだい》に所在し、一九六八〜七〇年の発掘調査で金堂《こんどう》・講堂の規模・構造が判明した。出土瓦からみて、十世紀代に創建され、平

薩摩国国分寺跡

安時代末と鎌倉時代末に再建されたことがわかる（小田富士雄「薩摩国分寺跡の調査成果」）。薩摩国分寺は応和《おうわ》年間（九六一〜九六四）に大宰府天満宮の別当寺である安《あん》楽寺《らくじ》の末寺《まつじ》となったため、天満宮を勧《かん》請《じょう》して国分寺の鎮守とし、天満宮と薩摩国分寺を一体化させたといわれる（鹿児島県『鹿児島県史』第一巻、山口隼正「薩摩国分寺文書」）。ただし、安楽寺の末寺となるのは十一世紀後期のこととみる意見もある（日隈正守「薩摩国における荘園公領制の形成過程」）。国分徳子氏旧蔵文書（東京大学史料編纂所所蔵）を調査した山口隼正氏は、建保《けんぽう》二年（一二一四）の「損色注文」に薩摩国の天満宮・国分寺・

国分尼寺それぞれの本尊・伽藍《がらん》が詳細に書き上げられていることを紹介し、中世薩摩国における天満宮・国分寺・国分尼寺の一体性をより具体的に明らかにした（山口隼正「中世薩摩国分二寺の伽藍と嫡流国分氏」）。また、この国分氏旧蔵文書に「国分寺・尼寺泰平寺」とあることから、中世には泰平寺が国分尼寺であったことがわかる。泰平寺の故地は僧寺の南方一キロ弱の字外原《ほかはら》に残されている（鹿児島県川内市『川内市史』上巻）。

御霊会と転読の連動

鎌倉時代の薩摩国では、二月八日から十四日まで国分寺講堂で崇道天皇御読経が行われ、読経終了後の十五日に国分寺で、翌十六日には泰平寺（国分尼寺）で、それぞれ御霊会が開催されていたのである。また、前述した「損色注文」では、国分尼寺に「御霊社一宇」が存在したことが記されており、御霊信仰との関連をうかがわせる（山口隼正「中世薩摩国分二寺の伽藍と嫡流国分氏」）。薩摩国の国分二寺の御霊会において、正統な舞楽に代わって田楽が主体となっている点は、十一世紀や十二世紀の諸国御霊会と同様の様相を示しているが、御霊会のさいに騎兵・競馬・相撲などが行われているのは、九世紀の諸国御霊会と一致している。こうした御霊会が国分寺における二月の崇道天皇御読経と連動する形で挙行されていることは注目に値しよう。薩摩国の国分二寺で行われていた毎年二月の崇道天皇御読経と御霊会とは、古い様相をよく残すものといえるのではないだろうか。

崇道天皇読経と諸国御霊会

以上に述べてきたことを要約しながら、諸国御霊会の成立過程について、私なりの見通しを述べてみたい。延暦二十五年三月、崇道天皇のために永く諸国国分寺にて、二月・八月の各七日間、金剛般若経を転読し、その霊を慰めることが命じられた。この読経の布施料は諸国正税から支出されたが、読経終了後の斎会の供養料については、この前年、諸国諸郡の正倉中に小倉を建て、稲四〇束の収納を命じたものが使用されたと考えられる。こうして崇道天皇のための読経を毎年二度、諸国国分寺で行い、読経終了後の二月十五日と八月十五日には斎会を催すことが定着し、両月十五日の斎会は御霊会と称して、各郡から供物や種々の芸能が奉納されるようになったのであろう。諸国における御霊会の成立である。

怨霊の救済

御霊会は苦悩している怨霊を救済し、これを慰撫するためのものであった。田村圓澄氏は、怨霊は業道を離脱しえず苦悩しているから、大般若経《だいはんにゃきょう》などを読むことで、怨霊が苦を離れ、救済されることを祈ったという（田村圓澄「神宮寺と神前読経と物の怪」）、長洋一氏は、民間の御霊会は怨魂の苦を解いてやることで、疫病を鎮めるという思想で行われたとする（長洋一「貞観五年御霊会についての一試論」）。柴田實氏は、六座の御霊は遷却すべき対象というよりも、むしろ慰和の対象と考えられており、歌舞・雑芸・騎射・相撲などで歓楽を尽くしているのはそのためであると説いた（柴田實「祇園御霊会」）。諸国御霊会・神泉苑御霊会のいずれもが、種々の供物のほか、多彩な芸能を奉納しているのは、これらの芸能によって御霊を慰撫しようとしたことを示している。

前述したように、貞観五年以前の諸国御霊会の段階で、崇道天皇を筆頭に、伊予親王・藤原夫人らの六座の御霊が祀られていた。当初は崇道天皇のみが対象とされた二月・八月の金剛般若経転読に、地域によってはやがて伊予親王・藤原吉子・橘逸勢らが加わることで、行事名としては崇道天皇のみが表に出ているが、その内実は複数の御霊を慰撫する行事へと変化していったのではないだろうか。鎌倉時代の薩摩国分尼寺には御霊社が存在したが、かつて山城国分寺の近傍には鎮守社としての御霊社があり（『山州名跡志』第二巻）、現在の越前《えちぜん》国分寺の近くにも御霊《ごりょう》神社が残されている。現在の御霊神社の祭神《さいじん》はさまざまであるが、国分寺や国分尼寺の境内に御霊神社が存在することは、国分寺で行われた御霊会が複数の御霊を慰撫するための行事であったことを示唆している。

九条家と早良親王

『九条《くじょう》家《け》文書《もんじょ》』七、二一六〇号の「家門《かもん》相承事」には、九条家の邸宅に近接する東《ひがし》九条荘《くじょうのしょう》の由来について、次のような伝承が語られている。

中臣《なかとみ》氏《し》の祖先の真人大連《まひとおおむらじ》が金印を拾い、地下に埋め、のちにこの地が帝都となることを予言した。宝亀十年（七七九）に皇太子早良が勝絶の境地を求めて、この地に一宇の閑室を構えた。早良太子の閑室を忠仁公《ちゅうじんこう》（藤原良房）の御所《ごしょ》として、染殿《そめどの》皇后（藤原明子）を養育した。近代はここを成興寺《じょうこうじ》とした。成興寺の阿閦院《あしゅくいん》は金印を埋めたところである。崇道天皇の旧跡のよしみにより、五月五日に崇道天皇の神輿《みこし》を寄せるようになった。

この九条家文書には九条尚経《ひさつね》の花押《かおう》が据えられているので、十六世紀初頭に書写されたものであるが、九条家本『延喜式《えんぎしき》』巻四十二所収の「左京図」にも関連する記述がみえる。すなわち、この図では平安京九条三坊十三町・十四町に「九条太政大臣《だいじょうだいじん》殿、忠仁公伝領也」と書き込まれているが、その右傍に「城興院《じょうこういん》」、左傍に「早良太子家、真人大連埋金印地」と記されており、忠仁公伝領地の九条太政大臣（藤原信長《のぶなが》）邸が城興院（成興寺）の地であり、（もとは）早良太子の家であったと述べている。この「左京図」の記載は十二世紀に遡るものといわれるので（田中稔「京図について」）、金印や早良太子家に関する伝承は平安時代末期には出来上がっていたようである。

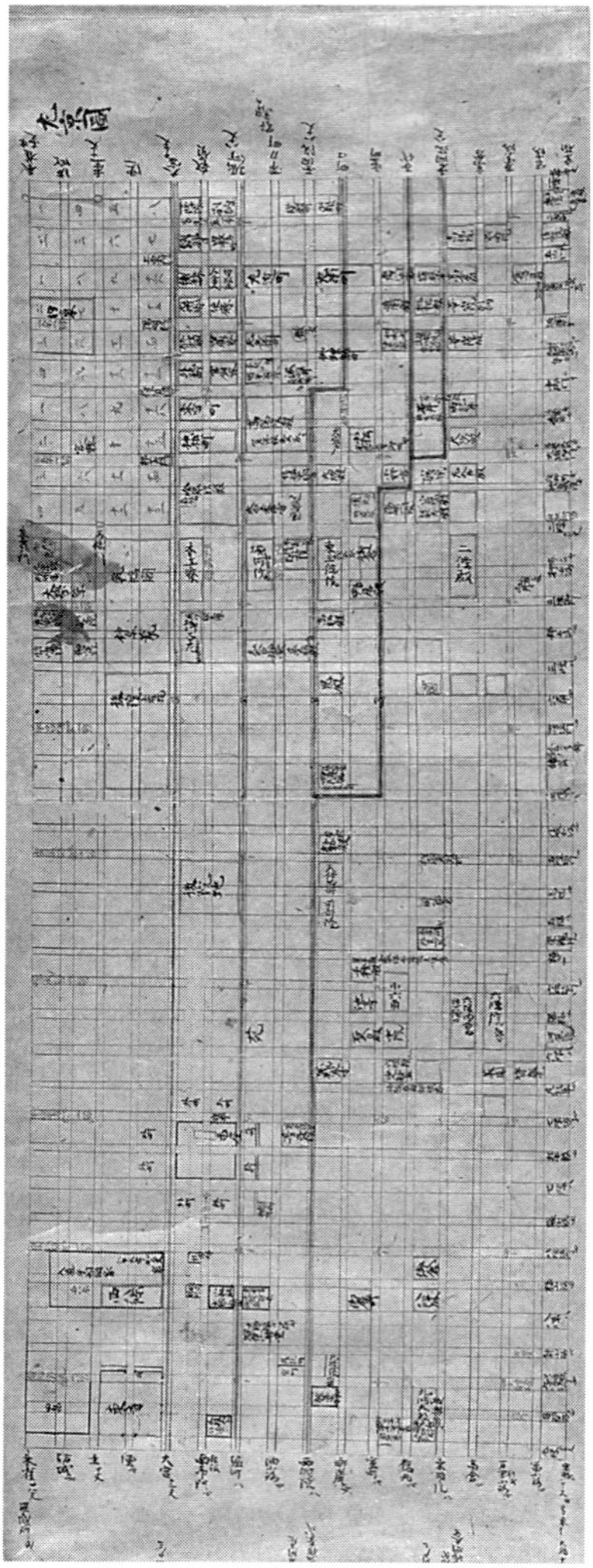

（部分拡大）

九条家本『延喜式』巻42「左京図」の「城興院」「早良太子家」
Image: TNM Image Archives

九条家文書の「家門相承事」は、藤原良房の娘明子《めいし》の所領にはじまり、洛中の最南端、九条家の邸宅に付随するようにして、摂関家《せっかんけ》の嫡子《ちゃくし》に伝領され、仁平《にんぺい》三年（一一五三）に皇《こう》嘉門院聖子《かもんいんせいし》領として成立した東九条荘の由来を述べたものなので（菅原正子「九条家領山城国東九条荘の存在形態」）、九条家にとって最も重要な荘園の濫觴が、真人大連の金印や早良親王の閑室と関わらせて伝承されていることになる。藤原氏の繁栄と金印や早良閑室とが結びつけられていることが注目される。

守護神としての側面

御霊・怨霊の代表格である早良親王の居住地が、九条家の家門繁栄と結びつけられて伝承されているのは、疫神・怨霊の両義性に基づくものであろう。災害や疫病をもたらす恐ろしい疫神・怨霊が、同時に疫病などから守ってくれる病除けの神でもあるという宗教思想である（吉田一彦「鬼を食う大蛇、神虫、天形星」）。早良親王は強力な怨霊であったがゆえに、より強力な守護神として王家や貴族・民衆を救う存在となりえたのである。

おわりに――早良親王小伝――

本書では早良親王の生涯を振り返ってきた。最後にこれまでの叙述を要約しながら、早良親王の事跡や後世への影響をまとめ、むすびとしたい。

早良親王は白壁王《しらかべおう》（光仁天皇《こうにん》）と和《やまと》（高野《たかの》）新笠《のにいがさ》の二男として生まれた。生年は天平勝宝《てんぴょうしょうほう》二年（七五〇）と考えられる。同母の姉に能登《のと》内親王、兄に山部《やまべ》親王（のちの桓武《かんむ》天皇）がいる。早良親王の祖父は施基《しき》（志貴）親王、曽祖父は天智《てんじ》天皇である。施基親王は高円山《たかまど》麓に春日宮《かすがのみや》を営み、これを白壁王に継承させたらしい。和新笠の父の実家は大和国《やまと》添上《そうのかみ》郡今木庄《いまきのしょう》にあり、新笠はこの地で子女を育てたと思われるので、山部親王や早良親王が生まれ育った環境もこの地域であったことになる。『万葉集《まんようしゅう》』所収の和歌群からは、施基親王系諸王と大伴家持《おおとものやかもち》・藤原八束《ふじわらのやつか》（真楯《またて》）らが深い親交を結んでいたことが読み取れ、こうした交流が早良親王の人生にも影響を与えたことが推測できる。

早良親王は東大寺の等定《とうじょう》を師として東大寺羂索院《けんじゃくいん》に寄住し、十一歳で出家した。神《じん》護景雲《ごけいうん》三年（七六九）か翌宝亀《ほうき》元年に二十歳か二十一歳で受戒《じゅかい》し、ただちに大安寺東院《だいあんじとういん》に移住した。奈良時代には天智天皇の系統につながる皇族は官人として冷遇されたから、早良は幼年で東大寺に出されたのである。羂索院は天平《てんぴょう》五年（七三三）ごろに創建され、同十二年ごろまでには華厳経《けごんきょう》の講説道場として重視されるようになっていた。早良親王はここで華厳教学を修め、のちには良弁《ろうべん》から華厳宗《けごんしゅう》を付属された。早良は大安寺東院に移ってからも、良弁や実忠《じっちゅう》と連携しながら東大寺の修造を進め、また大安寺堂院の修造と塔中院《とうちゅういん》の新造に指導力を発揮した。さらに宝亀の遣唐使《けんとうし》で玄覚《げんかく》を入唐させ、三《さん》論宗《ろんしゅう》の法灯を継がせた。宝亀年間には法相宗《ほっそうしゅう》と三論宗の対立が激化したが、早良親王は華厳宗に近い立場の三論宗を擁護する立場をとったと考えられる。

光仁天皇即位後に親王号を得た早良親王は、親王禅師《ぜんじ》として大安寺東院に止住し、学僧や文人貴族との交流を続けていたが、天応《てんおう》元年（七八一）四月、桓武天皇の即位にともない、還俗《げんぞく》して皇太子となった。早良立太子の背景には、桓武・早良兄弟の母である和（高野）新笠の権威を高めるという思惑があり、この点で光仁・桓武の思いは一致していたと思われる。桓武は藤原魚名《うおな》ら光仁の近臣を排除したあと、延暦《えんりゃく》三年（七八四）十一月に平城京《へいじょうきょう》を脱出して、天智系王統の王都である長岡京《ながおかきょう》へ遷都した。しかし、桓武の長子である安殿《あて》親王（のちの平城天皇）が成長するにつれて、皇太子としての早良親王の地位は危ういものとなり、式家《しきけ》の藤原種継《たねつぐ》が急激な昇進を遂げて桓武に重用され、同じく式家出身で安殿親王の母である藤原乙牟漏《おとむろ》が皇后《こうごう》に立てられると、いよいよ早良親王やその側近が心理的な圧迫を感じるようになった。

延暦四年九月二十三日、藤原種継が長岡宮の嶋町で殺害された。逮捕された大伴継人《つぐひと》・大伴竹良《ちくら》らは、大伴家持が犯行を指示し、早良親王がそれを了承したと自白したため、早良は拘束されて乙訓寺《おとくにでら》に幽閉され、みずから飲食を断つこと十余日、淡路国《あわじ》へ移送される途中、淀川《よどがわ》中流の高瀬橋の頭で亡くなったが、遺体は淡路に送られて葬られた。以上は正史の伝える事件の顚末であるが、大安寺に伝えられた史料などによると、早良親王の忌日《きじつ》は十月十七日で、その死因は朝廷が飲食を停めたことにあるという。事件の背景には、早良親王と安殿親王の皇位継承をめぐる対立があったとみるのが、近年の通説である。早良の周辺には春宮坊《とうぐうぼう》の官人や造東大寺司《ぞうとうだいじし》の幹部をつとめた官人のほか、桓武・早良の親戚筋の五百枝《いおえ》王・藤原雄依《おより》など、多彩な人材が集まっていたが、大伴家持の死を契機にそれまで保たれていた安定が崩れ、早良親王の従者が種継排除に動いたのであろう。桓武はこの機会をとらえて直接関与しなかった早良親王を廃太子に追い込んだものと考えられる。

早良親王の死後、桓武天皇の周辺では后妃や生母があいついで亡くなり、皇太子安殿親王が発病した。早良の祟りが原因と卜定《ぼくじょう》されたため、桓武は淡路国の早良親王墓を整備し、善珠《ぜんじゅ》に命じて早良の怨霊を鎮めさせた。桓武が老境を迎え、病状が重篤化すると、早良への慰霊が本格化し、早良に崇道《すどう》天皇の尊号を追贈《ついぞう》して、その墓を山陵《さんりょう》と呼び、陵寺を造り、また大和国へ改葬して、国忌《こき》・別貢幣《べっこうへい》に預からせることとした。さらに崇道天皇のために諸国の正倉《しょうそう》中に小倉を造り、稲四〇束を納めさせた。桓武は藤原種継暗殺事件の主犯や連座者に復権の措置を講じるとともに、諸国の国分寺《こくぶんじ》で毎年二月・八月に各七日間、崇道天皇のために金剛般若経《こんごうはんにゃきょう》を転読することを命じたのち、平安宮内裏で亡くなった。早良親王は天皇と同等の礼遇を与えられ、列島規模でその慰霊行事が永く行われるなど、異例の扱いを受けた。桓武が事件の処置と実弟への仕打ちを思い返し、後悔の念にさいなまれていたことを示しているだろう。

天平年間以降、政治的敗残者の霊が現世に影響を及ぼし、社会的不安を巻き起こすと考えられたため、民間では敗者の鎮魂《ちんこん》を行い、朝廷も一部関与するようになった。光仁・桓武朝になると、朝廷も御霊の働きを認知し、対策を講じはじめる。桓武天皇が死に臨んで異例ともいえる早良親王への慰霊を命じたことは前述した通りである。その後、最澄《さいちょう》や空海《くうかい》も早良親王や伊予《いよ》親王の慰霊に関与した。貞観《じょうがん》五年（八六三）五月、平安京《へいあんきょう》の神泉苑《しんせんえん》において御霊会《ごりょうえ》が催され、崇道天皇以下六座の御霊を慰撫《いぶ》するため、読経や芸能が行われた。この神泉苑御霊会は諸国御霊会の盛り上がりを受けて、平安京内で実施されたものであるが、この諸国御霊会の前提には、毎年二月・八月に諸国国分寺で行われていた崇道天皇のための読経行事があると考えられる。薩摩《さつま》国分寺では十三世紀においても二月八日に崇道のための読経が催され、二月十五日に御霊会が開かれていた。

奈良時代随一の文人貴族であった淡海三船《おうみのみふね》は、「大安寺碑文《ひぶん》」のなかで、早良親王のことを次のように評して、その豊かな才能を褒め称えている。

希世《きせい》して特に挺《こと》れ《すぐ》、神に際して世に命《な》あり。

（世にも稀なその才は特に秀で、神と交わり世にその名を顕わす。）

施基親王系諸王が大伴家持らと並んで和歌をよくしたように、早良親王も和漢の学に通じていたであろう。早良が移住した大安寺には慶俊《きょうしゅん》・戒明《かいみょう》・思託《したく》らが止住し、淡海三船らとも交流し、仏教教義や和漢の学を追究するネットワークが形成されていた。早良親王は三十二歳で還俗し、桓武天皇の皇太子となったが、もしそのまま仏教界にとどまっていれば、南都《なんと》や新京《しんきょう》の大寺を牽引する高僧となっていたことであろう。政界を兄の桓武が領導し、仏教界を弟の早良が指導する両頭体制が現出していた可能性がある。早良親王が宗教面や文化面に残したであろう業績をみることができないのは残念である。

早良親王は種継事件に連座して三十六年の生涯を終えたが、その罪状は冤罪である可能性が高く、そのことを後悔した桓武によって、永く慰霊行事を行う対象とされた。こうした措置によって、崇道天皇は畏怖すべき御霊として崇められ、災害や疫病が発生すると、その祟りを鎮めるために、全国規模で法会が催された。平安遷都と東北遠征を成し遂げた桓武天皇は、傑出した帝王として讃えられたが、その弟である早良親王は、死後に兄から与えられた礼遇により、もっとも威力をもつ御霊として日本中に知られることになったのである。

天皇家略系図（丸付数字はこの系図での即位順を示す。）

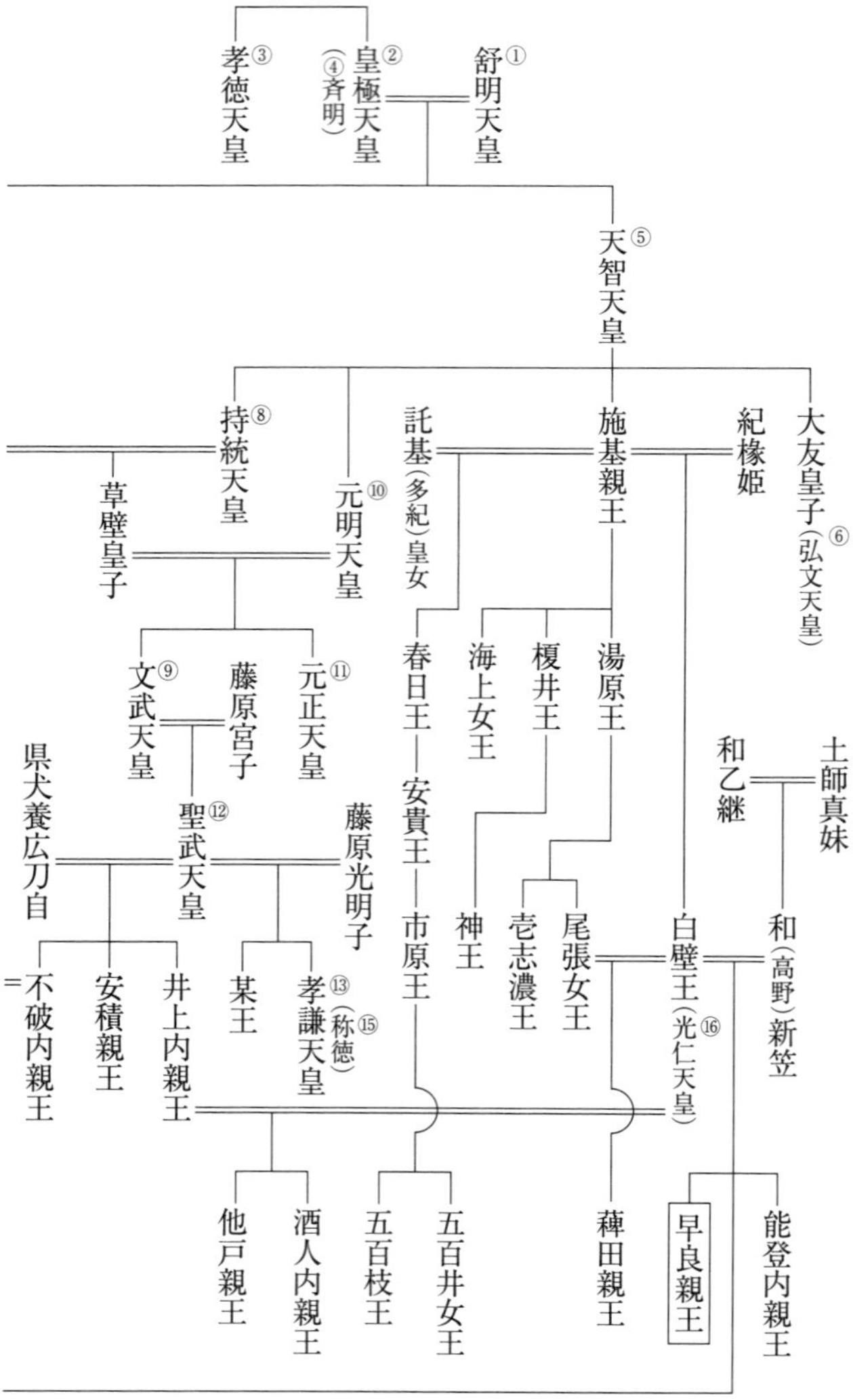

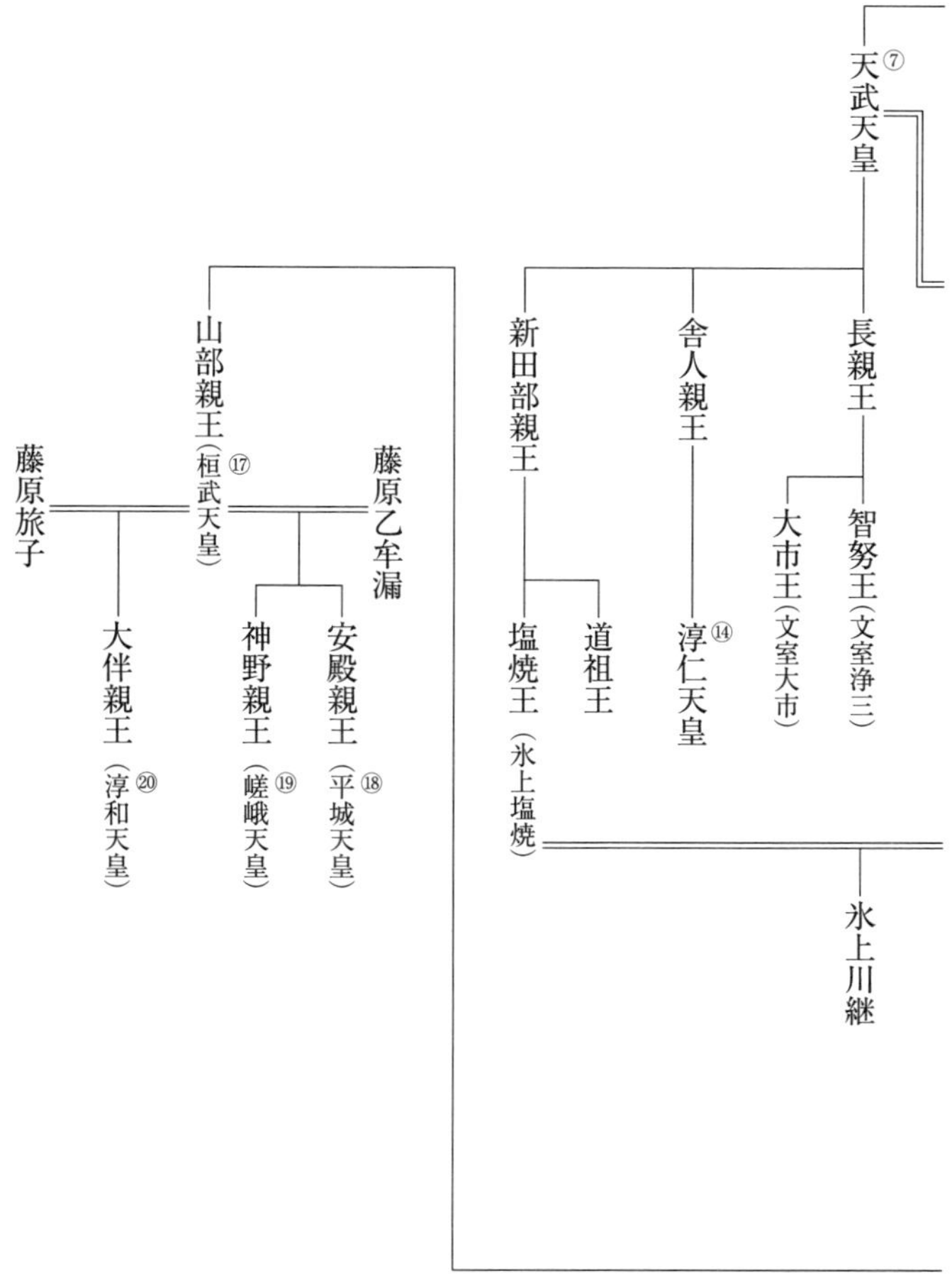
天武天皇⑦
長親王
舎人親王
新田部親王
智努王（文室浄三）
大市王（文室大市）
淳仁天皇⑭
道祖王
塩焼王（氷上塩焼）
氷上川継
山部親王（桓武天皇⑰）
藤原乙牟漏
藤原旅子
安殿親王（平城天皇⑱）
神野親王（嵯峨天皇⑲）
大伴親王（淳和天皇⑳）

藤原氏略系図

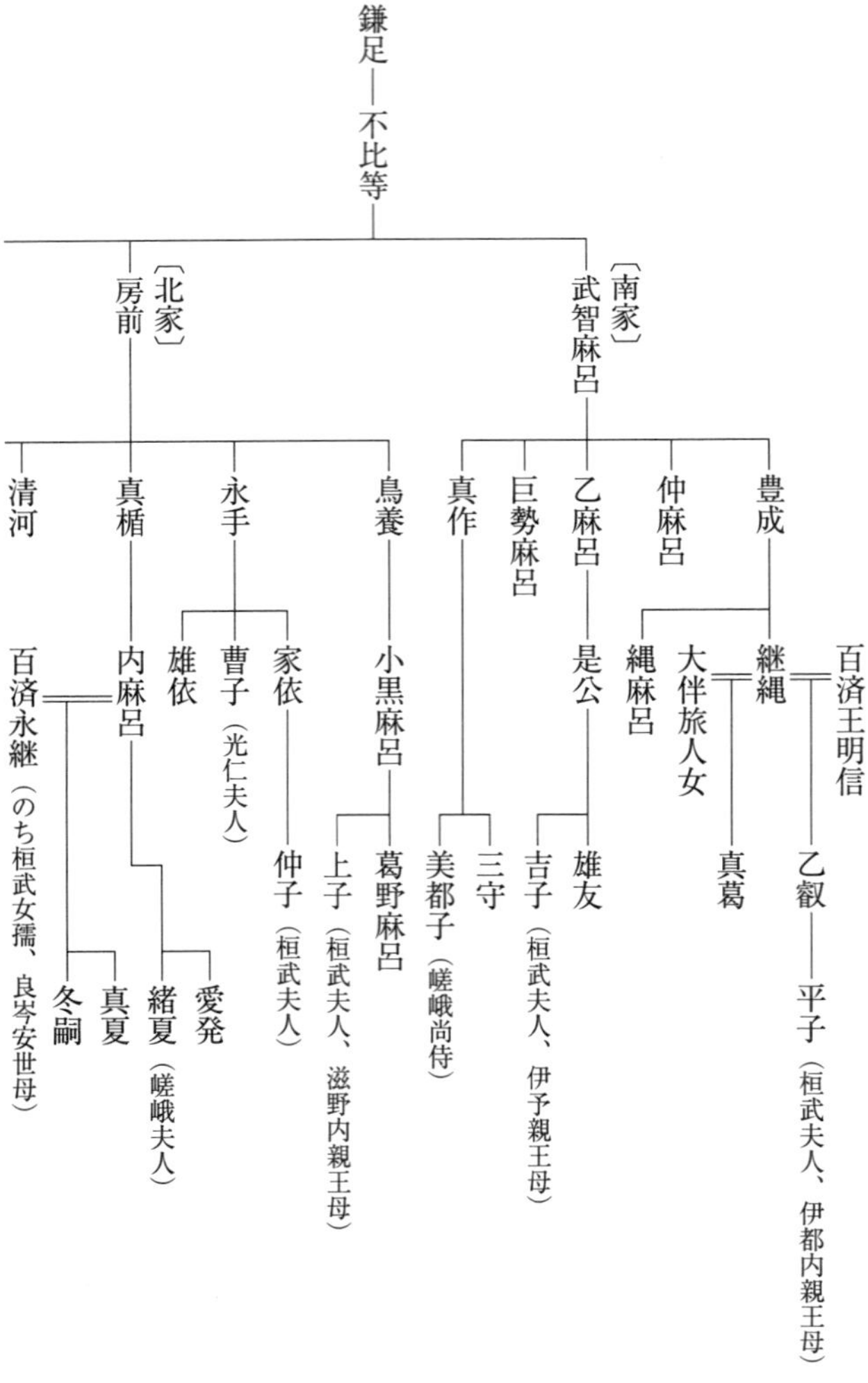
鎌足
不比等
〔南家〕
武智麻呂
〔北家〕
房前
豊成
仲麻呂
乙麻呂
巨勢麻呂
真作
鳥養
永手
真楯
清河
百済王明信
継縄
大伴旅人女
縄麻呂
是公
小黒麻呂
家依
曹子（光仁夫人）
雄依
内麻呂
百済永継（のち桓武女孺、良岑安世母）
乙叡
平子（桓武夫人、伊都内親王母）
真葛
雄友
吉子（桓武夫人、伊予親王母）
三守
美都子（嵯峨尚侍）
葛野麻呂
上子（桓武夫人、滋野内親王母）
仲子（桓武夫人）
愛発
緒夏（嵯峨夫人）
真夏
冬嗣

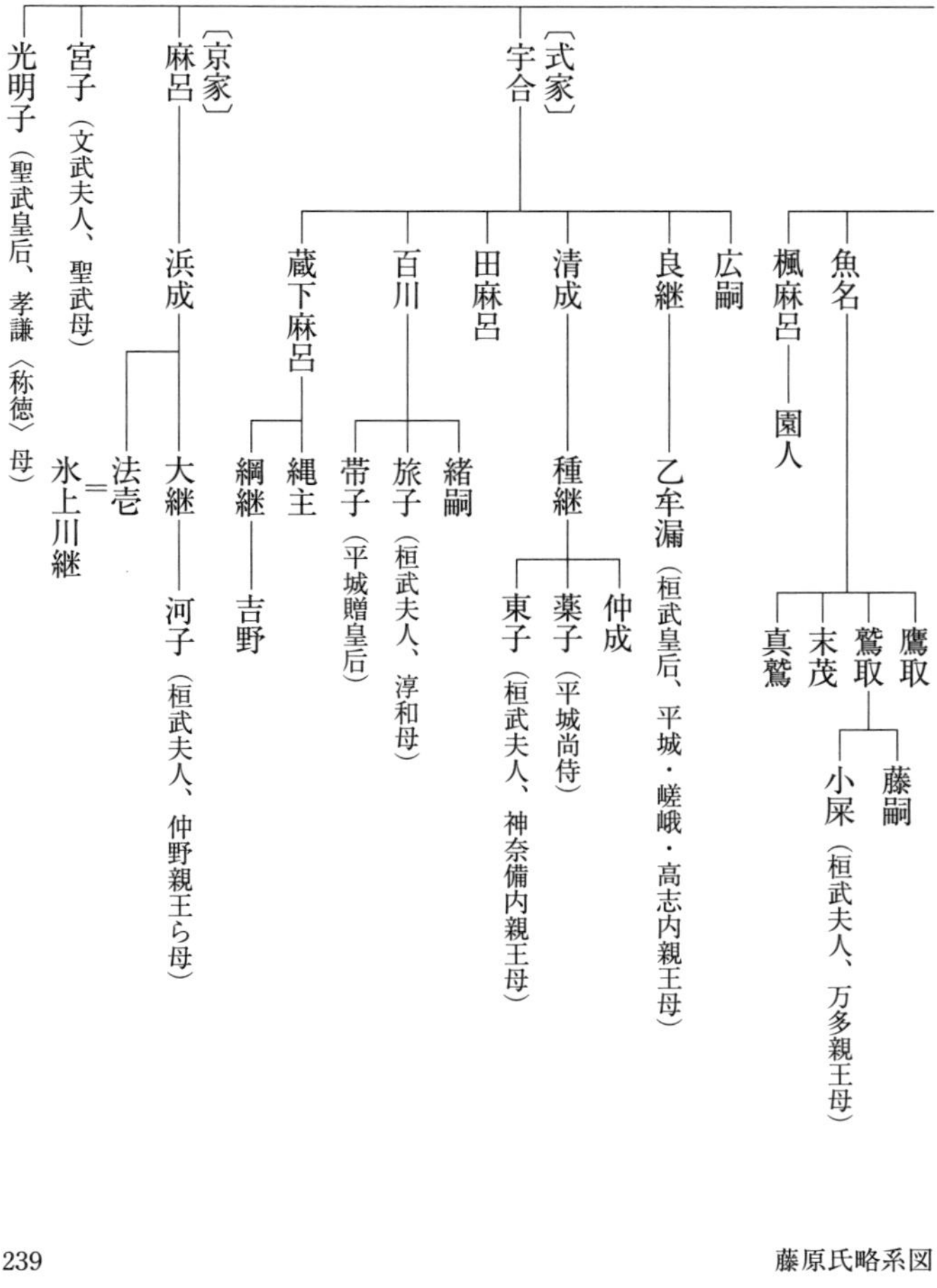
魚名
楓麻呂
園人
鷹取
鷲取
末茂
真鷲
藤嗣
小屎（桓武夫人、万多親王母）
〔式家〕
宇合
広嗣
良継
乙牟漏（桓武皇后、平城・嵯峨・高志内親王母）
清成
種継
仲成
薬子（平城尚侍）
東子（桓武夫人、神奈備内親王母）
田麻呂
百川
緒嗣
旅子（桓武夫人、淳和母）
帯子（平城贈皇后）
蔵下麻呂
縄主
綱継
吉野
〔京家〕
麻呂
浜成
大継
河子（桓武夫人、仲野親王ら母）
法壱
＝
氷上川継
宮子（文武夫人、聖武母）
光明子（聖武皇后、孝謙〈称徳〉母）

略年譜

年次	西暦	年齢	事跡	参考事項
天平勝宝二	七五〇	一	父白壁王（光仁天皇）、母和（高野）新笠の二男として誕生（早良王）。兄に山部王がいる	
四	七五二	三		四月、東大寺大仏の開眼供養会
六	七五四	五		正月、鑑真来朝○四月、鑑真、東大寺大仏殿前に戒壇を建立、聖武太上天皇ら受戒
八	七五六	七		五月、聖武上皇崩御、道祖王立太子
天平宝字元	七五七	八		三月、道祖王廃太子○四月、大炊王立太子○五月、藤原仲麻呂、紫微内相となる、養老律令施行○七月、橘奈良麻呂の変
二	七五八	九		八月、孝謙天皇譲位、淳仁天皇即位、藤原仲麻呂、大保となる
三	七五九	一〇		八月、唐招提寺建立
四	七六〇	一一	これより先、東大寺の等定を師として羂索院に寄住。この年、出家入道する	正月、藤原仲麻呂、大師となる○六月、光明皇太后崩御

五	七六一	一二		正月、下野薬師寺・筑紫観世音寺に戒壇を建立
六	七六二	一三		六月、孝謙太上天皇と淳仁天皇が対立、孝謙が国家大事を掌握
八	七六四	一五		九月、藤原仲麻呂の乱○一〇月、淳仁天皇を淡路に配流、称徳天皇重祚
天平神護 元	七六五	一六		閏一〇月、道鏡、太政大臣禅師となる
二	七六六	一七		一〇月、道鏡、法王となる
神護景雲 元	七六七	一八	三月、称徳天皇が大安寺に行幸。この頃、大安寺東塔竣工か	
三	七六九	二〇	この年か翌年、戒壇に登り受戒。授戒した年に大安寺東院に移住	九月、宇佐八幡神託事件○一〇月、由義宮を西京とする
宝亀 元	七七〇	二一	一〇月、父の白壁王が即位して光仁天皇となる。山部王・早良王は親王となり、早良親王は以後、親王禅師と呼ばれる	八月、称徳天皇崩御、道鏡を下野薬師寺別当に左遷○一一月、井上内親王立后
二	七七一	二二		正月、他戸親王立太子
三	七七二	二三		三月、井上内親王廃后○五月、他戸親王廃太子
四	七七三	二四	正月、兄の山部親王立太子○閏一一月、東大寺の良弁死去。臨終の際、花厳一乗を早良親王に付属	一〇月、井上内親王と他戸親王を大和国宇智郡に幽閉
五	七七四	二五	この年から宝亀九年まで、東大寺の実忠に命じて	この年、山部親王の長子安殿王が生

			寺務を統括させる	まれる
六	七七五	二六	四月、淡海三船が「大安寺碑文」を撰進。寺内東院の皇子大禅師（早良親王）が大安寺伽藍を修造したことを記す	四月、井上内親王と他戸親王が大和国宇智郡で同日に死去
八	七七七	二八	六月、遣唐使が出発。玄覚を遣唐請益僧として入唐させる。大安寺の戒明も入唐	九月、藤原良継が薨去○一二月、山部親王が発病。井上内親王を改葬し、御墓と称して守冢一烟を置く
九	七七八	二九	一〇～一一月、遣唐使が帰国。戒明はこののち大安寺南塔院中堂で請来した宝誌影像を供養	三月、山部親王の平復を祈り誦経・大赦○一〇月、山部親王、伊勢神宮に向かう
一〇	七七九	三〇		七月、藤原百川が薨去
一一	七八〇	三一	この年から延暦元年まで、東大寺の実忠に命じて、造瓦別当として瓦の品質改良に取り組ませる	三月、伊治呰麻呂の乱、多賀城焼亡
天応元	七八一	三二	四月、還俗して皇太子となる。藤原田麻呂が東宮傅、大伴家持が春宮大夫に任命される	四月、光仁天皇譲位、山部親王即位（桓武天皇）。和（新笠）は皇太夫人○一二月、光仁太上天皇崩御
延暦元	七八二	三三	閏正月、氷上川継事件起こる。大伴家持、連座して解任（五月には春宮大夫に復任）	正月、光仁上皇を広岡山陵（後佐保山陵）に葬る○三月、藤原種継、参議となる○六月、左大臣藤原魚名を左遷○八月、光仁の改葬地を探索
二	七八三	三四	三月、皇太子傅の藤原田麻呂薨去○七月、大伴家	四月、藤原乙牟漏が皇后となる

			持、中納言となる	
三	七八四	三五	二月、大伴家持、持節征東将軍となる○五月、藤原小黒麻呂・藤原種継らを山背国に派遣して、乙訓郡長岡村を視察させる○六月、藤原種継らを造長岡宮使に任命○一一月、桓武天皇、長岡宮に移る（長岡遷都）	正月、藤原種継、中納言となる
四	七八五	三六	八月二四日、桓武天皇は斎王の伊勢出立を見送るため旧都平城へ行幸○二八日、大伴家持が陸奥で薨去○九月七日、斎王が伊勢へ出立○八日、桓武は水雄岡で遊猟○二三日、藤原種継、長岡宮の嶋町で射られて殺害される○二四日、桓武は平城から帰京し、犯人逮捕を命じる。大伴継人・竹良ら数十人が逮捕され、大伴家持や早良親王の関与を自白○二八日、内裏から東宮に帰り、乙訓寺に幽閉される。こののち絶食、船で淡路に移送される途中、高瀬橋の頭で逝去（一〇月一七日）。遺体は淡路で埋葬。この間、興福寺の善珠に白業を修することを依頼、善珠は「讐を絶ち、怨を結ぶなかれ」と諭す○一〇月八日、山科陵（天智天皇陵）・田原山陵（施基親王陵）・後佐保山陵（光仁天皇陵）に遣使して、早良親王の廃太子を報告	正月、大極殿で元日朝賀○三月、嶋院で曲水の宴○五月、皇后宮での赤雀出現を喜び、叙位○七月、淡海三船薨去、造宮役夫に諸国の百姓三一万四〇〇〇人を和雇、最澄が比叡山に登り禅行生活に入る○八月、太政官院の垣が完成○一一月二五日、安殿親王が皇太子となる。皇太子傅は藤原継縄、春宮大夫は紀古佐美

五	七八六		七月、太政官院が完成、百官が朝座に就く○一〇月、光仁天皇を田原東陵に改葬○この年、桓武天皇に神野親王・大伴親王の両皇子が誕生
七	七八八		五月、桓武夫人の藤原旅子が薨去
八	七八九		二月、西宮より東宮に遷居○三月、造東大寺司を廃止○五月、紀古佐美の征夷軍、阿弖流為に撃破される○一二月、皇太夫人の高野新笠が崩御
九	七九〇	九月、安殿親王が発病。京下の七寺で読経○この年、諸国で飢饉、疱瘡が流行。朝廷は淡路国に命じ、早良親王墓に守冢を充て郡司に管理させる	正月、高野新笠を大枝山陵に葬り、皇太后を追号○閏三月、皇后の藤原乙牟漏が崩御し、長岡山陵に葬る○七月、桓武夫人の坂上又子が薨去
一〇	七九一	一〇月、安殿親王、伊勢神宮に向かう	九月、平城宮の諸門を長岡宮に移築
一一	七九二	六月五日、安殿親王の病のため、畿内諸社に奉幣○一〇日、安殿の病は早良親王の祟りが原因とト定されたため、諸陵頭の調使王らを淡路国に派遣して、早良の霊に謝罪○一七日、延暦九年に命じた早良親王墓の管理が不十分なため祟りがあったとして、冢下に堀を設け清潔に保つよう厳命	六月、軍団兵士制を廃止、健児を置く。大雨で式部省南門が倒れる○八月、長岡京周辺に洪水
一二	七九三	正月、遷都のため、藤原小黒麻呂・紀古佐美らを	三月、新京を巡覧○六月、諸国に新

一三	七九四	葛野郡宇太村に派遣。長岡宮を壊すため、桓武天皇は東院に遷居 一〇月、新京へ遷る（平安遷都）	宮の諸門を造らせる○七月、新宮を巡覧○九月、新京の宅地を班給 六月、征夷副将軍坂上田村麻呂が蝦夷を征す○一〇月、征夷使が先勝報告○山背国を山城国と改める
一六	七九七	正月、興福寺の善珠は早良親王の亡霊に悩む安殿親王のために般若経を転読して、その病を除いたので、僧正に直任される○五月、怪異があったため、禁中と春宮で金剛般若経を転読。僧を淡路国に派遣し、早良親王の霊に謝す	二月、『続日本紀』撰進○九月、このころ勘解由使を設置○一一月、坂上田村麻呂を征夷大将軍に任命
一八	七九九	二月、春宮亮の大伴是成と僧泰信らを淡路国に派遣して奉幣し、崇道天皇の霊に謝す	二月、和気清麻呂薨去
一九	八〇〇	七月二三日、故皇太子の早良親王に崇道天皇を追号、廃后の井上内親王に皇后を追復し、その墓をともに山陵と称す。春宮亮の大伴是成が陰陽師・衆僧を率いて淡路国に赴き、崇道天皇陵に陳謝○二六日、淡路国津名郡の戸二烟に崇道天皇陵を守らせ、大和国宇智郡の戸一烟に井上皇后陵を守らせる○二八日、崇道天皇陵と井上皇后陵に遣使して、天皇号と皇后号のことを告げる	一一月、坂上田村麻呂が諸国の夷俘を検校
二〇	八〇一		六月、班田を十二年に一度とする○

			九月、坂上田村麻呂が蝦夷を撃破
二一	八〇二	六月、伊予国に配流の五百枝王に府下居住を許可	正月、坂上田村麻呂が胆沢城を築く
二三	八〇四	一二月、桓武不予のため平城京の七大寺で誦経	五月、遣唐使が出発（大使は藤原葛野麻呂）、最澄・空海・橘逸勢ら渡海
二四	八〇五	正月、桓武不予のため元日朝賀を停止。皇太子安殿親王に後事を指示。鷹・犬を放却。崇道天皇のために淡路国に寺院建立○二月、宮中・春宮坊に僧を招き大般若経を読誦。一小倉を霊安寺に造り、稲三〇束を納め、別に調綿・庸綿を納めて神霊の怨魂を慰める○三月、五百枝王・吉備泉らに入京を許可○四月五日、諸国に命じて崇道天皇のために小倉を建て、正税四〇束を納めさせる。崇道天皇を国忌・奉幣に預からせる○六日、桓武は皇太子・参議以上に後事を託す○一〇日、兵仗殿の鍵を東宮に渡す。改葬崇道天皇司を任命○七月、唐国の下賜品を山科陵（天智天皇陵）・後田原陵（光仁天皇陵）・崇道天皇陵に献上○一〇月、崇道天皇のために一切経を書写。写経生に叙位・得度	六月、遣唐使帰国○八月、最澄を殿上に招き、悔過・読経させる○九月、最澄を殿上に招き、毘盧舎那法を行わせる○一二月、藤原緒嗣と菅野真道の徳政論争の結果、征夷と造都を中止する
二五（大同元）	八〇六	正月、桓武天皇不予のため元日朝賀を停止○二月、五百井女王が桓武の平癒を祈り、薬師仏像と法華経を造写。その完成を祈り、内裏前殿で斎会。百	三月一七日、桓武崩御をうけて、璽と剣の櫃を皇太子安殿親王のもとに移す（剣璽渡御）○五月、安殿親王

		官が参会○三月一五日、桓武は五百枝王・氷上川継らを枕元に呼び寄せる○一六日、五百枝王・氷上川継らを本位に復す○一七日、藤原種継事件の連座者は生者・死者を問わず本位に復す。崇道天皇のため諸国の国分寺で二月・八月に七日間、永く金剛般若経を転読することを命じる。このあと桓武は内裏寝殿で崩御（七〇歳）。○五月、大極殿と東宮で大般若経を転読○この年の冬、崇道天皇の山陵地に八嶋寺を創建、大和国の正税三〇〇〇束を施入	が即位（平城天皇）、大同に改元、神野親王立太子。六道観察使を置く○八月、空海・橘逸勢が帰国
大同 二	八〇七	八月、八嶋陵（崇道天皇陵）・河上陵（藤原帯子陵）・柏原陵（桓武天皇陵）の兆域を定める○一〇月、伊予親王事件○一一月、伊予親王・藤原吉子の母子が川原寺に幽閉され死去	
四	八〇九		四月、平城天皇譲位、神野親王即位（嵯峨天皇）、高岳親王立太子○一二月、平城上皇、平城宮に入る
五（弘仁元）	八一〇	七月一三日、嵯峨天皇不予、川原寺と長岡寺（乙訓寺）で誦経○二七日、崇道天皇のために一〇〇人、伊予親王のために一〇人、藤原吉子のために二〇人を得度させる○二九日、崇道天皇のために川原寺で法華経を書写させる○八月、大和国八嶋	三月、蔵人所を設置○九月、薬子の変の結果、平城上皇は出家、高岳親王は廃太子、大伴親王立太子

			寺で嘉禾が見つかる	
	二	八一一	一一月、空海が乙訓寺を別当して修造にあたる	一〇月、文室綿麻呂が蝦夷を征す
	三	八一二	最澄がこの年と翌年に作った三部長講会式に、井上内親王・崇道天皇・伊予親王・藤原吉子・藤原仲成らの御霊を慰撫する願文あり	
天長	元	八二四	一〇月、崇道天皇の国忌を停止○一二月、崇道天皇陵を十陵に列し、荷前に預からせる	七月、平城上皇が崩御
	四	八二七	正月、伊予親王の御霊を慰める法会が川原寺で営まれ、空海が願文を作る	
貞観	五	八六三	前年の冬からこの年の春にかけて、諸国で咳逆が流行し、死者多数にのぼる○五月、平安京の神泉苑で御霊会が開かれ、崇道天皇・伊予親王・藤原吉子・観察使（藤原仲成）・橘逸勢・文室宮田麻呂らの御霊を、読経・芸能などによって慰撫する	
	七	八六五	五月、神泉苑と七条大路の衢で般若心経を読誦。夜には佐井寺僧恵照が疫神祭を修す	
寛平	五	八九三	律師慶寿の上申により、八嶋山陵寺は永く大安寺の崇道天皇御院が摂領することとなる	
長保	三	一〇〇一	三月、崇道天皇の大安寺御在所の修理を指示○五月、大安寺東院の崇道天皇廟で千巻金剛般若経転読	

承保　三	一〇七六		一二月、大安寺御院の宝殿と三重塔が焼失
保安　元	一一二〇		この年、摂津国正税帳案に春秋二仲月於金光明寺転読金剛般若経と並んで奉為崇道天皇春秋二季転読金剛般若経という行事名あり
仁治　二	一二四一		この年、筑後国生葉郡と竹野郡に崇道天皇御倉各一宇が存在（筑後国交替実録帳）
弘安　七	一二八四		二月八日、薩摩国分寺の講堂で崇導天王（崇道天皇）御読経○一五日、国分寺で御霊会○一六日、泰平寺（国分尼寺）で御霊会○八月八日、薩摩国分寺の講堂で崇導天王（崇道天皇）御読経（薩摩国天満宮国分寺神事次第）
応永一九	一四一二		二月八日と八月八日、伊予国分寺で崇道天王（天皇）御読経（霊乗上人言上状）
永正一八	一五二一		この年、淡路国下河合の妙暁寺が郡家中村に移転
天正一〇	一五八二		この年、土佐国分寺境内に鎮守の崇道天皇社あり（長宗我部地検帳）
文久　三	一八六三		この年、大和国八嶋村の崇道天皇社の地が崇道天皇陵に治定される
慶応　元	一八六五		この年、崇道天皇陵の修陵が完了
明治一九	一八八六		この年、崇道天皇陵内の旧社殿を八嶋村に引き渡し、陵内を再整備

参考文献

一　史　料

藺笠のしづく（『勤王文庫』第三編）　大日本明道会
一代要記（『続神道大系』朝儀祭祀編）　神道大系編纂会
叡山大師伝（伝教大師全集）　世界聖典刊行協会
延喜式（新訂増補国史大系）　吉川弘文館
延暦僧録（蔵中しのぶ『「延暦僧録」注釈』）　大東文化大学東洋研究所
大鏡（新訂増補国史大系）　吉川弘文館
行基年譜（井上薫編『行基事典』）　国書刊行会
公卿補任（新訂増補国史大系）　吉川弘文館
九条家文書（図書寮叢刊）　宮内庁書陵部
顕戒論（日本思想大系『最澄』）　岩波書店
元亨釈書（新訂増補国史大系）　吉川弘文館
江家次第（新訂増補故実叢書）　明治図書出版

高山寺本古往来（高山寺典籍文書綜合調査団編『高山寺本古往来・表白集』）　東京大学出版会
高野雑筆集（『弘法大師空海全集』第七巻）　筑摩書房
高野大師御広伝（弘法大師全集）　密教文化研究所
広隆寺来由記（『群書類従』第二十四輯）　続群書類従完成会
古事記（日本古典文学大系）　岩波書店
古事談（新日本古典文学大系）　岩波書店
権記（史料纂集）　続群書類従完成会
御遺告（『弘法大師全集』第二輯）　密教文化研究所
今昔物語集（新日本古典文学大系）　岩波書店
西宮記（新訂増補故実叢書）　明治図書出版
三国仏法伝通縁起（『大日本仏教全書』第百一冊）　名著普及会
七大寺巡礼私記（『校刊美術史料』寺院篇上巻）　中央公論美術出版
七大寺日記（『校刊美術史料』寺院篇上巻）　中央公論美術出版
七大寺年表（『続群書類従』第二十七輯上）　続群書類従完成会
勝鬘経疏義私鈔（『大日本仏教全書』第四冊）　名著普及会
性霊集（日本古典文学大系）　岩波書店
続日本紀（新日本古典文学大系）　岩波書店

続日本後紀（新訂増補国史大系）　吉川弘文館
新撰姓氏録（佐伯有清『新撰姓氏録の研究』本文篇）　吉川弘文館
新撰年中行事（西本昌弘編『新撰年中行事』）　八木書店
大安寺縁起（『校刊美術史料』寺院篇上巻）　中央公論美術出版
大安寺伽藍縁起幷流記資財帳（『寧楽遺文』中巻）　東京堂出版
大乗三論大義鈔（『大日本仏教全書』第七十五冊）　名著普及会
醍醐寺本諸寺縁起集（『校刊美術史料』寺院篇上巻）　中央公論美術出版
帝王編年記（新訂増補国史大系）　吉川弘文館
伝教大師消息（伝教大師全集）　世界聖典刊行協会
伝述一心戒文（伝教大師全集）　世界聖典刊行協会
東大寺具書（『続群書類従』第二十七輯下）　続群書類従完成会
東大寺要録（筒井英俊編『東大寺要録』）　国書刊行会
唐大和上東征伝（『寧楽遺文』下巻）　東京堂出版
土佐日記（新日本古典文学大系）　岩波書店
日本紀略（新訂増補国史大系）　吉川弘文館
日本後紀（新訂増補国史大系）　吉川弘文館
日本三代実録（新訂増補国史大系）　吉川弘文館

日本書紀（日本古典文学大系）　岩波書店
日本文徳天皇実録（新訂増補国史大系）　吉川弘文館
日本霊異記（新日本古典文学大系）　岩波書店
扶桑略記（新訂増補国史大系）　吉川弘文館
本朝皇胤紹運録（『群書類従』第五輯）　続群書類従完成会
梵網経略抄（『日本大蔵経』大乗律章疏一）　鈴木学術財団
万葉集（新編日本古典文学全集）　小学館
水鏡（新訂増補国史大系）　吉川弘文館
陵墓要覧（二〇一二年改訂版）　宮内庁書陵部
類聚国史（新訂増補国史大系）　吉川弘文館
類聚三代格（新訂増補国史大系）　吉川弘文館
類聚符宣抄（新訂増補国史大系）　吉川弘文館
和漢三才図会（東洋文庫）　平凡社
和名類聚抄（『諸本集成倭名類聚抄』本文篇）　臨川書店

二　公文書

崇道天皇八島陵考証　宮内庁宮内公文書館所蔵　識別番号四〇四八八

淡路国津名郡仁井村崇道天皇陵ニツキ上申　宮内庁宮内公文書館所蔵　識別番号四〇四八九
明治三十四年添上郡郷村社神社祭神由緒書　奈良県立図書情報館所蔵　二・一—M三四—一九

三　著書・論文

網　伸　也「平安京造営過程に関する総合的考察」（『平安京造営と古代律令国家』）　塙　書　房　二〇一一年
網　野　善　彦「百姓」（『日本中世の百姓と職能民』）　平　凡　社　一九九八年
家　永　三　郎「国分寺の創建について」（『上代仏教思想史研究』）　目　黒　書　店　一九四八年
池　田　源　太「日本密教の成立と南都仏教」（南都国際仏教文化研究所編『南都大安寺論叢』）　臨　川　書　店　一九九五年
池　田　裕　英「崇道天皇陵」（水野正好ほか『「天皇陵」総覧』）　新人物往来社　一九九四年
伊　藤　隆　寿「香山宗撰『大乗三論師資伝』について」（『印度学仏教学研究』二七—一）　一九七九年
伊　藤　隆　寿「香山宗撰『大乗三論師資伝』」（『駒沢大学仏教学部論集』一二）　一九八一年
伊　藤　唯　真「神泉苑と御霊会」（『国文学　解釈と鑑賞』六三—三）　一九九八年
犬　養　　孝「志貴親王」（『国文学　解釈と教材の研究』一三—一）　一九六八年
井　上　満　郎「御霊信仰の成立と展開」（柴田實編『民衆宗教史叢書五　御霊信仰』）　雄　山　閣　出　版　一九八四年

井上満郎『桓武天皇』ミネルヴァ書房　二〇〇六年
今市優子「貞観五年御霊会の成立について」（『文化史学』四五）一九八九年
上野竹次郎『山陵』山陵崇敬会　一九二七年
上原真人「恭仁宮文字瓦の年代」（『文化財論叢』）同朋舎　一九八三年
牛山佳幸「早良親王御霊その後」（『「小さき社」の列島史』）平凡社　二〇〇〇年
梅本康広「長岡京」（西山良平ほか編『古代の都三　恒久の都平安京』）吉川弘文館　二〇一〇年
梅本康広「長岡宮内裏収蔵の小札甲」（『古代文化』六二―一）二〇一〇年
浦上雅史「淡路における官衙」（『古代文化』五二―六）二〇〇〇年
江谷寛「淀川川底に眠る寺院跡」（『大阪の歴史』一九）一九八六年
愛媛県『愛媛県史』資料編、古代・中世　一九八三年
追塩千尋「中世後期国分寺の実態」（『国分寺の中世的展開』）吉川弘文館　一九九六年
大江篤「早良親王の「祟」と「怨霊」」（『日本古代の神と霊』）臨川書店　二〇〇七年
大隅清陽「桓武天皇」（吉川真司編『古代の人物四　平安の新京』）清文堂出版　二〇一五年
太田静六『寝殿造の研究』新装版　吉川弘文館　二〇一〇年
太田博太郎「大安寺」（『南都七大寺の歴史と年表』）岩波書店　一九七九年
大津透「クラとカギ」（『古代の天皇制』）岩波書店　一九九九年
大森亮尚「志貴家の人々（一）」（『山手国文論攷』六）一九八四年

岡田莊司「平野祭の成立」(『平安時代の国家と祭祀』) 続群書類従完成会 一九九四年
奥田勲「高山寺本古往来をめぐって」(高山寺典籍文書綜合調査団編『高山寺本古往来・表白集』) 東京大学出版会 一九七二年
小田富士雄「薩摩国分寺跡の調査成果」(『小田富士雄著作集六 九州考古学研究』歴史時代各論篇) 学生社 一九八八年
小野玄妙「奈良朝末期の入唐僧大安寺戒明阿闍梨」(『小野玄妙仏教芸術著作集』一〇) 開明書院 一九七七年
澤瀉久孝『万葉集注釈』巻二 中央公論社 一九五八年
鹿児島県『鹿児島県史』第一巻 一九三九年
鹿児島県川内市『川内市史』上巻 一九七六年
加藤謙吉『秦氏とその民』 白水社 一九九八年
加藤優「良弁と東大寺別当制」(奈良国立文化財研究所編『文化財論叢』) 同朋舎出版 一九八三年
鎌田元一・清水みき「釈文」(『長岡京木簡』一、解説) 一九九三年
亀田隆之「藤原魚名左降事件」(河村昭夫編『関西学院創立百周年文学部記念論文集』) 関西学院大学人文学会 一九八九年
亀田隆之「補注三七—一四」(『新日本古典文学大系 続日本紀』五) 岩波書店 一九九八年

川上多助『綜合日本史大系三　平安朝史』上　内外書籍　一九三〇年
岸哲夫「志貴皇子系諸王の歌」(『二松学舎大学東洋学研究所集刊』六)　一九七六年
岸俊男「太安万侶の墓と田原の里」(『遺跡・遺物と古代史学』)　吉川弘文館　一九八〇年
岸俊男「太朝臣安万侶墓と葬地」(『日本古代文物の研究』)　塙書房　一九八八年
木島正夫「冶葛」(朝比奈泰彦編『正倉院薬物』)　植物文献刊行会　一九五五年
岸本道昭「七世紀の地域社会と領域支配」(『国立歴史民俗博物館研究報告』一七九)二〇一三年
喜田貞吉『喜田貞吉著作集五　帝都』　平凡社　一九七九年
北山茂夫「藤原種継事件の前後」(『日本古代政治史の研究』)　岩波書店　一九五九年
北山茂夫『日本の歴史四　平安京』　中央公論社　一九六五年
木本好信「種継暗殺と早良廃太子の政治的背景」(『藤原式家官人の考察』)
高科書店　一九九八年
木本好信「藤原種継の暗殺と早良廃太子の政治的背景」(『奈良時代の人びとと政争』)
おうふう　二〇〇三年
木本好信「藤原種継の暗殺事件と五百枝王」(『政治経済史学』五〇〇)　二〇〇八年
木本好信「藤原魚名の左降事件について」(『龍谷史壇』一三八)　二〇一三年
木本好信『藤原種継』　ミネルヴァ書房　二〇一五年
金田章裕「大山崎の条里」(『大山崎町史』本文編)　大山崎町役場　一九八三年

日下無倫「善珠僧正の研究」(『仏教研究』一―二) 一九二〇年
宮内庁書陵部陵墓課編『陵墓地形図集成』学生社 一九九九年
國下多美樹「長岡京遷都と造営の実態」(『長岡京の歴史考古学研究』) 吉川弘文館 二〇一三年
國下多美樹「長岡京の構造と独自性」(『長岡京の歴史考古学研究』) 吉川弘文館 二〇一三年
蔵中しのぶほか「『大安寺碑文』注釈」(『水門』二二) 二〇一〇年
小島俊次「霊安寺塔跡の調査」(『大和文化研究』九―三) 一九六四年
小林清『長岡京の新研究』比叡書房 一九七五年
小林剛「大安寺の木像群について」(『日本彫刻史研究』) 養徳社 一九四七年
五味文彦「御霊信仰」(山中裕ほか編『平安時代の信仰と生活』) 至文堂 一九九二年
小峯和明「御霊信仰論」(赤坂憲雄編『供犠の深層へ』) 新曜社 一九九二年
小山典勇「布施と供養」(『智山学報』三三) 一九八四年
近藤章「施基親王薨去とその挽歌」(『国語と国文学』五一―八) 一九七四年
今野加奈子「大安寺楊柳観音・十一面観音小考」(『わたりやぐら』三九) 一九九八年
佐伯有清「桓武天皇の境涯」(『古代学』一〇―二・三・四合併号) 一九六二年
栄原永遠男「藤原種継暗殺事件後の任官人事」(中山修一先生古稀記念事業会編『長岡京古文化論叢』) 同朋舎出版 一九八六年
鷺森浩幸「早良親王・桓武天皇と僧・文人」

（栄原永遠男ほか編『東大寺の新研究二　歴史のなかの東大寺』）法藏館　二〇一七年
鷺森浩幸「奈良時代の侍従」（『天皇と貴族の古代政治史』）塙書房　二〇一八年
鷺森浩幸「大伴氏」（『天皇と貴族の古代政治史』）塙書房　二〇一八年
鷺森浩幸「聖武天皇と藤原八束・市原王」（『天皇と貴族の古代政治史』）塙書房　二〇一八年
佐久間竜「東大寺僧等定について」（『日本古代僧伝の研究』）吉川弘文館　一九八三年
櫻木潤「最澄撰「三部長講会式」にみえる御霊」（『史泉』九六）二〇〇二年
櫻木潤「嵯峨・淳和朝の「御霊」慰撫」（『仏教史学研究』四七—二）二〇〇五年
笹岡弘隆「御霊信仰に関する整理ノート」（『真言宗豊山派総合研究院紀要』一七）二〇一二年
笹山晴生「平安初期の政治改革」（『平安の朝廷　その光と影』）吉川弘文館　一九九三年
佐藤宗諄「藤原種継暗殺事件以後」（『滋賀大学教育学部紀要』人文科学・社会科学・教育科学一九）一九七〇年
鹿野塁『高槻市梶原寺跡』（大阪府文化財センター調査報告書第二八七集）大阪府文化財センター　二〇一七年
柴田博子「怨霊思想成立の前提」（長洋一監修・柴田博子編『日本古代の思想と筑紫』）櫂歌書房　二〇〇九年

柴田博子「早良親王」（吉川真司編『古代の人物四　平安の新京』）清文堂出版　二〇一五年
柴田　實「祇園御霊会」（同編『民衆宗教史叢書五　御霊信仰』）雄山閣出版　一九八四年
清水みき「長岡京造営論」（『ヒストリア』一一〇）　一九八六年
下出積與「怨霊と民衆」（『歴史と地理』二四九）　一九七六年
神野祐太「大安寺戒明請来の宝誌和尚像について」
（津田徹英編『仏教美術論集六　組織論―制作した人々』）竹林舎　二〇一六年
菅原正子「九条家領山城国東九条荘の存在形態」（『古文書研究』二五）　一九八六年
須田春子「早良親王御霊と秋篠寺」（『古代文化史論攷』二）　一九八一年
関根　淳「長屋王の「誣告」記事と桓武朝の歴史認識」（『日本歴史』六六七）　二〇〇三年
関根　淳「皇太子監国と藤原種継暗殺事件」（『ヒストリア』二四〇）　二〇一三年
関根　淳「早良親王」（『歴史読本』五九―四）　二〇一四年
薗田香融「最澄の山林主義」（『顕真学苑論集』四七）　一九五五年
薗田香融「乙訓の古社寺（一〇）」（『乙訓文化』一四）　一九六八年
薗田香融「最澄とその思想」（『日本古代仏教の伝来と受容』）塙書房　二〇一六年
大安寺国際仏教文化研究所編『崇道天皇と大安寺』大安寺　一九八五年
高木訷元『空海　生涯とその周辺』吉川弘文館　一九九七年
高田　淳「早良親王と長岡遷都」（林陸朗先生還暦記念会編『日本古代の政治と制度』）

続群書類従完成会　一九八五年
高取正男「御霊会の成立と初期平安京の住民」（柴田實編『民衆宗教史叢書五　御霊信仰』）
雄山閣出版　一九八四年
高橋照彦「考古学からみた法華堂の創建と東大寺の前身寺院」（『ザ・グレイトブッダ・シンポジウム論集七　論集東大寺法華堂の創建と教学』）
東大寺　二〇〇九年
高橋美久二『古代交通の考古地理』　大明堂　一九九五年
瀧浪貞子「高野新笠と大枝賜姓」（『日本古代宮廷社会の研究』）　思文閣出版　一九九一年
田中伝三郎編『醍醐寺蔵諸寺縁起集略説』　一九三〇年
田中豊蔵「東大寺法華堂の諸仏」（『日本美術の研究』）　二玄社　一九六〇年
田中稔「儀礼のために作られた文書」（『中世史料論考』）　吉川弘文館　一九九三年
田中稔「京図について」（『中世史料論考』）　吉川弘文館　一九九三年
田辺三郎助「解説　大安寺　十一面観音菩薩立像（本堂）など」（『大和古寺大観』第三巻）
岩波書店　一九七七年
田村圓澄「神仏関係の一考察」（『史林』三七—二）　一九五四年
田村圓澄「神宮寺と神前読経と物の怪」（『飛鳥仏教史研究』）　塙書房　一九六九年
長洋一「貞観五年御霊会についての一試論」（『九州史学』五）　一九五七年

長　洋一「藤原広嗣の怨霊覚書」（『歴史評論』四一七）　一九八五年
坪之内徹「早良親王関係資料の整理」（『文化史学』三二）　一九七六年
寺崎保広「「若翁」木簡小考」（『奈良古代史論集』二）　一九九一年
土井　実「大安寺の仏像」（大安寺史編集委員会編『大安寺史・史料』）　名著出版　一九八四年
遠山美都男「高瀬橋頭に至るころ、すでに絶ゆ」（『歴史読本』五八―六）　二〇一三年
鳥越泰義『正倉院薬物の世界』　平凡社　二〇〇五年
直木孝次郎「秋篠寺と善珠僧正」（『奈良時代史の諸問題』）　塙書房　一九六八年
直木孝次郎「社会の変動」（『兵庫県史』第一巻、第七章第三節）　兵庫県　一九七四年
中井　公「軒瓦からみた大安寺西塔の創建をめぐって」（小笠原好彦先生退任記念論集刊行会編『考古学論究』）　真陽社　二〇〇七年
中尾秀正「乙訓寺の瓦」（『長岡京古瓦聚成』本文編）　向日市教育委員会　一九八七年
中川　収「左大臣藤原魚名の左降事件」（『国学院雑誌』八〇―一一）　一九七九年
中川久仁子「「桓武」皇統の確立過程」（佐伯有清編『日本古代中世の政治と宗教』）　吉川弘文館　二〇〇二年
中野渡俊治「平安時代初期の太上天皇」（『古代太上天皇の研究』）　思文閣出版　二〇一七年
中村一郎「国忌の廃置について」（『書陵部紀要』二）　一九五二年

中村　元ほか「解題」(『般若心経・金剛般若経』)　岩波書店　一九六〇年
奈良県教育会編『改訂大和志料』上巻　天理時報社　一九四四年
奈良市史編集審議会編『奈良市史』社寺編　吉川弘文館　一九八五年
新見貫次「奈良時代の政治」(『淡路史』)　のじぎく文庫　一九七〇年
西口順子「梵釈寺と等定」(『平安時代の寺院と民衆』)　法藏館　二〇〇四年
西宮秀紀『日本古代の歴史3　奈良の都と天平文化』　吉川弘文館　二〇一三年
西本昌弘「早良親王薨去の周辺」(『日本歴史』六二九)　二〇〇〇年
西本昌弘「藤原種継事件の再検討」(『歴史科学』一六五)　二〇〇一年
西本昌弘「迎空海使としての遣唐判官高階遠成」(『関西大学文学論集』五七―四)　二〇〇八年
西本昌弘「東山御文庫所蔵の二冊本『年中行事』について」(『日本古代の年中行事書と新史料』)　吉川弘文館　二〇一二年
西本昌弘『桓武天皇　造都と征夷を宿命づけられた帝王』　山川出版社　二〇一三年
西本昌弘「川原寺の古代史と伽藍・仏像」(『飛鳥・藤原と古代王権』)　同成社　二〇一四年
西本昌弘「「唐風文化」から「国風文化」へ」(『岩波講座 日本歴史』五)　岩波書店　二〇一五年
西山良平「〈陵寺〉の誕生」(大山喬平教授退官記念会編『日本国家の史的特質』古代・中世)

思文閣出版　一九九七年
二星祐哉「桓武朝における天智系皇統意識の成立」（『ヒストリア』二一五）　二〇〇九年
長谷部将司「「崇道天皇」の成立と展開」（根本誠二ほか編『奈良平安時代の〈知〉の相関』）
岩田書院　二〇一五年
濱岡きみ子「古代の伝承地」（『一宮町史』）　兵庫県一宮町　一九九九年
林陸朗『長岡京の謎』　新人物往来社　一九七二年
林陸朗「早良親王」（『別冊歴史読本』八―一）　新人物往来社　一九八三年
原口正三「梶原寺跡および瓦窯跡」（『高槻市史』第六巻）　高槻市役所　一九七三年
伴信友『伴信友全集二　蕃神考』　国書刊行会　一九〇七年
肥後和男「平安時代における怨霊の思想」（柴田實編『民衆宗教史叢書五　御霊信仰』）
雄山閣出版　一九八四年
日隈正守「薩摩国における荘園公領制の形成過程」
（『鹿児島大学教育学部研究紀要』人文・社会科学編五三）　二〇〇一年
兵庫県埋蔵文化財調査部編『淡路市老ノ内遺跡』　兵庫県教育委員会　二〇一四年
平井俊榮「南都三論宗史の研究序説」（『駒沢大学仏教学部研究紀要』四四）　一九八六年
平田俊春「水鏡の成立と扶桑略記」（『日本古典の成立の研究』）　日本書院　一九五九年
福山敏男「東大寺の創立」（『福山敏男著作集二　寺院建築の研究』中）

古市晃「四月・七月斎会の史的意義」(『古代文化』五九―三) 中央公論美術出版 一九八二年
堀裕「平安初期の天皇権威と国忌」(『史林』八七―六) 二〇〇七年
堀池春峰「金鐘寺私考」(『南都仏教史の研究』上、東大寺篇) 法蔵館 二〇〇四年
本郷真紹「光仁・桓武朝の国家と仏教」(『律令国家仏教の研究』) 法蔵館 一九八〇年
牧田諦亮「宝誌和尚伝攷」(『中国仏教史研究』二) 大東出版社 二〇〇五年
松田朋子「山陽地方における崇道(そうどう)社の信仰をめぐって」(『吉備地方文化研究』一五) 一九八四年
松長有慶『空海　無限を生きる』集英社 二〇〇五年
松本栄一「誌公像」(『燉煌画の研究』) 同朋舎出版 一九八五年
松本信道「安澄『中論疏記』所引『淡海記』逸文」(『国書逸文研究』一六) 一九八五年
松本信道「『大仏頂経』の真偽論争と南都六宗の動向」(『駒沢史学』三三) 一九八五年
松本信道「大安寺三論学の特質」(渡辺直彦編『古代史論叢』) 続群書類従完成会 一九八五年
松本信道「宝誌像の日本伝播(一)」(『駒沢大学文学部研究紀要』六四) 一九九四年
松本信道「徳清の入唐について」(『駒沢大学文学部研究紀要』六八) 二〇〇六年
光谷拓実・児島大輔「東大寺法華堂(正堂)ならびに八角二重壇の年輪年代調査」(『仏教芸術』三二一) 二〇一〇年
二〇一二年

宮崎浩「貞観五年御霊会の政治史的考察」(『史学研究』一九八) 一九九二年
三好美穂・篠原豊一「奈良・大安寺旧境内」(『木簡研究』一四) 一九九四年
三好美穂・宮崎正裕「史跡大安寺旧境内の調査 第七〇次」(『奈良市埋蔵文化財調査概要報告書』平成七年度) 奈良市教育委員会 一九九六年
向日市史編さん委員会編『向日市史』上巻 一九八三年
向日市史編さん委員会編『向日市史』史料編付図 一九八八年
村尾次郎『人物叢書 桓武天皇』吉川弘文館 一九六三年
毛利久「宝誌和尚像」(『日本仏像史研究』) 法蔵館 一九八〇年
森下惠介『大安寺の歴史を探る』東方出版 二〇一六年
森田悌「早良親王」(『歴史読本』三四—七) 新人物往来社 一九八九年
八重樫直比古「空と勝義の孝」(石田一良編『日本精神史』) ぺりかん社 一九八八年
安井速「御霊信仰の成立」(『仏教史学研究』四一—二) 一九九九年
籔田嘉一郎「御霊信仰の成立と念仏」(柴田實編『民衆宗教史叢書五 御霊信仰』) 雄山閣出版 一九八四年
山口益「無着世親の瑜伽唯識」(『般若思想史』) 法蔵館 一九五一年
山口隼正「中世薩摩国分二寺の伽藍と嫡流国分氏」(川添昭二先生還暦記念会編『日本中世史論攷』) 文献出版 一九八七年

山口隼正「薩摩国分寺文書」（角田文衛編『新修国分寺の研究』第六巻）　吉川弘文館　一九九六年
山﨑雅稔「貞観五年神泉苑御霊会の政治史的考察」（十世紀研究会編『中世成立期の政治文化』）　東京堂出版　一九九九年
山里純一「仏教関係費」（『律令地方財政史の研究』）　吉川弘文館　一九九一年
山田英雄「早良親王と東大寺」（『南都仏教』一二）　一九六二年
山田雄司「怨霊研究序説」（『崇徳院怨霊の研究』）　思文閣出版　二〇〇一年
山中章「長岡宮跡第一二八次（七ＡＮ一〇Ｋ地区）～内裏南方官衙（推定春宮坊跡）～発掘調査概報」（『向日市埋蔵文化財調査報告書』第一三集）　向日市教育委員会　一九八四年
山中章「「春宮」銘墨書土器と長岡宮の春宮坊」（大安寺国際仏教文化研究所編『崇道天皇と大安寺』）　大安寺　一九八五年
山中章「長岡京の造営と瓦」（『長岡京古瓦聚成』本文編）　向日市教育委員会　一九八七年
山中裕「儀礼としての御霊信仰」（『国文学　解釈と鑑賞』六三―三）　一九九八年
山本健吉「志貴皇子とその子孫」（『歴史と人物』八七）　一九七八年
山本幸男「早良親王と淡海三船」（『奈良朝仏教史攷』）　法蔵館　二〇一五年
山本幸男「市原王と写経所」（『正倉院文書と造寺司官人』）　法蔵館　二〇一八年

横内裕人「現存唯一の宣旨」（綾村宏ほか編『東大寺文書を読む』）思文閣出版　二〇〇一年
吉江　崇「造東大寺司の停廃」（栄原永遠男ほか編『東大寺の新研究二　歴史のなかの東大寺』）法蔵館　二〇一七年
吉岡眞之「検交替使帳の基礎的考察」（『古代文献の基礎的研究』）吉川弘文館　一九九四年
吉川真司「東大寺の古層」（『南都仏教』七八）二〇〇〇年
吉川真司「後佐保山陵」（『続日本紀研究』三三一）二〇〇一年
吉田一彦「鬼を食う大蛇、神虫、天形星」（犬飼隆編『古代文学と隣接諸学四　古代の文字文化』）竹林舎　二〇一七年
吉田　歓「内裏の脇殿」（『日中宮城の比較研究』）吉川弘文館　二〇〇二年
吉田東伍『大日本地名辞書』第二巻　冨山房　一九〇〇年
吉本堯俊「乙訓寺発掘調査概要」（『埋蔵文化財発掘調査概報』一九六七）京都府教育委員会　一九六七年
吉本昌弘「古代播磨国の郡衙」（『人文地理』三五―四）一九八三年
和田　萃「今来の双墓をめぐる臆説」（『日本古代の儀礼と祭祀・信仰』上）塙書房　一九九五年
渡里恒信「超昇寺・楊梅陵・宇奈太理社をめぐって」（『政治経済史学』三七四）一九九七年
渡里恒信「桓武天皇の出自」（『日本古代の歴史空間』）清文堂出版　二〇一九年

著者略歴

一九五五年　大阪府生まれ
一九八七年　大阪大学大学院文学研究科博士課程単位取得退学
宮内庁書陵部主任研究官を経て
現在　関西大学教授・博士（文学）

主要著書

『日本古代の王宮と儀礼』（塙書房、二〇〇八年）
『日本古代の年中行事書と新史料』（吉川弘文館、二〇一二年）
『飛鳥・藤原と古代王権』（同成社、二〇一四年）

人物叢書　新装版

早良親王

二〇一九年（令和元）九月一日　第一版第一刷発行

著　者　西本昌弘《にしもとまさひろ》
編集者　日本歴史学会
代表者　藤田　覚
発行者　吉川道郎
発行所　株式会社　吉川弘文館
東京都文京区本郷七丁目二番八号
郵便番号一一三―〇〇三三
電話〇三―三八一三―九一五一〈代表〉
振替口座〇〇一〇〇―五―二四四
http://www.yoshikawa-k.co.jp/
印刷＝株式会社 平文社
製本＝ナショナル製本協同組合

ISBN978-4-642-05289-4

『人物叢書』（新装版）刊行のことば

人物叢書は、個人が埋没された歴史書が盛行した時代に、「歴史を動かすものは人間である。個人の伝記が明らかにされないで、歴史の叙述は完全であり得ない」という信念のもとに、専門学者に執筆を依頼し、日本歴史学会が編集し、吉川弘文館が刊行した一大伝記集である。

幸いに読書界の支持を得て、百冊刊行の折には菊池寛賞を授けられる栄誉に浴した。

しかし発行以来すでに四半世紀を経過し、長期品切れ本が増加し、読書界の要望にそい得ない状態にもなったので、この際既刊本の体裁を一新して再編成し、定期的に配本できるような方策をとることにした。既刊本は一八四冊であるが、まだ未刊である重要人物の伝記についても鋭意刊行を進める方針であり、その体裁も新形式をとることとした。

こうして刊行当初の精神に思いを致し、人物叢書を蘇らせようとするのが、今回の企図である。大方のご支援を得ることができれば幸せである。

昭和六十年五月

日本歴史学会

代表者　坂本太郎

林羅山
松平信綱
国姓爺
野中兼山
保科正之
隠元
徳川和子
酒井忠清
朱舜水
池田光政
山鹿素行
井原西鶴
松尾芭蕉
三井高利
河村瑞賢
徳川光圀
契沖
市川団十郎
伊藤仁斎
徳川綱吉
貝原益軒
前田綱紀
近松門左衛門
新井白石
鴻池善右衛門
石田梅岩
太宰春台
徳川吉宗
大岡忠相
賀茂真淵
平賀源内
与謝蕪村
三浦梅園
毛利重就
本居宣長
山村才助
木内石亭
小石元俊
山東京伝
杉田玄白
塙保己一
上杉鷹山
大田南畝
只野真葛
小林一茶
大黒屋光太夫
松平定信
菅江真澄
島津重豪
狩谷棭斎
最上徳内
渡辺崋山
柳亭種彦
香川景樹
平田篤胤
間宮林蔵
滝沢馬琴
調所広郷
橘守部
黒住宗忠
水野忠邦
帆足万里
江川坦庵
藤田東湖
二宮尊徳
広瀬淡窓
大原幽学
島津斉彬
月照
橋本左内
井伊直弼
吉田東洋
緒方洪庵
佐久間象山
真木和泉
高島秋帆
シーボルト
高杉晋作
川路聖謨
横井小楠
小松帯刀
山内容堂
江藤新平
和宮
西郷隆盛
ハリス
森有礼
松平春嶽
中村敬宇
河竹黙阿弥
寺島宗則
樋口一葉
ジョセフ＝ヒコ
勝海舟
臥雲辰致
黒田清隆
伊藤圭介
福沢諭吉
星亨
中江兆民
西村茂樹
正岡子規
清沢満之
滝廉太郎
副島種臣
田口卯吉
福地桜痴
陸羯南
児島惟謙
荒井郁之助
幸徳秋水
ヘボン
石川啄木
乃木希典
岡倉天心
桂太郎
徳川慶喜
加藤弘之
山路愛山
伊沢修二
秋山真之
前島密
成瀬仁蔵
前田正名
大隈重信
山県有朋
大井憲太郎
河野広中
富岡鉄斎
大正天皇
津田梅子
豊田佐吉
渋沢栄一
有馬四郎助
武藤山治
坪内逍遙
山室軍平
阪谷芳郎
南方熊楠
山本五十六
中野正剛
近衛文麿
河上肇
牧野伸顕
御木本幸吉
尾崎行雄
緒方竹虎
石橋湛山
八木秀次

▽以下続刊